한국승강기안전공단

NCS + 최종점검 모의고사 5회

+ 무료NCS특강

SD에듀
(주)시대고시기획

머리말

승강기안전으로 국민의 행복을 지기키 위해 전력을 다하는 한국승강기안전공단은 2023년에 신입사원을 채용할 예정이다. 한국승강기안전공단의 채용절차는 「입사지원서 접수 ➜ 서류전형 ➜ 필기전형 ➜ 면접전형 ➜ 최종 합격자 발표」 순서로 이루어지며 지원자격 충족 시 적격자 전원을 선발하여 필기전형에 응시하게 된다. 필기전형은 인성검사와 직업기초능력평가를 진행하고 그중 직업기초능력평가는 의사소통능력, 수리능력, 문제해결능력, 대인관계능력, 기술능력, 직업윤리 총 6개의 영역을 평가한다. 따라서 필기전형에서 고득점을 받기 위해서는 다양한 유형에 대한 폭넓은 학습과 문제풀이능력을 높이는 등 철저한 준비가 필요하다.

한국승강기안전공단 합격을 위해 SD에듀에서는 한국승강기안전공단 판매량 1위의 출간 경험을 토대로 다음과 같은 특징을 가진 도서를 출간하였다.

도서의 특징

❶ 기출복원문제를 통한 출제 유형 확인!
   • 2022년 주요 공기업 NCS 기출문제를 복원하여 공기업별 필기 유형을 파악할 수 있도록 하였다.

❷ 한국승강기안전공단 필기전형 출제영역 맞춤 기출예상문제를 통한 실력 상승!
   • NCS 직업기초능력평가 대표유형 & 기출예상문제를 수록하여 필기전형에 완벽히 대비할 수 있도록 하였다.

❸ 최종점검 모의고사로 완벽한 실전 대비!
   • 철저한 분석을 통해 실제 유형과 유사한 최종점검 모의고사를 수록하여 자신의 실력을 최종 점검할 수 있도록 하였다.

❹ 다양한 콘텐츠로 최종 합격까지!
   • 한국승강기안전공단 채용 가이드와 면접 기출질문을 수록하여 채용을 준비하는 데 부족함이 없도록 하였다.
   • 온라인 모의고사와 AI면접 응시 쿠폰을 무료로 제공하여 채용 전반을 대비할 수 있도록 하였다.

끝으로 본 도서를 통해 한국승강기안전공단 채용을 준비하는 모든 수험생 여러분이 합격의 기쁨을 누리기를 진심으로 기원한다.

NCS직무능력연구소 씀

한국승강기
안전공단

Always **with you**

사람의 인연은 길에서 우연하게 만나거나
함께 살아가는 것만을 의미하지는 않습니다.
책을 펴내는 출판사와 그 책을 읽는 독자의 만남도 소중한 인연입니다.
SD에듀는 항상 독자의 마음을 헤아리기 위해 노력하고 있습니다.
늘 독자와 함께하겠습니다.

한국승강기안전공단 이야기

✿ 비전

국민안전과 산업진흥을 선도하는 승강기안전 플랫폼기관

✿ 핵심가치

안전 + 소통 + 성장 + 혁신

✿ 인재상

학습하는 인재	소통하는 인재	미래지향적 인재
▼	▼	▼
조직발전과 자기개발을 위해 학습하는 인재	내 · 외부 고객과 소통하는 인재	기관 미래를 위해 도전하는 인재

✿ 전형절차

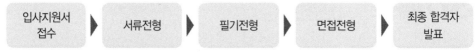

입사지원서 접수 ▶ 서류전형 ▶ 필기전형 ▶ 면접전형 ▶ 최종 합격자 발표

✿ 지원자격

❶ 연령 제한 없음[단, 임용예정일 기준 공단 정년(62세)에 도달한 자 제외]

❷ 채용예정일부터 근무 가능한 사람

❸ 병역필(임용일 전 전역가능자 포함) 또는 면제자(비해당자)

❹ 응시 채용분야별 업무에 지장이 없는 사람

❺ 공단 인사규정 제11조에 따른 결격사유가 없는 사람

● 한국승강기안전공단 인사규정 제11조(결격사유) ●

1. 피성년후견인 또는 피한정후견인
2. 파산선고를 받고 복권되지 아니한 사람
3. 금고 이상의 실형을 선고받고 그 집행이 종료되거나 집행을 받지 아니하기로 확정된 후 5년이 지나지 아니한 사람
4. 금고 이상의 형을 선고받고 그 집행 유예기간이 끝난 날부터 2년이 지나지 아니한 사람
5. 금고 이상의 형의 선고유예를 받은 경우에 그 선고 유예기간 중에 있는 사람
6. 법원의 판결 또는 법률에 따라 자격이 상실 또는 정지된 사람
6의2. 「성폭력범죄의 처벌 등에 관한 특례법」 제2조에 규정된 죄를 범한 사람으로서 100만 원 이상의 벌금형을 선고받고 그 형이 확정된 후 3년이 지나지 아니한 사람
6의3. 미성년자에 대한 다음 각 목의 어느 하나에 해당하는 죄를 저질러 파면·해임되거나 형 또는 치료감호를 선고받아 그 형 또는 치료감호가 확정된 사람(집행유예를 선고받은 후 그 집행유예기간이 경과한 사람을 포함한다)
    가. 「성폭력범죄의 처벌 등에 관한 특례법」 제2조에 따른 성폭력범죄
    나. 「아동·청소년의 성보호에 관한 법률」 제2조 제2호에 따른 아동·청소년대상 성범죄
7. 징계로 파면처분을 받은 때부터 5년이 지나지 아니한 사람
8. 징계로 해임처분을 받은 때부터 3년이 지나지 아니한 사람
9. 부패방지 및 국민권익위원회의 설치와 운영에 관한 법률 제82조 또는 제83조에 해당하는 비위면직자
10. 「공공기관의 운영에 관한 법률」 제4조에 따른 공공기관에서 부정한 방법으로 채용된 사실이 적발되어 채용이 취소된 때부터 5년이 지나지 아니한 자
11. 공공기관 임직원으로 재직기간 중 직무와 관련하여 「형법」 제355조와 제356조에 규정된 죄를 범한 자로서 300만 원 이상의 벌금형을 선고받고 그 형이 확정된 후 2년이 지나지 않은 자

✿ 필기전형

구분	내용	시험시간
인성검사	적 / 부 판정	30분
직업기초능력평가	의사소통능력, 수리능력, 문제해결능력, 대인관계능력, 기술능력, 직업윤리	60분

❖ 위 채용안내는 2022년 채용공고를 기준으로 작성하였으므로 세부내용은 반드시 확정된 채용공고를 확인하시기 바랍니다.

NCS란 무엇인가?

국가직무능력표준(NCS; National Competency Standards)

산업현장에서 직무 수행에 요구되는 능력(지식, 기술, 태도 등)을 국가가 산업 부문별, 수준별로 체계화한 설명서

직무능력

직무능력 = 직업기초능력 + 직무수행능력

▶ 직업기초능력 : 직업인으로서 기본적으로 갖추어야 할 공통 능력
▶ 직무수행능력 : 해당 직무를 수행하는 데 필요한 역량(지식, 기술, 태도)

NCS의 필요성

❶ 산업현장과 기업에서 인적자원관리 및 개발의 어려움과 비효율성이 발생하는 대표적 요인으로 산업 전반의 '기준' 부재에 주목함

❷ 직업교육훈련과 자격이 연계되지 않은 상태로 산업현장에서 요구하는 직무수행능력과 괴리되어 실시됨에 따라 인적자원개발과 개인의 경력개발에 비효율적이며 효과성이 부족하다는 비판을 받음

❸ NCS를 통해 인재육성의 핵심 인프라를 구축하고, 산업장면의 HR 전반에서 비효율성을 해소하여 경쟁력을 향상시키는 노력이 필요함

> NCS = 직무능력 체계화 + 산업현장에서 HR 개발, 관리의 표준 적용

✿ NCS 분류

▶ 일터 중심의 체계적인 NCS 개발과 산업현장 전문가의 직종구조 분석결과를 반영하기 위해 산업현장 직무를 한국고용직업분류(KECO)에 부합하게 분류함

▶ 2022년 기준 : 대분류(24개), 중분류(81개), 소분류(269개), 세분류(1,064개)

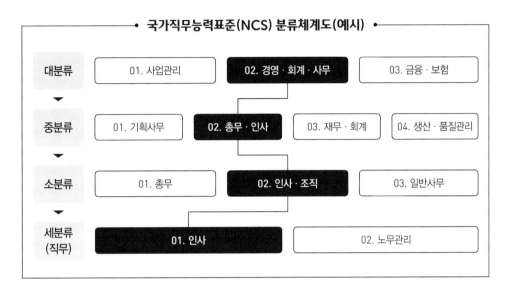

국가직무능력표준(NCS) 분류체계도(예시)

대분류	01. 사업관리	02. 경영 · 회계 · 사무	03. 금융 · 보험
중분류	01. 기획사무	02. 총무 · 인사	03. 재무 · 회계 / 04. 생산 · 품질관리
소분류	01. 총무	02. 인사 · 조직	03. 일반사무
세분류 (직무)	01. 인사	02. 노무관리	

✿ 직업기초능력 영역

모든 직업인들에게 공통적으로 요구되는 기본적인 능력 10가지

❶ **의사소통능력** : 타인의 생각을 파악하고, 자신의 생각을 정확하게 쓰거나 말하는 능력

❷ **수리능력** : 사칙연산, 통계, 확률의 의미를 정확하게 이해하는 능력

❸ **문제해결능력** : 문제를 창조적이고 논리적인 사고를 통해 올바르게 인식하고 해결하는 능력

❹ **자기개발능력** : 스스로 관리하고 개발하는 능력

❺ **자원관리능력** : 자원이 얼마나 필요한지 파악하고 계획하여 업무 수행에 할당하는 능력

❻ **대인관계능력** : 사람들과 문제를 일으키지 않고 원만하게 지내는 능력

❼ **정보능력** : 정보를 수집, 분석, 조직, 관리하여 컴퓨터를 사용해 적절히 활용하는 능력

❽ **기술능력** : 도구, 장치를 포함하여 필요한 기술에 대해 이해하고 업무 수행에 적용하는 능력

❾ **조직이해능력** : 국제적인 추세를 포함하여 조직의 체제와 경영에 대해 이해하는 능력

❿ **직업윤리** : 원만한 직업생활을 위해 필요한 태도, 매너, 올바른 직업관

✿ NCS 구성

능력단위

▶ 직무는 국가직무능력표준 분류의 세분류를 의미하고, 원칙상 세분류 단위에서 표준이 개발됨

▶ 능력단위는 국가직무능력표준 분류의 하위단위로, 국가직무능력 표준의 기본 구성요소에 해당되며 능력단위 요소(수행준거, 지식 · 기술 · 태도), 적용범위 및 작업상황, 평가지침, 직업기초능력으로 구성됨

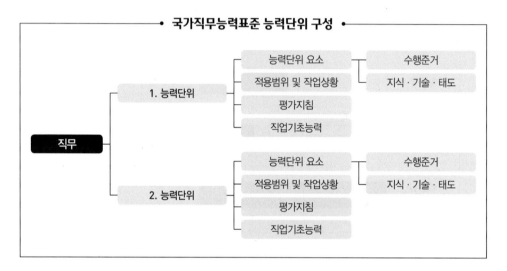

✿ NCS의 활용

활동 유형	활용범위
채용 (블라인드 채용)	채용 단계에 NCS를 활용하여 NCS 매핑 및 직무분석을 통한 공정한 채용 프로세스 구축 및 직무 중심의 블라인드 채용 실현
재직자 훈련 (근로자 능력개발 지원)	NCS 활용 패키지의 '평생경력개발경로' 기반 사내 경력개발경로와 수준별 교육훈련 이수체계도 개발을 통한 현장직무 중심의 재직자 훈련 실시
배치 · 승진	현장직무 중심의 훈련체계와 배치 · 승진 · 체크리스트를 활용한 근로자 배치 · 승진으로 직급별 인재에 관한 회사의 기대와 역량 간 불일치 해소
임금 (직무급 도입)	NCS 기반 직무분석을 바탕으로 기존 관리직 · 연공급 중심의 임금체계를 직무급(직능급) 구조로 전환

합격을 위한 체크 리스트

📋 시험 전 CHECK LIST D-1

체크	리스트
☐	수험표를 출력하고 자신의 수험번호를 확인하였는가?
☐	수험표나 공지사항에 안내된 입실 시간 및 유의사항을 확인하였는가?
☐	신분증을 준비하였는가?
☐	컴퓨터용 사인펜 · 수정테이프 · 여분의 필기구를 준비하였는가?
☐	시험시간에 늦지 않도록 알람을 설정해 놓았는가?
☐	고사장 위치를 파악하고 교통편을 확인하였는가?
☐	고사장에서 볼 수 있는 자료집을 준비하였는가?
☐	인성검사에 대비하여 지원한 공사 · 공단의 인재상을 확인하였는가?
☐	자신이 취약한 영역을 두 번 이상 학습하였는가?
☐	도서의 모의고사를 통해 자신의 실력을 확인하였는가?

📋 시험 CHECK LIST D-DAY

체크	리스트
☐	시험 전 화장실을 미리 가야 한다.
☐	통신기기(휴대폰, 태블릿PC, 무선호출기, 스마트워치, 스마트밴드, 블루투스 이어폰 등)를 가방에 넣어야 한다.
☐	휴대폰의 전원을 꺼야 한다.
☐	시험 종료 후 시험지와 답안지는 제출해야 한다.

📋 시험 후 CHECK LIST D+1

체크	리스트
☐	필기시험 후기를 작성하였는가?
☐	상하의와 구두를 포함한 면접복장이 준비되었는가?
☐	지원한 직무의 직무분석을 하였는가?
☐	단정한 헤어와 손톱 등 용모관리를 깔끔하게 하였는가?
☐	자신의 자소서를 다시 한 번 읽어보았는가?
☐	1분 자기소개를 준비하였는가?
☐	도서 내의 면접 기출 질문을 확인하였는가?
☐	자신이 지원한 직무의 최신 이슈를 정리하였는가?

TEST CHECK

주요 공기업 적중 문제

한국승강기안전공단

글의 순서 ▶ 유형

22 다음 제시된 단락을 읽고, 이어질 내용을 <u>논리적 순서대로</u> 나열한 것은?

> DNA는 이미 1896년에 스위스의 생물학자 프리드리히 미셔가 발견했지만, 대다수 과학자는 1952년까지는 DNA에 별로 관심을 보이지 않았다. 미셔는 고름이 배인 붕대에 끈적끈적한 회색 물질이 남을 때까지 알코올과 돼지 위액을 쏟아부은 끝에 DNA를 발견했다. 그것을 시험한 미셔는 DNA는 생물학에서 아주 중요한 물질로 밝혀질 것이라고 선언했다. 그러나 불행하게도 화학 분석 결과, 그 물질 속에 인이 다량 함유된 것으로 드러났다. 그 당시 생화학 분야에서는 오로지 단백질에만 관심을 보였는데, 단백질에는 인이 전혀 포함돼 있지 않으므로 DNA는 분자 세계의 충수처럼 일종의 퇴화 물질로 간주하였다.

> (A) 그래서 유전학자인 알프레드 허시와 마사 체이스는 방사성 동위원소 추적자를 사용해 바이러스에서 인이 풍부한 DNA의 인과, 황이 풍부한 단백질의 황을 추적해 보았다. 이 방법으로 바이러스가 침투한 세포들을 조사한 결과, 방사성 인은 세포에 주입되어 전달됐지만 황이 포함된 단백질은 그렇지 않은 것으로 드러났다.
> (B) 그러나 그 유전 정보가 바이러스의 DNA에 들어 있는지 단백질에 들어 있는지는 아무도 몰랐다.
> (C) 따라서 유전 정보의 전달자는 단백질이 될 수 없으며 전달자는 DNA인 것으로 밝혀졌다.
> (D) 1952년에 바이러스를 대상으로 한 극적인 실험이 그러한 편견을 바꾸어 놓았다. 바이러스는 다른 세포에 무임 승차하여 피를 빠는 모기와는 반대로 세포 속에 악당 유전 정보를 주입한다.

자료해석 ▶ 유형

32 다음은 어느 기업의 콘텐츠 유형별 매출액에 관한 자료이다. <u>이에 대한 설명으로 옳지 않은</u> 것은?

<2010 ~ 2017년 콘텐츠 유형별 매출액>

(단위 : 백만 원)

구분	게임	음원	영화	SNS	전체
2010년	235	108	371	30	744
2011년	144	175	355	45	719
2012년	178	186	391	42	797
2013년	269	184	508	59	1,020
2014년	485	199	758	58	1,500
2015년	470	302	1,031	308	2,111
2016년	603	411	1,148	104	2,266
2017년	689	419	1,510	341	2,959

① 2012년 이후 매출액이 매년 증가한 콘텐츠 유형은 영화뿐이다.
② 2017년에 전년 대비 매출액 증가율이 가장 큰 콘텐츠 유형은 SNS이다.
③ 영화 매출액은 매년 전체 매출액의 40% 이상이다.
④ 2011 ~ 2017년 동안 콘텐츠 유형별 매출액이 각각 전년보다 모두 증가한 해는 2017년뿐이다.
⑤ 2014 ~ 2017년 동안 매년 게임 매출액은 음원 매출액의 2배 이상이다.

합격자 배치 ▶ 유형

40 S제약회사는 신입사원 공개채용을 시행했다. 1차 서류전형과 인적성, 면접전형이 모두 끝나고 최종 면접자들의 점수를 확인하여 합격 점수 산출법에 따라 합격자를 선정하려고 한다. 총점이 80점 이상인 지원자가 합격한다고 할 때, 다음 중 합격자끼리 올바르게 짝지어진 것은?

〈최종 면접 점수〉

구분	A	B	C	D	E
직업기초능력	75	65	60	68	90
의사소통능력	52	70	55	45	80
문제해결능력	44	55	50	50	49

〈합격 점수 산출법〉

• (직업기초능력)×0.6   • (의사소통능력)×0.3   • (문제해결능력)×0.4   • 총점 : 80점 이상

※ 과락 점수(미만) : 직업기초능력 60점, 의사소통능력 50점, 문제해결능력 45점

① A, C
② A, D
③ B, E
④ C, E
⑤ D, E

한전KPS

단축키 ▶ 키워드

27 다음 중 C대리의 답변 (가) ~ (마)에 들어갈 내용으로 적절하지 않은 것은?

> A과장 : C대리, 파워포인트 슬라이드 쇼 실행 화면에서 단축키 좀 알려줄 수 있을까? 내 마음대로 슬라이드를 움직일 수가 없어서 답답해서 말이지.
> C대리 : 네, 과장님. 제가 알려드리겠습니다.
> A과장 : 그래, 우선 발표가 끝나고 쇼 실행 화면에서 화면을 검게 하고 싶은데 가능한가?
> C대리 : _____(가)_____
> A과장 : 그렇군. 혹시 흰색으로 설정도 가능한가?
> C대리 : _____(나)_____
> A과장 : 혹시 원하는 슬라이드로 이동하는 방법도 있나? 예를 들어 7번 슬라이드로 바로 넘어가고 싶네만.
> C대리 : _____(다)_____
> A과장 : 슬라이드 쇼 실행 화면에서 모든 슬라이드를 보고 싶은 경우도 있네.
> C대리 : _____(라)_____
> A과장 : 맞다. 형광펜 기능도 있다고 들었는데?
> C대리 : _____(마)_____

① (가) : ⊡(마침표) 버튼을 누르시면 됩니다.
② (나) : ⊡(쉼표) 버튼을 누르시면 됩니다.
③ (다) : ⑦(해당번호)를 누르고, Enter↵(엔터) 버튼을 누르시면 됩니다.

T E S T   C H E C K

근로복지공단

산재 ▶ 키워드

2022년 적중

※ 다음은 출퇴근재해의 첫 산재인정에 대한 근로복지공단의 보도자료이다. 글을 읽고 이어지는 질문에 답하시오. **[1~2]**

〈출퇴근재해, 산재인정 첫 사례 나왔다〉

근로복지공단(이사장 심경우)은 출퇴근재해 보호 범위 확대 후 퇴근길에 사고를 당한 노동자 A씨에 대하여 1월 9일 최초로 산재 승인하였다고 밝혔다. 이는 1월 1일부터 '통상적인 경로와 방법으로 출퇴근하는 중 발생한 사고'도 산재로 인정하는 산재보험법을 시행한 후 산재 요양이 승인된 첫 사례이다.

출퇴근재해로 산재 승인된 A씨는 대구시 달성군 소재 직물 제조업체에 다니는 노동자이다. A씨는 1월 4일 오전 8시 5분경 밤새 야간작업을 마치고 퇴근을 위해 평소와 같이 버스를 타러 버스정류장으로 가던 중 돌부리에 걸려 넘어지면서 오른쪽 팔이 골절되는 사고를 당하였고, 이로 인해 우측 요골머리 폐쇄성 골절 등을 진단받아 병원에 입원하였다.

산재요양신청서는 A씨가 입원치료를 받고 있는 의료기관에서 대신 근로복지공단에 제출해 주었다. 이후 근로복지공단의 재해조사 결과 A씨의 사고경위가 통상적인 경로와 방법에 의한 출퇴근재해에 해당하는 것을 확인하고 곧바로 산재 승인한 것이다.

근로복지공단은 노동자 A씨가 요양 중인 의료기관을 방문하여 조속한 쾌유를 기원하면서 산재 요양 중 애로사항 등을 청취하였다. 노동자 A씨는 "퇴근 중 사고로 입원하면서 근로를 할 수 없게 되어 힘든 상황이었으나 출퇴근재해 산재보상 도입으로 산재가 인정됨으로써 치료에 전념할 수 있게 되어 무척 다행이라 생각한다."면서 하루라도 빨리 건강을 회복하여 복직하고 싶다고 말했다.

산재노동자 A씨는 앞으로 치료비 등의 요양급여, 요양으로 일을 하지 못한 기간 동안에 지급되는 휴업급여, 치료 후 신체장해가 남으면 지급되는 장해급여 등을 받게 되는데, 휴업급여는 요양으로 일을 하지 못한 1일당 평균임금의 70%에 상당하는 금액이 지급되고, 1일당 휴업급여액이 1일분 최저임금액(60,240원)보다 적으면 최소 1일당 60,240원이 지급된다. 또한, 원활한 직업복귀를 위해 산재노동자의 욕구에 따라 제공되는 심리상담, 직업능력평가 등의 재활서비스와 같은 다양한 산재 보상서비스도 제공된다.

근로복지공단은 '올해가 출퇴근재해 보상 도입의 첫 해이므로 출퇴근 중 사고를 당한 노동자가 빠짐없이 산재 혜택을 받을

금융감독원

비밀번호 ▶ 키워드

2022년 적중

※ G사는 자사 홈페이지 리뉴얼 중 실수로 임직원 전체 비밀번호가 초기화되는 사고가 발생하였고, 이에 개인정보 보호를 위해 다음 방식으로 임시 비밀번호를 부여하였다. 자료를 참고하여 이어지는 질문에 답하시오. **[88~90]**

〈임시 비밀번호 발급방식〉

• 본 방식은 임직원 개개인의 알파벳으로 구성된 아이디와 개인정보를 기준으로 다음의 방식을 적용한다.
  1. 아이디의 알파벳 자음 대문자는 소문자로, 알파벳 자음 소문자는 대문자로 치환한다.
  2. 아이디의 알파벳 중 모음 A, E, I, O, U, a, e, i, o, u를 각각 1, 2, 3, 4, 5, 6, 7, 8, 9, 0으로 치환한다.
  3. 1 · 2번 내용 뒤에 덧붙여 본인 성명 중 앞 두 자리를 입력한다. → 김손예진=김손
  4. 3번 내용 뒤에 본인 생일 중 일자를 덧붙여 입력한다. → 8월 1일생=01

88 A씨의 임시 비밀번호가 'HW688강동20'이라면, A씨의 아이디로 옳은 것은?

① HWAII   ② hwaii

③ HWAoo   ④ hwaoo

합격 선배들이 알려주는
한국승강기안전공단 합격기

"꾸준한 계획과 실천!"

안녕하세요. 한국승강기안전공단에 합격하고 드디어 합격후기를 작성하게 되었습니다. 사실 특별한 공부법이라는 것이 없어 글로 적자니 부끄러움이 앞서지만 그래도 한국 승강기안전공단의 시험을 준비하시는 분들께 조금이나마 도움이 되고자 몇 줄 적어 보겠습니다.

처음 공부를 시작할 때에는 정보가 부족하여 막막했습니다. NCS가 무엇인지도 몰랐고 어떻게 공부해야 할지 몰라 혼자서 인터넷을 마구 뒤졌던 기억이 납니다. 그러던 도중 SD에듀 책의 구성과 문제가 만족스러워 선택하게 되었습니다.

우선 한국승강기안전공단뿐만 아니라 여러 공기업의 기출복원문제를 통해 최신 출제 경향을 미리 파악해볼 수 있다는 점이 가장 좋았습니다. 또한 영역별로 대표유형과 유형에 맞는 예상문제를 제공해주고 있어서 필기시험에 출제되는 다양한 영역에 대한 공부를 끝낼 수 있었습니다. 그리고 실제 시험에 완벽히 대비하기 위해 시간을 재며 최종점검 모의고사를 풀었던 것 덕분에 필기시험에 합격할 수 있었다고 생각합니다.

면접은 스터디를 추천합니다. 면접 스터디를 통해 평소 습관이나 버릇을 파악하기에 좋았습니다. SD에듀 기본서 뒤쪽에 있는 면접 자료를 바탕으로 면접 기출문제를 팀 원들과 공유하고 함께 피드백을 주고받았습니다. 팀원들과 함께한 실전연습을 바탕 으로 실제 면접에서도 유연하게 대응할 수 있었던 것 같습니다.

사실 취업을 준비하면서 가장 힘들었던 것이 꾸준히 공부하는 습관이었습니다. 기약 없이 공부를 하다 보니 나태해질 때가 많았습니다. 그러나 꾸준히 계획을 세우고 이를 실천하다 보니 이렇게 좋은 결과를 얻을 수 있었습니다. 꾸준하게 노력하는 것이 합격 으로 가는 길이라고 말씀드리고 싶습니다. 이 글을 읽으시는 모든 분들이 취업 성공의 기쁨을 누리시기 바랍니다!

❖ 본 독자 후기는 실제 SD에듀의 도서를 통해 공부하여 합격한 독자들께서 보내주신 후기를 재구성한 것입니다.

도서 200% 활용하기

기출복원문제로 출제경향 파악

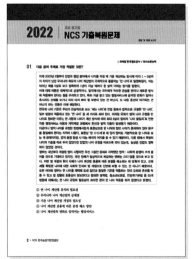

- 2022년 주요 공기업 NCS 기출문제를 복원하여 공기업별 필기유형을 파악할 수 있도록 하였다.

대표유형 + 기출예상문제로 필기전형 완벽 대비

- 한국승강기안전공단 NCS 출제영역에 대한 대표유형을 수록하여 NCS 문제에 대한 접근 전략을 학습할 수 있도록 하였다.
- 기출예상문제를 통해 학습한 내용을 스스로 점검할 수 있도록 하였다.

최종점검 모의고사 + OMR을 활용한 실전 연습

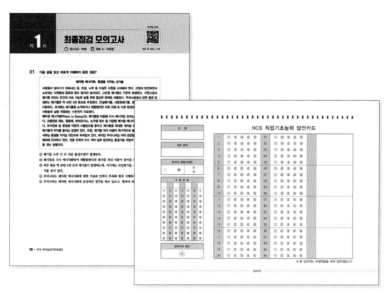

- 엄선된 NCS 최종점검 모의고사와 OMR 답안카드를 수록하여 실제로 시험을 보는 것처럼 최종 마무리 연습을 할 수 있도록 하였다.
- 모바일 OMR 답안채점 / 성적분석 서비스를 통해 필기전형에 완벽히 대비할 수 있도록 하였다.

인성검사부터 면접까지 한 권으로 최종 마무리

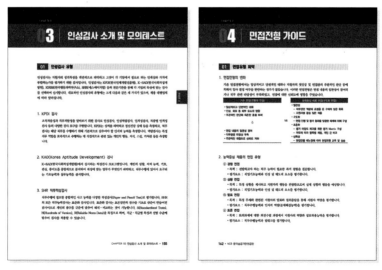

- 인성검사 모의테스트를 통해 인성검사 유형 및 문항을 확인할 수 있도록 하였다.
- 한국승강기안전공단 관련 뉴스 & 이슈와 예상 면접 질문을 통해 실제 면접에서 나오는 질문을 미리 파악하고 연습할 수 있도록 하였다.

뉴스&이슈

승강기안전공단,
세계 최초 전국 승강기 통합 제어 솔루션 운행

2023.02.10.(금)

한국승강기안전공단이 사물인터넷과 지리정보시스템 등 디지털 기술 기반 승강기 통합관제 플랫폼 구축사업을 완료하며 본격적인 디지털 승강기 안전관리 시대를 열었다.

이날 보고회에서는 ▲IoT 기반 지능형 안전장치 ▲GIS 기반 승강기 관제시스템 ▲모바일 기반 상황전파시스템 등을 소개하고 통합관제 플랫폼 구축으로 승강기 사고 및 고장 대응과 안전관리 체계가 어떤 방향으로 변화하고 진행되는지 설명했다.

승강기 통합관제 플랫폼은 다수의 승강기를 한 플랫폼에 연결해 안전사고를 예방하고 원격 관리를 강화할 수 있는 솔루션이다. 디지털 기술 기반 승강기 통합관제 플랫폼은 이달부터 부산·대구·경남지역을 대상으로 시범운영을 거친 뒤 올 하반기에는 본격적인 서비스를 개시할 예정이다. 승강기 선진국인 유럽과 북미를 통틀어 이와 같은 통합 관제 기반을 마련한 것은 우리나라가 최초다.

이용표 한국승강기안전공단 이사장은 "4차 산업혁명기술을 접목한 통합관제 플랫폼이 구축돼 승강기 안전관리의 혁신을 가져올 수 있게 됐다."라며 "이번 사업을 계기로 우리 공단은 승강기 사고 예방과 국민안전을 위해 더욱 힘쓸 수 있도록 지속적인 관심과 노력을 기울여 나가겠다."라고 말했다.

Keyword

IoT : 차세대 인터넷으로 사물 간 인터넷 혹은 개체 간 인터넷으로 정의되며 고유 식별이 가능한 사물이 만들어낸 정보를 인터넷을 통해 공유하는 환경을 의미한다.
GIS : 지리적으로 참조 가능한 모든 형태의 정보를 효과적으로 수집·분석할 수 있도록 설계된 컴퓨터의 하드웨어와 소프트웨어 및 지리적 자료 그리고 인적자원의 통합체를 말한다.

예상 면접 질문

- 기술의 발전이 승강기 산업에 주는 영향에 대해 말해 보시오.
- 우리 공단의 미래 발전방향에 대해 말해 보시오.

승강기안전공단,
우수기업 지속성장 지원 앞장

2022.12.21.(수)

한국승강기안전공단이 시행한 승강기 중소기업 지원을 위한 매칭 그랜트 사업이 6개 기업을 지원하는 등 성공적이라는 평가다.

공단은 21일 매칭 그랜트 사업을 2년 연속 성공적으로 마무리했다고 밝혔다.

지난해부터 시행하고 있는 매칭 그랜트 사업은 경영위기를 겪고 있는 승강기 중소기업을 대상으로 기술 지원, 컨설팅 및 인증비용을 지원해 상생 협력 체계를 구축하고 동반성장을 도모하기 위한 프로그램이다.

공단은 지난 3월 승강기 중소기업을 대상으로 공모를 실시해 6개 업체를 선정하고 기술지원 및 컨설팅을 통해 승강기 모델 인증을 지원했다. 또한, 공단은 매칭 그랜트 사업을 통해 모델 인증을 취득한 기업들에게 우수인증기업 현판과 안전인증서를 함께 전달했다.

장웅길 승강기안전기술원 원장은 "더 많은 승강기 중소기업을 지원할 수 있도록 매칭 그랜트 사업을 중장기적으로 실시할 계획이다."라며 "내년에는 지원 대상 기업을 8개사로 확대해 시행할 예정으로 더 많은 기업들의 지속성장을 지원하겠다."라고 강조했다.

Keyword

매칭 그랜트 : 기업과 임직원이 공익을 목적으로 하는 사업에 일정한 금액을 맞춰 후원금을 지원하는 기금 조성 방법을 말한다. 기업과 임직원이 함께 참여하여 이루어지므로 노사 화합에도 긍정적인 영향을 주며 직원들이 공익적인 활동을 위해 함께 기금을 조성하고 자원봉사활동에 참여함으로써 바람직한 조직문화 형성에도 도움이 된다.

예상 면접 질문

- 본인이 알고 있는 우리 공단의 사회적 지원 사업에 대해 말해 보시오.
- 우리 공단의 사회적 지원 사업을 통해 일어날 수 있는 기대효과에 대해 말해 보시오.

뉴스&이슈

승강기안전공단,
ESG경영 실천 업무협약 체결

2022.11.17.(목)

한국승강기안전공단이 모두의 경제 사회적 협동조합, 사회적 기업 성장지원센터 경남, 굿사이클 등 3개 기관과 'ESG경영 실천을 위한 업무협약'을 체결했다.

이번 협약은 공단 승강기 검사원들의 근무복을 재활용하여 태블릿PC 파우치 등 3가지 제품으로 업사이클하여 자원을 재순환하고 지역사회 일자리 창출과 사회적 기업 지원 등 ESG경영 실천을 위해 마련됐다. 주요 업무협약 내용으로는 공단이 재생 가능한 근무복을 사회적 기업에게 기부하고, 업사이클된 제품을 우선 구매하여 사회적 경제 기업의 원활한 사업 추진을 위해 협력하는 것 등이 있다.

또 사회적 기업인 굿사이클은 공단이 기부한 근무복을 활용하여 ESG 관련 제품을 기획 생산하며, 협동조합과 센터는 사회적 경제기업 활성화 및 일자리 창출 계획을 수립하고 운영해 나가기로 했다. 양의모 한국승강기안전공단 경영기획이사는 "공단은 ESG경영 실천 및 지역 경제 활성화를 위해 사회적 기업과 유기적인 협력체계를 구축하여 지역사회를 위한 다양한 사업을 전개해 나갈 계획이다."라고 말했다.

Keyword

ESG경영 : '환경(Environment) · 사회(Social) · 지배구조(Governance)'를 뜻하는 경영 패러다임으로 이윤추구라는 기존의 경영 패러다임 대신에 기업이 환경적, 사회적 책임을 다하고, 지배구조의 공정성을 목표로 '지속 가능 경영'을 위해 노력하는 경영방식이다.

업사이클 : 업사이클은 부산물, 폐자재와 같은 쓸모없거나 버려지는 물건을 새롭게 디자인해 예술적 · 환경적 가치가 높은 물건으로 재탄생시키는 재활용 방식이다.

예상 면접 질문

• ESG경영에 대해 설명하고 우리 공단의 ESG경영을 위한 활동에 대해 말해 보시오.
• 환경보호를 위해서 우리 공단은 어떤 노력을 할 수 있을지 말해 보시오.

승강기안전공단,
2022 인적자원개발 우수기관 선정

2022.09.30.(금)

한국승강기안전공단은 29일 2022년 공공부문 인적자원개발 우수기관(Best-HRD)에 선정됐다고 밝혔다.

공단은 역량 중심의 인재양성을 기관장 경영방침에 포함시켜 인적자원개발과 인적자원관리에 대한 인프라를 구축했으며 직무와 능력 중심의 공정한 인사관리, 구성원 학습과 역량을 적극 지원하는 인적자원개발, 구성원과 조직 상호 발전을 위한 기관의 노력 등이 다면적으로 높은 평가를 받아 우수기관으로 인증을 받게 됐다고 말했다.

구체적인 내용을 살펴보면 승강기 분야 인재양성을 위한 거창 승강기 밸리 내 산업 클러스터 조성과 교육연수원 건립, NCS를 기반으로 한 직무중심 채용과 맞춤형 교육 커리큘럼 제공, 승강기 인증, 사고조사, 진단 및 컨설팅 등 각 분야별 전문가 양성 프로그램 등을 운영 중이다.

이용표 한국승강기안전공단 이사장은 "직원들이 전문적인 역량을 갖추고 국민안전을 위해 최선을 다할 수 있도록 시대에 맞는 인적자원체계를 운영하고 구성원들이 끊임없는 혁신을 할 수 있도록 노력하겠다."라고 말했다.

Keyword

Best-HRD : 교육부, 인사혁신처가 총괄하고 한국직업능력연구원이 인증하는 것으로 지속적인 임직원 교육제공, 객관적 채용관리 등 인적자원개발과 인적자원관리가 우수한 기관에게 정부가 인증을 부여하는 제도다.

예상 면접 질문

- 우리 공단의 직원으로서 중요시해야 하는 덕목이나 역량이 무엇인지 말해 보시오.
- 공단 입사 후 키우고 싶은 능력이 있다면 무엇인지 말해 보시오.

이 책의 차례

Add+

합격의 공식 SD에듀 www.sdedu.co.kr

2022년 주요 공기업
NCS 기출복원문제

| 코레일 한국철도공사 / 의사소통능력

01 다음 글의 주제로 가장 적절한 것은?

> 이제 2023년 6월부터 민법과 행정 분야에서 나이를 따질 때 기존 계산하는 방식에 따라 1 ~ 2살까지 차이가 났던 우리나라 특유의 나이 계산법이 국제적으로 통용되는 '만 나이'로 일원화된다. 이는 태어난 해를 0살로 보고 정확하게 1년이 지날 때마다 한 살씩 더하는 방식을 말한다.
>
> 이에 대해 여론은 대체적으로 긍정적이나, 일각에서는 모두에게 익숙한 관습을 벗어나 새로운 방식에 적응해야 한다는 점을 우려하고 있다. 특히 지금 받고 있는 행정서비스에 급격한 변화가 일어나 혹시라도 손해를 보거나 미리 따져 봐야 할 부분이 있는 건 아닌지, 또 다른 혼선이 야기되는 건 아닌지 하는 것들이 이에 해당한다.
>
> 한국의 나이 기준은 우리가 관습적으로 쓰는 '세는 나이'와 민법 등에서 법적으로 규정한 '만 나이', 일부 법령이 적용하고 있는 '연 나이' 등 세 가지로 되어 있다. 이처럼 국회가 법적 나이 규정을 만 나이로 정비한 이유는 한 사람의 나이가 계산 방식에 따라 최대 2살이 달라져 '나이 불일치'로 인한 각종 행정서비스 이용과 계약체결 과정에서 혼선과 법적 다툼이 발생했기 때문이다.
>
> 더군다나 법적 나이를 규정한 민법에서조차 표현상으로 만 나이와 일반 나이가 혼재되어 있어 문구를 통일해야 한다는 지적이 나왔다. 표현상 '만 ○○세'로 돼 있지 않아도 기본적으로 만 나이로 보는 게 관례이지만, 법적 분쟁 발생 시 이는 해석의 여지를 줄 수 있기 때문이다. 다른 법에서 특별히 나이의 기준을 따로 두지 않았다면 민법의 나이 규정을 따르도록 되어 있는데, 실상은 민법도 명확하지 않았던 것이다.
>
> 정부는 내년부터 개정된 법이 시행되면 우선 그동안 문제로 지적됐던 법적·사회적 분쟁이 크게 줄어들 것으로 기대하고 있지만, 국민 전체가 일상적으로 체감하는 변화는 크지 않을 것으로 보고 있다. 이번 법 개정의 취지 자체가 나이 계산법 혼용에 따른 분쟁을 해소하는 데 맞춰져 있고, 오랜 세월 확립된 나이에 대한 사회적 인식이 법 개정으로 단번에 바뀔 수 있는 건 아니기 때문이다.
>
> 또한 여야와 정부는 연 나이를 채택해 또래 집단과 동일한 기준을 적용하는 것이 오히려 혼선을 막을 수 있고 법 집행의 효율성이 담보된다고 합의한 병역법, 청소년보호법, 민방위기본법 등 52개 법령에 대해서는 연 나이 규정의 필요성이 크다면 굳이 만 나이 적용을 하지 않겠다고 밝혔다.

① 연 나이 계산법 유지의 필요성
② 우리나라 나이 계산법의 문제점
③ 기존 나이 계산법 개정의 필요성
④ 나이 계산법 혼용에 따른 분쟁 해소 방안
⑤ 나이 계산법의 변화로 달라지는 행정서비스

02 다음 글의 내용으로 가장 적절한 것은?

> 미디어 플랫폼의 다변화로 콘텐츠 이용에 대한 선택권이 다양해졌지만, 장애인은 OTT(Over The Top)서비스로 콘텐츠 하나 보기가 어려운 현실이다.
>
> 지난 장애인 미디어 접근 콘퍼런스에서 한국시각장애인연합회 정책팀장은 "올해 한 기사를 보니 한 시각장애인 분이 OTT는 넷플릭스나 유튜브로 보고 있다고 돼 있었는데, 두 가지가 다 외국 플랫폼이었다는 것이 마음이 아팠다. 외국과 우리나라에서 장애인을 바라보는 시각의 차이가 바로 이런 것이구나 생각했다."라며 "장애인을 소비자로 보느냐 시혜대상으로 보느냐, 사업자가 어떤 생각을 갖고 있느냐에 따라 콘텐츠를 어떻게 제작할 것인가의 차이가 있다고 본다."라고 말했다.
>
> 실제 시각장애인은 OTT의 기본 기능도 이용하기 어렵다. 국내 OTT에서는 동영상 재생 버튼을 설명하는 대체 텍스트(문구)가 제공되지 않아 시각장애인들이 재생 버튼을 선택할 수 없었으며 동영상 시청 중에는 일시 정지할 수 있는 버튼, 음량 조정 버튼, 설정 버튼 등이 화면에서 사라졌다. 재생 버튼에 대한 설명이 제공되는 넷플릭스도 영상 재생 시점을 10초 앞으로 또는 뒤로 이동하는 버튼은 이용하기 어렵다.
>
> 이에 국내 OTT 업계의 경우 장애인 이용을 위한 기술을 개발 및 확대한다는 계획을 밝히며 정부 지원이 필요하다고 덧붙였다. 정부도 규제와 의무보다는 사업자의 자율적인 부분을 인정해주고 사업자 노력을 드라이브 걸 수 있는 지원책을 마련하여야 한다. 이는 OTT 시장이 철저한 자본에 의한 경쟁시장이며, 자본이 있는 만큼 서비스가 고도화되고 그 고도화를 통해 이용자 편의성을 높일 수 있기 때문이다.

① 외국 OTT 플랫폼은 장애인을 위한 서비스를 활발히 제공하고 있다.
② 국내 OTT 플랫폼은 장애인을 위한 서비스를 제공하고 있지 않다.
③ 외국 OTT 플랫폼은 국내 플랫폼보다 장애인을 시혜대상으로 바라보고 있다.
④ 우리나라 장애인의 경우 외국 장애인보다 상대적으로 OTT 플랫폼의 이용이 어렵다.
⑤ 정부는 OTT 플랫폼에 장애인 편의 기능을 마련할 것을 촉구했지만 지원책은 미비했다.

03 다음 문단을 논리적 순서대로 바르게 나열한 것은?

> (가) 물론 이전과 달리 노동 시장에서 여성이라서 채용하지 않는 식의 직접적 차별은 많이 감소했지만, 실질적으로 고학력 여성들이 면접 과정에서 많이 탈락하거나 회사에 들어간 후에도 승진을 잘 하지 못하고 있다. 이는 여성이 육아 휴직 등을 사용하는 경우가 많아 회사가 여성을 육아와 가사를 신경 써야 하는 존재로 간주해 여성의 생산성을 낮다고 판단하고 있기 때문이다.
>
> (나) 한국은 직종(Occupation), 직무(Job)와 사업장(Establishment)이 같은 남녀 사이의 임금 격차 또한 다른 국가들에 비해 큰 것으로 나타났는데, 영국의 한 보고서의 따르면 한국은 조사국 14개국 중 직종, 직무, 사업장별 남녀 임금 격차에서 상위권에 속했다. 즉, 한국의 경우 같은 직종에 종사하며 같은 직장에 다니면서 같은 업무를 수행하더라도 성별에 따른 임금 격차가 다른 국가들에 비해 상대적으로 높다는 이야기다.
>
> (다) OECD가 공개한 '성별 간 임금 격차(Gender Wage Gap)'에 따르면 지난해 기준 OECD 38개 회원국들의 평균 성별 임금 격차는 12%였다. 이 중 한국의 성별 임금 격차는 31.1%로 조사국들 중 가장 컸으며, 이는 남녀 근로자를 각각 연봉 순으로 줄 세울 때 정중앙인 중위 임금을 받는 남성이 여성보다 31.1%를 더 받았다는 뜻에 해당한다. 한국은 1996년 OECD 가입 이래 26년 동안 줄곧 회원국들 중 성별 임금 격차 1위를 차지해 왔다.
>
> (라) 이처럼 한국의 남녀 간 성별 임금 격차가 크게 유지되는 이유로 노동계와 여성계는 연공서열제와 여성 경력 단절을 꼽고 있다. 이에 대해 A교수는 노동 시장 문화에는 여성 경력 단절이 일어나도록 하는 여성 차별이 있어 여성이 중간에 떨어져 나가거나 승진을 못하는 것이 너무나 자연스러운 일처럼 보인다고 말했다.
>
> 이에 정부는 여성 차별적 노동 문화의 체질을 바꾸기 위해서는 정책적으로 여성에게만 혜택을 더 주는 것으로 보이는 시혜적 정책은 지양하되, 여성 정책이 여성한테 무언가를 해주기보다는 남녀 간 평등을 촉진하는 방향으로 나아갈 수 있도록 해야 할 것이다.

① (나) - (다) - (가) - (라)
② (나) - (다) - (라) - (가)
③ (나) - (가) - (다) - (라)
④ (다) - (나) - (가) - (라)
⑤ (다) - (나) - (라) - (가)

04 다음 글의 빈칸에 들어갈 내용으로 가장 적절한 것은?

제주 한라산 천연보호구역에 있는 한 조립식 건물에서 불이 나 3명의 사상자가 발생했다. 이 건물은 무속 신을 모시는 신당으로 수십 년 동안 운영된 곳이었으나, 실상은 허가 없이 지은 불법 건축물이다. 특히 해당 건물은 조립식 샌드위치 패널로 지어져 있기에 이번 화재는 자칫 대형 산불로 이어져 한라산까지 타버릴 아찔한 사고였지만, 행정당국은 불이 난 뒤에야 이 건축물의 존재를 파악했다. 해당 건물에서의 화재는 30여 분 만에 빠르게 진화되었지만, 이 불로 건물 안에 있던 40대 남성이 숨지고, 60대 여성 2명이 화상을 입어 병원으로 이송되었다. 이는 해당 건물이 _____ 불이 삽시간에 번져 나갔기 때문이었다.

행정당국은 서귀포시는 산림이 울창하고 인적이 드문 곳이어서 관련 신고가 접수되지 않는 등 단속에 한계가 있다고 밝히며 행정의 손이 미치지 않는 취약한 지역, 산지나 으슥한 지역은 관련 부서와 협의를 거쳐 점검할 필요가 있다고 말했다.

① 화재에 취약한 구조로 지어져 있어
② 산지에 위치해 기후가 건조했기 때문에
③ 안정성을 검증받지 못한 가건물에 해당되어
④ 소방시설과 거리가 있는 곳에 위치하고 있어
⑤ 인적이 드문 지역에 위치하여 발견이 쉽지 않아

05 세현이의 몸무게는 체지방량과 근육량을 합하여 65kg이었다. 세현이는 운동을 하여 체지방량을 20% 줄이고, 근육량은 25% 늘려서 전체적으로 몸무게를 4kg 줄였다. 이때 체지방량과 근육량을 각각 구하면?

① 36kg, 25kg
② 34kg, 25kg
③ 36kg, 23kg
④ 32kg, 25kg
⑤ 36kg, 22kg

06 가로의 길이가 140m, 세로의 길이가 100m인 직사각형 모양의 공터 둘레에 일정한 간격으로 꽃을 심기로 했다. 네 모퉁이에 반드시 꽃을 심고, 심는 꽃의 수를 최소로 하고자 할 때, 꽃은 몇 송이를 심어야 하는가?

① 21송이
② 22송이
③ 23송이
④ 24송이
⑤ 25송이

07 K공장에서 생산되는 제품은 50개 중 1개의 불량품이 발생한다고 한다. 이 공장에서 생산되는 제품 중 2개를 고른다고 할 때, 2개 모두 불량품일 확률은?

① $\dfrac{1}{25}$

② $\dfrac{1}{50}$

③ $\dfrac{1}{250}$

④ $\dfrac{1}{1,250}$

⑤ $\dfrac{1}{2,500}$

08 다음 중 RPS 제도에 대한 설명으로 적절하지 않은 것은?

> 신·재생에너지 공급의무화 제도(RPS; Renewable Energy Portfolio Standard)는 일정 발전설비 규모 이상을 보유한 발전사업자(공급의무자)에게 일정 비율만큼 구체적인 수치의 신·재생에너지 공급 의무발전량을 할당하여 비용 효율적으로 신·재생에너지 보급을 확대하기 위해 2012년에 도입된 제도다. 2018년 기준 공급의무자는 한국전력공사(KEPCO)의 자회사 6개사 등 21개사이며, 공급의무자는 신·재생에너지 발전소를 스스로 건설하여 전력을 자체 생산하거나 기타 발전사업자들로부터 신·재생에너지 공급인증서(REC; Renewable Energy Certificate)를 구매하는 방법 등을 통해 할당받은 공급의무량을 충당할 수 있다.
>
> 이 제도를 통해 신·재생에너지를 이용한 발전량과 발전설비 용량이 지속적으로 증가하였고, 최근에는 목표 대비 의무 이행 비율 역시 90%를 상회하는 등 긍정적인 성과가 있었으나 다음과 같은 문제점들이 지적되고 있다. 첫째, 제도 도입취지와 달리 제도의 구조적 특징으로 신·재생에너지 공급 비용 절감 효과가 불확실한 면이 있다. 둘째, 단기간 내 사업 추진이 용이한 '폐기물 및 바이오매스 혼소 발전' 등의 에너지원에 대한 편중성이 나타나고 있다. 셋째, 발전 공기업 등 공급의무자에게 할당되는 공급의무량이 단계적으로 증가함에 따라 최종 전력소비자들인 국민들에게 전가되는 비용 부담 또한 지속적으로 증가할 가능성이 있다.
>
> 이에 다음과 같은 개선방안을 고려해볼 수 있다. 첫째, RPS 제도의 구조적 한계를 보완하고 신·재생에너지 공급 비용의 효과적 절감을 도모하기 위해, 제도화된 신·재생에너지 경매 시장을 도입하여 적용 범위를 확대하는 방안을 고려해볼 필요가 있다. 둘째, 신·재생에너지 공급인증서(REC) 지급 기준을 지속적으로 재정비할 필요가 있다. 셋째, 에너지 다소비 기업 및 탄소 다량 배출 산업분야의 기업 등 민간 에너지 소비 주체들이 직접 신·재생에너지를 통해 생산된 전력을 구매할 수 있거나, 민간 기업들이 직접 REC 구매를 가능하게 하는 등 관련 제도를 보완적으로 마련할 필요가 있다.

① 자체 설비만으로 RPS 비율을 채울 수 없을 경우 신·재생에너지 투자 등의 방법으로 대신할 수 있다.

② 발전 비용 증가로 전기료가 인상될 가능성이 있다.

③ 민간 기업은 직접 REC를 구매할 수 없다.

④ 다양한 종류의 신·재생에너지원 사업이 추진되었다.

⑤ 신·재생에너지 발전량이 증가하였다.

09 다음 문단을 논리적 순서대로 바르게 나열한 것은?

(가) 최초 전등 점화에 성공하기는 하였지만, 전등 사업은 예상처럼 순조롭게 진행되지는 못하였다. 설비비용, 발전 시설 운전에 소요되는 석탄 등 연료비용, 외국 기술자 초빙에 따른 비용이 너무 높았기 때문에 전기 점등에 반대하는 상소를 올리는 사람들도 등장하였다. 게다가 점등된 전등들이 얼마 지나지 않아 툭하면 고장이 나서 전기가 들어오지 않기 일쑤거나 소음도 심해서 사람들은 당시 전등을 '건달불'이라고 부르기도 했다. 더군다나 경복궁에 설치된 발전 설비를 담당하던 유일한 전기 기사 맥케이(William McKay)가 갑작스럽게 죽으면서 전기 점등이 몇 개월이나 지연되는 사태도 일어났다.

(나) 기록에 의하면 우리나라에 처음 전기가 도입된 때는 개항기였던 1884년쯤이다. 최초의 전기 소비자는 조선의 황실이었으며, 도입국은 미국이었다. 황실의 전기 도입은 '조미 수호 통상 조약' 체결에 대한 감사의 표시로 미국이 조선의 사절단을 맞아들인 것이 직접적인 계기가 되었다. 1883년 미국에 파견된 '보빙사절단'은 발전소와 전신국을 방문하면서 전기의 위력에 감탄해마지 않았고, 특히 에디슨(Edison, Thomas Alva)의 백열등이 발하는 밝은 빛에 매료되고 말았다. 밀초나 쇠기름의 희미한 촛불에 익숙해 있던 그들에게 백열등의 빛은 개화의 빛으로 보였던가 보다. 그들은 미국 방문 중에 에디슨 전기 회사로 찾아가 전기등에 대한 주문 상담까지 벌였고, 귀국 후에는 고종에게 자신들이 받은 강렬한 인상을 전달하였다. 외국 사신들과 서적을 통해 전기에 관해서는 이미 알고 있던 고종은 이들의 귀국 보고를 받고는 바로 전등 설치를 허가하였다. 그리고 3개월 후 공식적으로 에디슨 사에 전등 설비 도입을 발주하였다.

(다) 이런 우여곡절에도 불구하고 고종의 계속적인 지원으로 전등 사업은 계속되어, 1903년에는 경운궁에 자가 발전소가 설치되어 궁내에 약 900개의 에디슨의 백열등이 밝혀지게 되었다. 그 후 순종 황제의 거처가 된 창덕궁에는 45마력의 석유 발전기와 25kW 직류 발전기가 도입되어, 1908년 9월부터 발전에 들어가기도 했다. 전등은 이렇게 항시적으로 구중궁궐(九重宮闕)을 밝히는 조명 설비로 자리를 잡아 갔다.

(라) 갑신정변에 의해 잠시 중단되었던 이 전등 사업은 다시 속개되어, 마침내 1887년 3월 경복궁 내 건천궁에 처음으로 100촉짜리 전구 두 개가 점등될 수 있었다. 프레이자(Everett Frazar)가 총책임을 맡은 이 일은, 경복궁 전체에 750개의 16촉짜리 전등을 설치하고 이에 필요한 발전 설비를 갖추는 당시로서는 대형 사업이었다. 40마력의 전동기 한 대와 이 엔진에 연결할 25kW 직류 발전기가 발전 설비로 도입되었고, 경복궁 내에 있는 향원정의 물이 발전기를 돌리는 데 이용되었다.

---

① (가) - (나) - (다) - (라)
② (나) - (다) - (가) - (라)
③ (나) - (라) - (가) - (다)
④ (다) - (라) - (가) - (나)
⑤ (다) - (라) - (나) - (가)

10 A마켓에서는 4,000원의 물건이 한 달에 1,000개 팔린다. 물가상승으로 인해 가격을 x원 올렸을 때, 판매량은 $0.2x$ 감소하지만 한 달 매출액이 동일하다면, 인상한 가격은 얼마인가?

① 1,000원

② 1,100원

③ 1,200원

④ 1,300원

⑤ 1,400원

※ 다음은 K공사 S팀 직원의 월급 정보이다. 자료를 보고 이어지는 질문에 답하시오. **[11~12]**

〈기본급 외 임금수당〉

구분	금액	비고
식비	10만 원	전 직원 공통지급
교통비	10만 원	전 직원 공통지급
근속수당	10만 원	근속연수 1년부터 지급, 3년마다 10만 원씩 증가
자녀수당	10만 원	자녀 1명당
자격증수당	전기기사 : 50만 원 전기산업기사 : 25만 원 전기기능사 : 15만 원	–

〈사원 정보〉

구분	근속연수	자녀의 수	보유 자격증
A부장	7년	2	–
B과장	2년	1	전기기사
C과장	6년	3	–
D대리	4년	1	전기기능사
E사원	1년	0	전기산업기사

〈사원별 기본급〉

구분	기본급
A부장	4,260,000원
B과장	3,280,000원
C과장	3,520,000원
D대리	2,910,000원
E사원	2,420,000원

※ (월급)=(기본급)+(기본급 외 임금수당)

11 다음 중 제시된 자료에 대한 설명으로 옳지 않은 것은?

① 근속연수가 높을수록 기본급 또한 높다.

② S팀의 자녀수당의 합보다 근속수당의 합이 더 높다.

③ A부장의 월급은 E사원의 기본급의 2배 이상이다.

④ C과장이 전기기능사에 합격하면 S팀 직원 중 가장 많은 기본급 외 임금수당을 받게 된다.

⑤ 자녀의 수가 가장 많은 직원은 근속연수가 가장 높은 직원보다 기본급 외 임금수당을 더 받는다.

12 제시된 자료를 바탕으로 월급이 높은 순서대로 바르게 나열한 것은?

① A부장 → B과장 → C과장 → D대리 → E사원

② A부장 → B과장 → C과장 → E사원 → D대리

③ A부장 → C과장 → B과장 → D대리 → E사원

④ C과장 → A부장 → B과장 → D대리 → E사원

⑤ C과장 → A부장 → B과장 → E사원 → D대리

13 다음은 S공사의 성과급 지급 기준에 대한 자료이다. 甲대리가 받은 성과평가 등급이 〈보기〉와 같을 때, 甲대리가 받게 될 성과급은 얼마인가?

〈S공사 성과급 지급 기준〉

■ 개인 성과평가 점수

(단위 : 점)

실적	난이도평가	중요도평가	신속성	합
30	20	30	20	100

■ 각 성과평가 항목에 대한 등급별 가중치

구분	실적	난이도평가	중요도평가	신속성
A등급(매우 우수)	1	1	1	1
B등급(우수)	0.8	0.8	0.8	0.8
C등급(보통)	0.6	0.6	0.6	0.6
D등급(미흡)	0.4	0.4	0.4	0.4

■ 성과평가 결과에 따른 성과급 지급액

구분	성과급 지급액
85점 이상	120만 원
75점 이상 85점 미만	100만 원
65점 이상 75점 미만	80만 원
55점 이상 65점 미만	60만 원
55점 미만	40만 원

보기

〈甲대리 성과평가 등급〉

실적	난이도평가	중요도평가	신속성
A등급	B등급	D등급	B등급

① 40만 원 ② 60만 원
③ 80만 원 ④ 100만 원
⑤ 120만 원

14 S공사의 K대리는 지사 4곳을 방문하여 재무건전성을 조사하려고 한다. 다음 〈조건〉에 따라 이동한다고 할 때, K대리가 방문할 지사를 순서대로 바르게 나열한 것은?

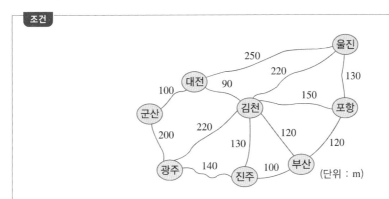

조건

- K대리는 방금 대전 지사에서 재무조사를 마쳤다.
- 대전을 포함하여 기 방문한 도시는 재방문하지 않는다.
- 이동 방법은 디스크 스케줄링 기법인 SSTF(Shortest Seek Time First)를 활용한다.
※ SSTF : 현 위치에서 가장 짧은 거리를 우선 탐색하는 기법

① 군산 – 광주 – 김천
② 군산 – 광주 – 진주
③ 김천 – 부산 – 진주
④ 김천 – 부산 – 포항
⑤ 울진 – 김천 – 광주

15 S공사는 유럽의 P회사와 체결한 수출계약 건으로 물품을 20ft 컨테이너의 내부에 가득 채워 보내려고 한다. 물품은 A와 B로 구성되어 있어 개별로 포장되며, 물품 A 2박스와 물품 B 1박스가 결합했을 때 완제품이 되는데, 이를 정확히 파악하기 위해서 컨테이너에는 한 세트를 이루도록 넣고자 한다. 20ft 컨테이너 내부 규격과 물품 A와 B의 포장규격이 다음과 같다면, 총 몇 박스의 제품이 실리겠는가?

- 20ft 컨테이너 내부 규격 : (L)6,000mm×(W)2,400mm×(H)2,400mm
- 물품 A의 포장규격 : (L)200mm×(W)200mm×(H)400mm
- 물품 B의 포장규격 : (L)400mm×(W)200mm×(H)400mm

① 1,440박스
② 1,470박스
③ 1,530박스
④ 1,580박스
⑤ 1,620박스

16 다음 중 리더와 관리자를 비교하는 내용으로 적절하지 않은 것은?

	리더	관리자
①	계산된 리스크(위험)를 수용한다.	리스크(위험)를 최대한 피한다.
②	'어떻게 할까'를 생각한다.	'무엇을 할까'를 생각한다.
③	사람을 중시한다.	체제·기구를 중시한다.
④	새로운 상황을 만든다.	현재 상황에 집중한다.
⑤	내일에 초점을 둔다.	오늘에 초점을 둔다.

17 다음 중 임파워먼트의 장애요인에 대한 내용으로 적절하지 않은 것은?

① 개인 차원 : 주어진 일을 해내는 역량의 결여, 대응성, 동기의 결여, 결의의 부족, 책임감 부족 등

② 대인 차원 : 다른 사람과의 성실성 결여, 약속 불이행, 성과를 제한하는 조직의 규범(Norm) 등

③ 관리 차원 : 효과적 리더십 발휘능력 결여, 경험 부족, 정책 및 기획의 실행능력 결여 등

④ 조직 차원 : 공감대 형성이 없는 구조와 시스템, 제한된 정책과 절차 등

⑤ 업무 차원 : 새로운 동기부여에 도움이 되는 시스템, 환경 변화에 따라 변화하는 업무 실적 등

18 다음 중 빈칸 ㉠, ㉡에 들어갈 접속어를 순서대로 바르게 나열한 것은?

> 도덕적 명분관은 인간의 모든 행위에 대해 인간의 본성에 근거하는 도덕적 정당성의 기준을 제시함
> 으로써 개인의 정의감이나 용기를 뒷받침한다. 즉, 불의에 대한 비판 의식이라든가 타협을 거부하는
> 선비의 강직한 정신 같은 것이 바로 그것인데, 이는 우리 사회를 도덕적으로 건전하게 이끌어 오는
> 데 기여하였다. 또한 사회적 행위에 적용되는 도덕적 명분은 공동체의 정당성을 확고하게 하여 사회
> 를 통합하는 데 기여해 왔다. ____㉠____ 자신의 정당성에 대한 신념이 지나친 나머지 경직된 비판
> 의식을 발휘하게 되면 사회적 긴장과 분열을 초래할 수도 있다. ____㉡____ 조선 후기의 당쟁(黨爭)
> 은 경직된 명분론의 대립으로 말미암아 심화한 측면이 있는 것이다.

① 게다가, 예컨대 ② 그리고, 왜냐하면

③ 하지만, 그리고 ④ 그러나, 예컨대

19 석훈이와 소영이는 운동장에 있는 달리기 트랙에서 같은 지점에서 출발해 반대방향으로 달리기 시작했고 석훈이는 평균 6m/s의 속력으로, 소영이는 평균 4m/s의 속력으로 달렸다. 처음 만날 때를 제외하고 두 번째 만날 때까지 걸린 시간이 1분 15초일 때, 운동장 트랙의 길이는 얼마인가?

① 315m

② 325m

③ 355m

④ 375m

20 A휴게소의 물품 보관함에는 자물쇠로 잠긴 채 오랫동안 방치되고 있는 보관함 네 개가 있다. 휴게소 관리 직원인 L씨는 방치 중인 보관함을 정리하기 위해 사무실에서 보유하고 있는 1 ~ 6번까지의 열쇠로 네 개의 자물쇠를 모두 열어 보았다. 그 결과가 〈조건〉과 같이 나왔을 때, 다음 중 항상 참인 것은?(단, 하나의 자물쇠는 정해진 하나의 열쇠로만 열린다)

조건

• 첫 번째 자물쇠는 1번 또는 2번 열쇠로 열렸다.

• 두 번째 자물쇠와 네 번째 자물쇠는 3번 열쇠로 열리지 않았다.

• 6번 열쇠로는 어떤 자물쇠도 열지 못했다.

• 두 번째 또는 세 번째 자물쇠는 4번 열쇠로 열렸다

• 세 번째 자물쇠는 4번 또는 5번 열쇠로 열렸다.

---

① 첫 번째 자물쇠는 반드시 1번 열쇠로 열린다.

② 두 번째 자물쇠가 2번 열쇠로 열리면, 세 번째 자물쇠는 5번 열쇠로 열린다.

③ 세 번째 자물쇠가 5번 열쇠로 열리면, 네 번째 자물쇠는 2번 열쇠로 열린다.

④ 3번 열쇠로는 어떤 자물쇠도 열지 못한다.

21 다음은 S공단 자기소개서 가산점 기준표의 일부를 나타낸 자료이다. 이를 참고하여 〈보기〉의 가산점 계산 시 가산점이 5점, 4점, 2점인 경우는 각각 몇 가지인가?

〈S공단 자기소개서 가산점 기준표〉

분야		관련 자격증 및 가산점		
		5점	4점	2점
학위		박사학위	석사학위	학사학위
정보처리		• 정보관리기술사 • 전자계산기조직응용기술사	• 정보처리기사 • 전자계산기조직응용기사 • 정보보안기사	• 정보처리산업기사 • 사무자동화산업기사 • 컴퓨터활용능력 1·2급 • 워드프로세서 1급 • 정보보안산업기사
전자·통신		• 정보통신기술사 • 전자계산기기술사	• 무선설비·전파통신·전파전자·정보통신·전자·전자계산기기사 • 통신설비기능장	• 무선설비·전파통신·전파전자·정보통신·통신선로·전자·전자계산기산업기사
국어		• 한국실용글쓰기검정 750점 이상 • 한국어능력시험 770점 이상 • 국어능력인증시험 162점 이상	• 한국실용글쓰기검정 630점 이상 • 한국어능력시험 670점 이상 • 국어능력인증시험 147점 이상	• 한국실용글쓰기검정 550점 이상 • 한국어능력시험 570점 이상 • 국어능력인증시험 130점 이상
외국어	영어	• TOEIC 900점 이상 • TEPS 850점 이상 • IBT 102점 이상 • PBT 608점 이상 • TOSEL 880점 이상 • Flex 790점 이상 • PELT 446점 이상	• TOEIC 800점 이상 • TEPS 720점 이상 • IBT 88점 이상 • PBT 570점 이상 • TOSEL 780점 이상 • Flex 714점 이상 • PELT 304점 이상	• TOEIC 600점 이상 • TEPS 500점 이상 • IBT 57점 이상 • PBT 489점 이상 • TOSEL 580점 이상 • Flex 480점 이상 • PELT 242점 이상
	일어	• JLPT 1급 • JPT 850점 이상	• JLPT 2급 • JPT 650점 이상	• JLPT 3급 • JPT 550점 이상
	중국어	• HSK 9급 이상	• HSK 8급	• HSK 7급

※ 자격증 종류에 따라 5점, 4점, 2점으로 차등적으로 부여되며, 점수의 합산을 통해 최대 5점(5점이 넘는 경우도 5점으로 적용)까지만 받을 수 있다.
※ 같은 분야에 포함된 자격증에 대해서는 점수가 높은 자격증만 인정된다.

보기

(가) : 정보관리기술사, 사무자동화산업기사, TOEIC 750점, JLPT 2급
(나) : TOSEL 620점, 워드프로세서 1급, PELT 223점
(다) : 한국실용글쓰기검정 450점, HSK 6급, 정보보안산업기사
(라) : JPT 320점, 석사학위, TEPS 450점
(마) : 무선설비산업기사, JLPT 3급, ITQ OA 마스터
(바) : TOEIC 640점, 국어능력인증시험 180점, HSK 8급
(사) : JLPT 3급, HSK 5급, 한국어능력시험 530점
(아) : IBT 42점, 컴퓨터활용능력 2급, 에너지관리산업기사

	5점	4점	2점
①	2가지	3가지	3가지
②	2가지	4가지	2가지
③	3가지	2가지	3가지
④	3가지	4가지	1가지
⑤	2가지	5가지	1가지

| 한국산업인력공단 / 자원관리능력

22 S공단에서 근무하고 있는 김인턴은 경기본부로 파견 근무를 나가고자 한다. 다음 〈조건〉에 따라 파견일을 결정할 때, 김인턴이 경기본부로 파견 근무를 갈 수 있는 날짜는?

〈12월 달력〉

일	월	화	수	목	금	토
				1	2	3
4	5	6	7	8	9	10
11	12	13	14	15	16	17
18	19	20	21	22	23	24
25	26	27	28	29	30	31

조건
- 김인턴은 12월 중에 경기본부로 파견 근무를 나간다.
- 파견 근무는 2일 동안 진행되며, 이틀 동안 연이어 진행하여야 한다.
- 파견 근무는 주중에만 진행된다.
- 김인턴은 12월 1일부터 12월 7일까지 연수에 참석하므로 해당 기간에는 근무를 진행할 수 없다.
- 김인턴은 12월 27일부터는 부서이동을 하므로, 27일부터는 파견 근무를 포함한 모든 담당 업무를 후임자에게 인계하여야 한다.
- 김인턴은 목요일마다 H본부로 출장을 가며, 출장일에는 파견 근무를 수행할 수 없다.

① 12월 6 ~ 7일
② 12월 11 ~ 12일
③ 12월 14 ~ 15일
④ 12월 20 ~ 21일
⑤ 12월 27 ~ 28일

23 다음은 S사 직무전결표의 일부분이다. 이에 따라 결재한 기안문으로 가장 적절한 것은?

〈직무전결표〉

직무 내용	위임 시 전결권자			대표이사
	부서장	상무	부사장	
주식관리 – 명의개서 및 제신고		○		
기업공시에 관한 사항				○
주식관리에 관한 위탁계약 체결				○
문서이관 접수	○			
인장의 보관 및 관리	○			
4대 보험 관리		○		
직원 국내출장			○	
임원 국내출장				○

① 신입직원의 고용보험 가입신청을 위한 결재 : 대리 김철민 / 부장 전결 박경석 / 상무 후결 최석우
② 최병수 부장의 국내출장을 위한 결재 : 대리 서민우 / 부장 박경석 / 상무 대결 최석우 / 부사장 전결
③ 임원변경에 따른 기업공시를 위한 결재 : 부장 최병수 / 상무 임철진 / 부사장 대결 신은진 / 대표이사 전결 김진수
④ 주식의 명의개서를 위한 결재 : 주임 신은현 / 부장 전결 최병수 / 상무 후결 임철진
⑤ 박경석 상무의 국내출장을 위한 결재 : 대리 서민우 / 부장 박경석 / 상무 대결 최석우 / 부사장 전결

24 다음 글을 읽고 추론한 내용으로 적절하지 않은 것은?

> 지난 1년간 한 번 이상 정신질환에 이환된 적이 있는 사람의 비율을 나타내는 일년유병률은 11.9%로, 지난 1년간 정신건강 문제를 경험한 사람은 470만 명으로 추산됐다.
>
> 주요 정신질환별 조사 결과를 살펴 보면, 기분장애의 대표 질환인 주요우울장애(우울증) 평생유병률은 5.0%로, 여성의 경우 남성보다 2배 이상 높았다. 일년유병률은 1.5%로, 지난 1년간 우울증을 경험한 사람은 61만 명으로 추산됐다. 또한 불안장애 평생유병률은 9.3%, 일년유병률 5.7%로, 지난 1년간 불안장애를 경험한 사람은 224만 명으로 추산됐다. 망상이나 환각, 현실에 대한 판단력 저하로 사회적, 직업적 또는 학업적 영역에서 적응에 상당한 문제를 겪는 상태인 조현병 스펙트럼장애 평생유병률은 0.5%로 나타났다. 지역사회에서 1년간 조현병 스펙트럼장애를 경험한 적이 있는 사람은 6만 3천 명, 입원·입소해 있는 조현병 스펙트럼장애 환자 수는 5만 명 등 총 11만 3천 명으로 추산된다.
>
> C병원 H교수는 "전반적으로 정신질환 유병률은 감소 추세이다. 정신건강 서비스의 이용률 증가로 인한 정신질환 예방이나 조기치료의 효과 등이 작용했을 것으로 보인다."면서 "다만, 아직도 선진국에 비해서는 정신건강 서비스의 이용이 적어 정신질환에 대한 인식개선과 서비스 접근성 확보 등 정책적 노력이 계속 되어야 한다."라고 설명했다.
>
> 정신건강증진센터는 지역별로 위치해 있다. 센터를 이용하기 위해서는 우선 보건복지부 상담 전화 또는 24시간 정신건강상담 전화를 통해 자신이 거주하고 있는 지역에 있는 센터를 찾아야 한다. 거주지에 해당하는 센터에서만 상담과 치료를 받을 수 있다는 점을 유의하자. 서울 및 광역시의 정신건강증진센터는 구 단위로 설치·운영 중이며, 그 외 시·도의 경우에는 시, 군 단위로 설치돼 있다. 거주지 관할 센터를 알았다면 전화를 걸어 상담 예약을 해야 한다. 상시 대기 중인 정신보건 전문요원과 상담을 하고, 이후 진단 결과에 따라 내소·방문 상담 여부 및 치료 방향을 논의하게 된다. 정신건강증진센터에서 개인별 상황과 증상의 정도에 따른 치료 계획이 결정되면, 방문자는 정신건강 상태에 대한 기본 문진 및 치료와 지속적인 상담을 통해 마음과 생각을 치료받게 된다.
>
> 이외에도 정신건강증진센터에서는 자살 및 우울증 예방, 약물·PC 등 중독관리, 노인 대상 게이트키퍼 교육 등 센터별로 다양한 프로그램을 운영하고 있으므로 우울증이나 스트레스 증상이 의심될 때는 망설임 없이 상담 및 치료받을 것을 권장한다.

① 가장 빈번하게 나타나는 정신건강 문제 유형은 불안장애이다.

② 정신질환 예방과 조기치료는 정신질환 유병률 감소에 효과가 있다.

③ 상담과 치료를 원할 때는 24시간 정신건강상담 전화를 통해 현재 자신의 위치와 가장 가까운 센터로 가야 한다.

④ 개인별 상황과 증상에 대해 상담한 후에 치료 계획이 세워져 전문적이라고 할 수 있다.

⑤ 센터별로 다양한 프로그램이 운영되고 있으므로 우울증에 국한된 것이 아닌 여러 정신질환에 대해서 상담받을 수 있다.

25 다음은 아이돌봄서비스에 대한 글이다. 이에 대한 설명으로 적절하지 않은 것을 〈보기〉에서 모두 고르면?

아이돌봄서비스는 만 12세 이하 아동을 둔 맞벌이 가정 등에 아이돌보미가 직접 방문하여 아동을 안전하게 돌봐주는 서비스로, 정부 차원에서 취업 부모들을 대신하여 그들의 자녀에 대한 양육 및 이와 관련된 활동을 지원해 준다. 이는 가정의 아이돌봄을 지원하여 아이의 복지증진과 보호자의 일·가정 양립을 통한 가족구성원의 삶의 질 향상과 양육 친화적인 사회 환경을 조성하는 데 목적이 있다. 아동의 안전한 보호를 위해 영아 및 방과 후 아동에게 개별 가정의 특성과 아동발달을 고려하여 아동의 집에서 돌봄서비스를 제공하며, 취업 부모의 일·가정 양립을 위해 야간·주말 등 틈새 시간의 '일시 돌봄' 및 '영아 종일 돌봄' 등 수요자가 원하는 서비스를 제공한다.

서비스는 이용 구분에 따라 시간제돌봄서비스, 영아종일제돌봄서비스, 기관연계돌봄서비스, 질병 감염아동특별지원서비스로 나뉜다. 시간제돌봄서비스의 이용 대상은 만 3개월 이상 만 12세 이하의 아동이며, 주 양육자가 올 때까지 임시보육, 놀이 활동, 식사 및 간식 챙겨 주기, 보육시설이나 학교 등·하원 등의 서비스를 받을 수 있다. 영아종일제돌봄서비스의 이용 대상은 만 3개월 이상 만 24개월 이하의 영아이며, 이유식, 젖병 소독, 기저귀 갈기, 목욕 등 영아돌봄과 관련된 건강·영양·위생·교육 등의 서비스를 지원받을 수 있다. 기관연계돌봄서비스는 사회복지시설이나 학교, 유치원, 보육시설 등 만 0 ~ 12세 아동에 대한 돌봄서비스가 필요한 기관이 이용 대상이다. 돌보미 1인당 돌볼 수 있는 최대 아동수의 제한이 있으며, 한 명의 돌보미가 여러 연령대의 아동을 대상으로 동시에 서비스를 제공할 수는 없다. 질병감염아동특별지원서비스의 이용 대상은 수족구병 등 법정 전염성 및 유행성 질병에 감염되어 사회복지시설, 유치원, 보육시설 등을 이용하고 있는 만 12세 이하 아동으로, 다른 서비스에 반해 별도로 정부의 지원시간 제한이 없으며, 비용의 50%를 정부가 지원한다. 해당하는 아동은 병원 이용 동행 및 재가 돌봄서비스를 제공받을 수 있다.

보기

㉠ 만 12세를 초과한 아동은 아이돌봄서비스를 이용할 수 없다.
㉡ 장애 아동의 경우 질병감염아동특별지원서비스를 제공받을 수 있다.
㉢ 맞벌이 가정뿐만 아니라 학교·유치원·보육시설도 아이돌봄서비스를 이용할 수 있다.
㉣ 야간이나 주말에는 아이돌봄서비스를 이용할 수 없다.

① ㉠, ㉡
② ㉠, ㉢
③ ㉡, ㉢
④ ㉡, ㉣
⑤ ㉢, ㉣

26 다음은 각국 보험비교를 위해 게재한 독일의 산재보험에 대한 글이다. 이에 대한 설명으로 가장 적절한 것은?

〈독일의 산재보험〉

- 담당기구 : 업종별, 지역별로 별도의 산재보험조합(BG)이 조직되어 있으며, 각 산재보험조합은 자율권을 가지고 있는 독립적인 공공법인이고, 국가는 주요 업무사항에 대한 감독권만을 가지고 있다.
- 적용대상 : 산재보험 적용대상에는 근로자뿐만 아니라 학생 및 교육훈련생 집단, 기타 집단 등도 포함된다. 자영업자(같이 근무하는 배우자)는 의무 가입대상이 아닌 임의 가입대상이다.
- 징수 : 근로자 부담분은 없으며, 사업주는 위험등급에 따라 차등화된 보험료를 납부하는데 평균보험료율은 임금지급총액의 1.33%이다.
- 보상 : 보상의 경우 통근재해를 인정하고 있으며, 일일평균임금산정 시 휴업급여는 재해발생 직전 3개월간의 임금총액을 고려하지만, 연금으로 지급되는 급여(상병·장해·유족)는 상병이 발생한 날이 속하는 연도로부터 1년간을 고려한다.
- 요양급여 : 1일 이상의 모든 재해에 대하여 의약품, 물리치료, 그리고 보조도구의 구입을 위한 일체의 비용을 부담한다.
- 휴업급여 : 재해발생 이후 처음 6주간은 사업주가 임금 전액을 지급하고, 사업주의 임금지불의무가 없어지는 7주째부터 산재보험에서 휴업급여가 지급되며, 휴업급여는 1일 단위로 계산(1개월 단위로 계산하는 경우에는 1일 단위로 산출된 값에 30을 곱함)하여 기준소득의 80%를 지급하되, 세금 등을 공제한 순소득을 초과할 수 없다.
- 직업재활급여 : 새로운 일자리를 얻거나 요청하기 위해 소요되는 제반 경비, 장해로 인해 전직하는 경우에 교육훈련을 포함한 직업준비, 직업적응훈련·향상훈련·전직훈련 및 이를 위하여 필요한 경우 정규 학교교육, 불편 없이 학교교육을 받기 위한 보조·도움 및 이에 필요한 준비 또는 학교교육 시작 전에 정신적 및 육체적 기능을 발전·개발시키기 위한 지원, 장애인 전용 사업장에서의 직업훈련 등을 제공한다. 현금급여(전환급여)는 근로생활 복귀를 지원하고자 직업재활을 실행하는 과정에서 근로자에게 지급하는 금전으로, 가족관계에 따라 기준소득에 68~75%를 곱하여 산출한다.
- 장해급여 : 노동능력이 최소한 20% 이상 감소하고 장해가 26주 이상 지속될 경우, 이 두 가지 모두에 해당될 때만 지급된다. 지급액은 노동능력의 상실 정도와 전년도 소득 등 두 가지 기준을 이용하여 결정한다.
- 유족급여 : 유족은 배우자, 유자녀, 직계존속(부모) 등이 해당되고, 총 유족연금은 연간근로소득의 80%를 초과할 수 없다.

---

① 단기 계약직 근로자라도 교육훈련생의 지위를 가지고 있다면, 산재보험의 적용을 받을 수 없다.
② 예산의 효율적 활용을 위해 국가에 의해 통합적으로 운영된다.
③ 휴업급여와 연금식 급여의 일일평균임금산정 방식은 동일하다.
④ 1일을 기준으로 기준소득 대비 급여지급액 비율은 휴업급여의 경우가 직업재활급여 현금급여의 경우보다 높다.
⑤ 근로 중 장해를 당하여 노동능력이 33% 감소하였고, 장해가 24주간 지속되는 근로자는 장해급여를 지급받는다.

27 다음 기사를 읽고 보인 반응으로 적절하지 않은 것은?

C공단은 지난 1일부터 노인돌봄전달체계 개편시범사업에 본격 착수했다고 밝혔다.

이는 저소득층 어르신을 대상으로 보건의료(ICT방문진료 등), 요양(수시방문형 재가서비스 등), 주거지원(주택개조 등), 생활지원(이동 등) 등 다양한 분야의 서비스를 제공한다. 사업대상 지역은 경기 화성시와 강원 춘천시이며, 행정안전부 및 보건복지부, 지자체 등과 협업한다. 해당 지역 내 권역별 통합돌봄본부를 설치하고 C공단 주거지원전문관, 지자체 보건·복지 담당자 등이 상주하며 업무를 수행한다. 그중 C공단은 기술 및 인력 지원을 통한 '고령자 맞춤형 주택 개조사업'을 추진하고 '맞춤형 임대주택' 또한 공급한다. 이를 통해 지역 어르신들은 기존 거주하던 지역을 벗어나지 않고도 안전하고 쾌적한 주거환경을 누릴 수 있게 될 전망이다.

'고령자 맞춤형 주택 개조 사업'은 총 210호를 대상으로 하며, 지자체 예산을 활용해 호당 4백만 원 규모의 수선급여 방식으로 추진된다. 단순 개보수 외에도 낙상 예방을 위한 미끄럼 방지 장치 및 안전 손잡이를 설치하고, 보행에 장애가 되는 문턱도 제거한다. 돌봄 대상 저소득 어르신에게는 어르신 맞춤형 임대주택을 제공하며, 주택 물색 등이 필요한 경우에는 상담 등 정보도 지원한다.

한편, C공단은 임대주택 단지 내 유휴 공간을 활용해 주민 공유공간 및 생활 SOC시설을 설치하고, 공동생활 도우미 지원 등 다양한 주거 서비스를 제공해 주민들에게 쾌적한 주거환경이 구축될 수 있도록 지속적으로 노력하고 있다. C공단 본부장은 "기존의 돌봄서비스 등이 요양병원과 시설 중심이었다면 이번 시범사업은 기존 거주 지역을 중심으로 진행된다."라며 "돌봄이 필요한 어르신들이 양질의 주거환경과 함께 쾌적하고 안전한 삶을 누릴 수 있도록 최선을 다하겠다."라고 말했다.

① 이전의 노인돌봄 복지는 요양병원과 시설 중심이었어.
② 사업 대상에 특성을 맞춘 내용을 담은 복지를 제공해.
③ 이 사업을 통해 사회적 약자는 보다 나은 주거환경을 누릴 수 있어.
④ 현재 전국적으로 시행되고 있는 사업이야.
⑤ 다양한 기관과의 협업을 통해 추진되는 사업이야.

28 다음 글 뒤에 이어질 내용으로 가장 적절한 것은?

> "모든 사람이 건강보험 혜택을 받아야 한다." 이는 네덜란드 법에 명시된 '건강권' 조항의 내용이다. 취약계층을 비롯한 모든 국민이 차별 없이 건강 보호를 받아야 하고, 단순히 질병 치료만이 아니라 건강증진과 재활 등의 영역에 이르기까지 충분한 보건의료 서비스를 보장받아야 한다는 취지이다. GGD는 네덜란드 국민의 건강 형평성을 위해 설립된 기관으로, 네덜란드 모든 지역에 공공보건서비스를 제공하기 위해 이를 설립하여 운영하고 있다. 네덜란드 국민이라면 생애 한 번 이상은 GGD를 방문한다. 임신한 여성은 산부인과 병원이 아닌 GGD를 찾아 임신부 관리를 받고, 어린 자녀를 키우는 부모는 정기적으로 GGD 어린이 건강센터를 찾아 아이의 성장과 건강을 확인한다. 열대 지방을 여행하고 돌아온 사람은 GGD의 여행 클리닉에서 예방 접종을 받으며, 바퀴벌레나 쥐 때문에 골치 아픈 시민이라면 GGD에 해충 방제 서비스를 요청해 문제를 해결한다. 성병에 걸렸거나 알코올중독·마약중독으로 고통을 겪는 환자도 GGD에서 검사와 치료를 받을 수 있다. 가정폭력 피해자의 상담과 치료도 이곳에서 지원한다. 예방프로그램 제공, 의료환경 개선, 아동보건의료 제공, 전염성질환 관리가 모두 GGD에서 이뤄진다. 특히 경제적 취약계층을 위한 보건의료서비스를 GGD가 책임지고 있다.
>
> GGD는 한국의 보건의료원과 비슷한 역할을 하지만, 그보다 지원 대상과 영역이 방대하고 더 적극적으로 지원 대상을 발굴한다. 특히 전체 인력 중 의료진이 절반 이상으로 전문성을 갖췄다. GGD 암스테르담에 근무하는 약 1,100명의 직원 가운데 의사와 간호사는 600명이 넘는다. 이 중 의사는 100여 명으로, 감염, 법의학, 정신질환 등을 담당한다. 500여 명의 간호사는 의사들과 팀을 이뤄 활동하고 있다. 이곳 의사는 모두 GGD 소속 공무원이다. 반면, 한국의 보건소, 보건지소, 보건의료원 의사 대부분은 병역의무를 대신해 3년만 근무하는 공중보건의다. 하지만 공중보건의도 최근 7년 사이 1,500명 이상 줄어들면서 공공의료 공백 우려도 있다.
>
> '평등한 건강권'은 최근 국내에서 개헌 논의가 시작되면서 본격적으로 논의되기 시작한 개념이다. 기존 헌법에 '모든 국민은 보건에 관하여 국가의 보호를 받는다.'는 조항이 포함돼 있지만, 아직 건강권의 보장 범위가 협소하고 애매하다. 한국은 건강 불평등 격차가 큰 나라 중 하나이다. 국제구호개발기구가 2013년 발표한 전 세계 176개국의 '건강 불평등 격차'에서 우리나라는 33위를 차지했다. 건강 불평등 격차는 보건서비스에 접근이 쉬운 사람과 그렇지 않은 사람 사이의 격차가 얼마나 큰지를 나타내는 지수로, 격차가 클수록 가난한 사람들의 보건 교육, 예방, 치료 등이 보장되지 않음을 의미한다.

① 네덜란드의 보험 제도 또한 많은 문제점을 지니고 있다.

② 네덜란드의 보험 제도를 참고하여 우리나라의 건강 불평등 해소 방향을 생각해 볼 수 있다.

③ 한국의 건강보험공단은 네덜란드의 보험 제도 개혁에 있어 많은 도움을 줄 수 있을 것이다.

④ 우리나라의 건강 불평등 격차를 줄이기 위해서는 무엇보다도 개헌이 시급하다.

⑤ 우리나라 보건의료원의 수준은 네덜란드 GGD와 비교하였을 때 결코 뒤처지지 않는다.

29 다음은 근로복지공단에서 개최한 맞춤형통합서비스 발표회에 대한 보도자료이다. 이에 대한 설명으로 적절하지 않은 것은?

〈근로복지공단, 맞춤형통합서비스 우수사례 발표회 개최〉

근로복지공단은 올 한해 동안 산재노동자의 재활성공 사례에 대해 2018년도 맞춤형통합서비스 우수사례 발표회를 개최하여 내일찾기서비스 부문 12건, 일반서비스 부문 4건을 우수사례로 선정 후 시상했다.

맞춤형통합서비스는 산재노동자가 보다 원활하게 직업에 복귀할 수 있도록 지원하는 고객 중심의 산재보험 재활 업무 프로세스이다. 이는 요양초기단계부터 재활전문가인 잡코디네이터가 1 : 1 사례관리를 진행하는 내일찾기서비스, 요양서비스 과정에서 위기상황에 맞게 적절히 개입하는 일반서비스로 구분된다. 올해 일곱 번째를 맞이하는 우수사례 발표회는 한 해 동안의 재활사업 성과를 평가하고 우수사례 노하우를 공유·확산하는 장으로, 산재노동자의 직업복귀를 촉진시키고 재활사업의 발전방안을 모색하는 자리이기도 하다.

내일찾기서비스 부문 대상은 "서로에게 주는 기쁨"이라는 주제로 발표한 대구지역본부 과장이 수상의 영예를 안았다. 분쇄기에 손이 절단되는 재해를 입고 극심한 심리불안을 겪는 50대 여성 산재노동자 이씨에게 미술심리치료 11회 등 심리상담을 통하여 자존감을 회복하게 하였고, 재활스포츠지원을 통해 재활의욕을 고취하였으며, 사업주를 위한 직장복귀지원금 지급 등 공단의 다양한 재활서비스 지원을 통해 원직복귀에 성공한 사례이다.

일반서비스 부문 대상은 "캄보디아 외국인노동자의 '삶의 희망찾기' 프로젝트"라는 주제로 발표한 안산지사에서 수상했다. 캄보디아 산재노동자 핑씨가 프레스 기계에 손이 협착되었음에도 사업주와 의료진에 대한 불신 때문에 치료를 거부하자 주한 캄보디아 대사관, 외국인지원센터와 연계하여 현상황을 정확히 설명하였고, 그로 인해 치료의 골든타임을 놓치지 않고 적기에 치료를 제공한 사례이며, 만약 치료를 거부하고 귀국했다면 생명까지 매우 위험한 상태였을 거라는 게 의학전문가의 공통된 소견이다.

근로복지공단 이사장은 "산재노동자의 눈높이에 맞는 맞춤형 서비스를 제공할 수 있도록 업무 프로세스를 더욱 보완·발전시켜 현장 중심의 고객감동 서비스로 산재노동자의 든든한 희망버팀목이 되겠다."라고 밝혔다.

① 맞춤형통합서비스는 각 요양단계 및 상황에 맞게 구분되어 제공된다.
② 맞춤형통합서비스 우수사례 발표회는 2012년부터 시행되었다.
③ 내일찾기서비스의 경우, 산재노동자가 처한 위기상황에 따라 잡코디네이터가 사례관리를 진행한다.
④ 신체적 상해를 입은 산재노동자의 근로현장 복귀를 위해서는 심리적 지원이 필요할 수 있다.
⑤ 근로자의 신체 및 생명을 보호하는 차원에서도 근로자와 사업주 간의 신뢰구축이 필요하다.

30 다음 글을 읽고 AMI에 대한 설명으로 적절하지 않은 것은?

스마트그리드 구축이라는 정부 정책과 신재생에너지 확대 등의 추세에 따라 AMI에 대한 관심이 높아지고 있다. C공단은 총 1조 7천억 원을 투입해 지난 2013년부터 현재까지 AMI를 보급하고 있다. AMI를 각 가정에 설치한 뒤 통신망을 구축하면 C공단에서 각 가정의 전력 사용량을 실시간으로 확인할 수 있는 방식이다. 검침원이 각 가정을 돌아다니며 전력 사용량을 확인하는 고전적인 검침 방식이 필요 없어 불필요한 인력소모를 줄일 수 있다는 장점이 있다. 최종 구축이 완료되면 보다 최적화된 발전계획을 수립하거나 시간대별로 전기요금을 차등 적용할 수 있어 전력 사용을 효율화시킬 수 있다.

AMI는 지능형 전력계량시스템으로, 양방향 통신을 이용해 전력 사용량과 시간대별 요금 정보 등 전기 사용 정보를 고객에게 제공해 자발적인 전기 절약을 유도하는 계량시스템이다. 이번에 C공단이 도입한 AMI 장애진단시스템은 인공지능과 빅데이터 기술을 적용한 지능화된 프로그램이다. 실시간 장애로그 패턴분석과 업무규칙에 따른 장애분류 기능 등을 복합적으로 제공한다.

정확한 고장위치 판단을 위한 네트워크 토폴로지(네트워크 요소들인 링크나 노드 등의 물리·논리적 연결) 분석 기능도 지원한다. 기존 AMI의 경우 설비가 고장 나면 전문 인력이 현장에 출동해 각종 설비와 통신 상태를 직접 확인한 후 판단할 수밖에 없었다.

이러한 상황에서 AMI 구축 규모는 확대되고 있으며, 지능형 전력계량기 보급이 늘어날수록 데이터 집중장치와 모뎀, 스마트미터 등 현장 설비의 유지보수, 고장수리를 위한 인력 또한 증가될 것으로 예상되고 있는 실정이다. 이에 C공단은 그동안 AMI 설비 고장으로 전문 인력이 직접 나가 확인하는 구조 방식을 개선하기 위해 AMI 장애진단시스템을 개발했다.

무엇보다 AMI 장애진단시스템은 원격으로 검침정보 소스를 수집·저장하고, 이를 활용해 어떤 장애인지 장애진단웹에 전송해 AMI 운영 담당자가 확인할 수 있다. C공단은 지난 7월부터 시범적으로 제주지역을 대상으로 AMI 설비의 검침과 통신 데이터 3개월분(약 2테라바이트)의 빅데이터를 정밀 분석해본 결과 총 31종의 고장 유형을 분류했다. 인공지능 기술을 통해 설비 장애와 통신 불량에 따른 일시적 장애를 구분함으로써 불필요한 현장 출동을 최소화할 수 있도록 한 것이다.

① AMI는 가정에서 사용하는 전력의 양을 시간대별로 가정에서 직접 확인할 수 있도록 해주는 장치이다.

② AMI가 모든 가정에 도입되고 장애진단시스템도 활성화된다면 기존의 전기 계량기 검침원은 거의 사라질 것이다.

③ 기존의 AMI는 양방향 통신이 가능할 뿐만 아니라, 장애가 발생했을 경우 장애 정보를 스스로 C공단에 보낼 수 있다는 장점이 있었다.

④ AMI 장애진단시스템은 AMI 관련 문제가 발생하였을 때 원격 해결도 가능하도록 한다.

⑤ 기존 AMI의 단점을 보완한 장애진단시스템 도입을 위해 제주도의 고장 유형을 분석하였다.

31 다음 문단을 논리적 순서대로 바르게 나열한 것은?

> (가) 고전주의 예술관에 따르면 진리는 예술 작품 속에 이미 완성된 형태로 존재한다. 독자는 작가가 담아 놓은 진리를 '원형 그대로' 밝혀내야 하고, 작품에 대한 독자의 감상은 언제나 작가의 의도와 일치해야 한다. 결국 고전주의 예술관에서 독자는 작품의 의미를 수동적으로 받아들이는 존재일 뿐이다. 하지만 작품의 의미를 해석하고 작가의 의도를 파악하는 존재는 결국 독자이다. 특히 현대 예술에서는 독자에 따라 작품에 대한 다양한 해석이 가능하다고 여긴다. 바로 여기서 수용미학이 등장한다.
>
> (나) 이저는 텍스트 속에 독자의 역할이 들어 있다고 보았다. 그러나 독자가 어떠한 역할을 수행할지는 정해져 있지 않기 때문에 독자는 텍스트를 읽는 과정에서 텍스트의 내용과 형식에 끊임없이 반응한다. 이러한 상호작용 과정을 통해 독자는 작품을 재생산한다. 텍스트는 다양한 독자에 따라 다른 작품으로 태어날 수 있으며, 같은 독자라도 시간과 장소에 따라 다른 작품으로 생산될 수 있는 것이다. 이처럼 텍스트와 독자의 상호작용을 강조한 이저는 작품의 내재적 미학에서 탈피하여 작품에 대한 다양한 해석의 가능성을 열어주었다.
>
> (다) 야우스에 의해 제기된 독자의 역할을 체계적으로 정리한 사람은 '이저'이다. 그는 독자의 능동적 역할을 밝히기 위해 '텍스트'와 '작품'을 구별했다. 텍스트는 독자와 만나기 전의 것을, 작품은 독자가 텍스트와의 상호작용을 통해 그 의미가 재생산된 것을 가리킨다. 그런데 이저는 텍스트에는 '빈틈'이 많다고 보았다. 이 빈틈으로 인해 텍스트는 '불명료성'을 가진다. 텍스트에 빈틈이 많다는 것은 부족하다는 의미가 아니라 독자의 개입에 의해 언제나 새롭게 해석될 수 있다는 것을 의미한다.
>
> (라) 수용미학을 처음으로 제기한 사람은 야우스이다. 그는 "문학사는 작품과 독자 간의 대화의 역사로 쓰여야 한다."라고 주장했다. 이것은 작품의 의미는 작품 속에 갇혀 있는 것이 아니라 독자에 의해 재생산되는 것임을 의미한다. 이로부터 문학을 감상할 때 작품과 독자의 관계에서 독자의 능동성이 강조되었다.

① (가) - (다) - (라) - (나)　　　　② (다) - (가) - (나) - (라)

③ (가) - (라) - (다) - (나)　　　　④ (라) - (가) - (나) - (다)

⑤ (나) - (가) - (다) - (라)

32 다음은 C국가고시 현황에 대한 자료이다. 이를 그래프로 나타낸 내용으로 적절하지 않은 것은?

<C국가고시 현황>

(단위 : 명, %)

구분	2017년	2018년	2019년	2020년	2021년
접수자	3,540	3,380	3,120	2,810	2,990
응시자	2,810	2,660	2,580	2,110	2,220
응시율	79.40	78.70	82.70	75.10	74.20
합격자	1,310	1,190	1,210	1,010	1,180
합격률	46.60	44.70	46.90	47.90	53.20

※ 응시율(%) : $\dfrac{(응시자\ 수)}{(접수자\ 수)} \times 100$, 합격률(%) : $\dfrac{(합격자\ 수)}{(응시자\ 수)} \times 100$

① 연도별 미응시자 수 추이

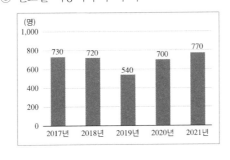

② 연도별 응시자 중 불합격자 수 추이

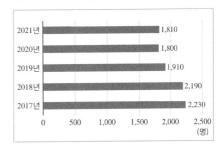

③ 2018 ~ 2021년 전년 대비 접수자 수 변화량

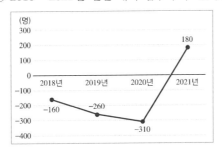

④ 2018 ~ 2021년 전년 대비 합격자 수 변화량

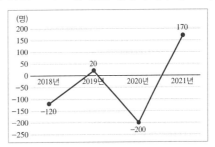

⑤ 2018 ~ 2021년 전년 대비 합격률 증감량

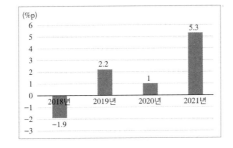

33 다음 글의 빈칸에 들어갈 내용으로 가장 적절한 것은?

최근 온라인 커뮤니티 등에서 '여드름약 이소티논 최저가로 처방받는 법'과 같은 게시물을 쉽게 찾아볼 수 있다. 지난 6월부터는 이소티논을 반드시 보험 적용 없이 비급여 항목으로만 처방이 가능하도록 바뀌었지만, 그 전까지 일부 비대면 의료 앱들이 보험을 적용해 저렴한 가격에 구매할 수 있다고 사회관계망서비스(SNS) 등을 통해 대대적으로 광고를 띄웠기 때문이다.

하지만 이소티논은 유산과 태아 기형을 일으킬 수 있어 임산부에게는 복용이 제한된 의약품으로, 안전하게 복용할 수 있도록 약사 지도가 필요하다. 실제로 약사들도 해당 약을 조제할 때 임신 계획이나 피임약 복용 여부 등을 확인 후 처방하고 있다.

이처럼 비대면 의료가 코로나19(COVID-19) 상황에서 한시적으로 허용된 가운데 허술한 규제를 틈타 일부 병원에서 비대면 의료 앱을 이용해 부작용 우려가 있는 전문 의약품을 부당하게 급여 처방해온 것이다. 이는 사실상 소비자에게 의약품 쇼핑을 부추기고 있는 것이나 마찬가지이다.

또한 현재 약사법은 오남용을 방지하기 위해 이소티논과 같은 전문 의약품의 대중매체 광고를 허용하지 않고 있다. 하지만 일부 의료 앱에서는 해당 광고 내에서 의약품의 이름을 교묘하게 바꿔 광고를 계속하고 있으며, 의료광고는 사전 자율심의를 받아야 하지만 비대면 진료 앱들은 현재 제도의 사각지대에 놓여 있기에 심의 없이도 광고를 할 수 있는 상황이다.

이에 일부에서는 "코로나19 이후 비대면 의료 앱과 이용자 모두 급증한 상황에서 전문 의약품 오남용 등 부작용이 우려되는 만큼 관련 규제 정비가 필요하다."라고 지적하였으며, A의원은 "온라인 플랫폼을 이용한 비대면 진료에서 가장 우려했던 나쁜 사례"라며, "건강보험 급여 기준을 무시하고 피부미용과 관련된 약물처방을 조장해 의료 상업화를 유도한 불법행위"라고 지적했다. 또한 "현 정부에서 비대면 진료의 무제한 허용을 방치하여 불법 사례들이 속출하고 있는 만큼, 이제는 ＿＿＿＿＿＿＿＿하여 안전한 의료생태계로 갈 수 있도록 꼼꼼한 제도설계가 필요하다."라고 언급하였다.

① 의약품 판매처를 확대
② 재진 환자에 한정해 비대면 진료를 허용
③ 대면 진료 중심으로 전환
④ 비대면 의료 앱에서의 의료광고를 제한
⑤ 비대면 진료에서의 의약품 처방을 제한

34 다음 글을 읽고 판단한 내용으로 적절하지 않은 것은?

최근 의약품에 불순물이 함유되는 등 사유로 식품의약품안전처의 제조번호 단위 회수명령이 증가하고 있다. 국민이 의약품을 사용하기 전에 회수하거나 폐기하는 안전한 의약품 환경 조성이 중요해지고 있는 것이다.

이에 건강보험심사평가원은 국민이 안심하고 의약품을 사용할 수 있도록 '위해(危害)의약품 유통정보 알림서비스'를 확대 제공하기로 결정하였다. 이는 의약품관리종합정보센터가 의약품 공급정보를 기반으로 회수대상 의약품 정보 관련 출고 시 의약품 공급자에게 알리고, 입고 시 요양기관에 알려 해당 의약품이 조기 회수될 수 있도록 지원하는 방식으로 이루어진다.

이번 알림서비스 확대 내용은 회수대상 의약품뿐만 아니라 '유효기한 경과의약품'의 요양기관 입고 정보를 제공하는 것을 포함하며, 오는 8월부터는 '유효기한 임박의약품' 정보도 추가 제공해 위해의 약품이 사용되지 않도록 하는 것을 목표로 한다. 해당 서비스는 요양기관업무포털에서 정보 제공에 동의하고 알림 신청을 한 요양기관에 한해 제공되며, 해당 요양기관은 위해의약품의 공급일자, 공급 자 등에 대한 내용을 문자(MMS)로 제공받을 수 있다.

또한 의약품정보센터장은 요양기관뿐만 아니라 국민이 안심하고 의약품을 사용할 수 있도록 의약품 의 제조번호, 제조일 등 상세 공급정보를 적극 활용해 모바일 앱 '약! 찍어보는 안심정보' 기능을 보완하였다고 밝혔다. 이는 앱을 통해 의약품 바코드를 모바일로 촬영할 경우, 해당 의약품이 위해 의약품에 해당하면 즉시 '회수대상 또는 유효기한 경과 의약품' 문구를 팝업으로 알려주는 모바일 서비스를 말한다.

① 과거에 비해 의약품에 불순물 함유량이 늘어나 의약품 취급에 주의를 두어야 한다.

② 위해(危害)의약품 유통정보 알림서비스는 양방향으로 정보를 제공하는 서비스이다.

③ 이전에는 단순 유효기간이 만료된 의약품에 대해서는 별다른 조치가 없었다.

④ 위해(危害)의약품 유통정보 알림서비스는 사후 조치보다는 사전 예방에 목적을 두는 서비스이다.

⑤ 위해(危害)의약품 유통정보 알림서비스는 필수가 아닌 선택사항에 해당한다.

35 다음 글의 제목으로 가장 적절한 것은?

보건복지부는 지난 20일 건강보험정책심의위원회가 제16차 회의를 열어 졸겐스마를 포함한 의약품 5개(7개 품목)를 오는 8월부터 건강보험에 신규 적용하겠다는 내용의 '약제 급여 목록 및 급여 상한 금액표 개정안'을 의결했다고 밝혔다.

졸겐스마는 한국 건강보험 사상 가장 비싼 약으로 알려졌는데, 척수성 근위축증(SMA) 치료제로 유명하다. 척수성 근위축증은 SMN1 유전자가 돌연변이를 일으켜 운동 신경세포를 생성하지 못해 근육이 점차 위축되는 질환으로, 병이 진행될수록 근육이 약해지면서 스스로 호흡하지 못하게 되는 상황을 초래하는 질환이다.

이와 같은 질환의 치료제인 졸겐스마는 1회 투약만으로도 완치가 기대되는 약이었지만, 1회 투약 비용 상한 금액이 1억 8,000만 원에 해당하는 고가의 약인 탓에 투약 기회가 많지는 않았다. 하지만 이번 건강보험 적용의 결정으로 환자 부담 금액이 최대 598만 원으로 감소하게 되었다.

한국SMA환우회는 "이런 고가의 약에 건강보험이 적용되어 이미 태어난 아이뿐 아니라 태어날 아이들에게 투약 기회가 많아져 다행이다."라며, "졸겐스마는 조기에 맞을수록 효과가 높다 하니 신생아 선별검사에 SMA유전자 검사 항목을 꼭 넣어줬으면 좋겠다."라고 전했다.

보건복지부는 이번 건강보험 적용을 통해 5년간 주기적인 반응평가 등 장기추적조사에 대한 이행 동의서를 환자의 보호자가 작성해야 한다고 밝혔다. 환자는 투약 전 급여기준이 정하는 투여 대상 적합 여부에 대한 사전심사도 거치게 된다.

① 희귀질환, 이제 고칠 수 있어
② 희귀질환 치료 빠르면 빠를수록 좋아
③ 희귀질환 치료제의 건강보험 적용 확대
④ 희귀질환 조기치료를 위해 SMA유전자 검사 항목 도입 필요
⑤ 희귀질환 치료제의 개발로 많은 환자들이 완치될 것으로 예상

36 다음 글의 빈칸에 들어갈 내용으로 가장 적절한 것은?

> 최근 보건복지부와 한국건강증진개발원은 비의료 건강관리서비스 인증 시범사업 심의위원회 심의를 거쳐 31개의 서비스 업체 중 12곳에 대해 시범 인증을 부여하기로 결정하였다.
>
> 비의료 건강관리서비스란 _____가 아닌, 건강 유지 · 증진 및 질병의 사전예방 · 악화방지 등을 목적으로 제공되는 상담 · 교육 · 훈련 · 실천 프로그램 및 이와 관련한 서비스이다. 만성질환관리형, 생활습관개선형, 건강정보제공형으로 구분하여 총 12개 업체 등에 대한 인증을 진행하였다.
>
> 특히 이번 인증은 정부가 지난달 초 '비의료 건강관리서비스 가이드라인 및 사례집'을 개정해 그동안 원칙적으로 불가능했던 만성질환자 대상 비의료 건강관리서비스를 의료인이 의뢰한 경우를 전제로 대폭 허용한 가운데 진행되었다. 이에 따라 비의료기관인 헬스케어 업체 등이 의료법을 어기지 않고도 만성질환자를 대상으로 하는 비의료 건강관리서비스의 제공이 가능하게 된 것이다.
>
> 하지만 이와 관련해 의료단체들은 사실상 의료 민영화 정책이라고 반발하고 있으며, 보건의료단체연합은 해당 인증제도에 대해 "망가진 일차보건의료체계로 인한 공백을 기업 돈벌이로 채우려 하고 있다."며 "영리병원이 불허된 한국에서 제도를 우회하여 기업이 질환자를 대상으로 의료행위를 할 수 있도록 허용해주는 것"이라고 비판하였다.

① 환자를 대상으로 하는 치료 목적의 서비스
② 의사처럼 병명을 확인해 주거나 진단 · 처방 · 처치를 수반하는 서비스
③ 올바른 건강관리를 유도하기 위한 제공자의 판단이 개입된 서비스
④ 특정 증상에 대해 질환의 발생 유무 · 위험을 직접 확인해 주는 서비스
⑤ 면허와 자격을 갖춘 의료인이 행하는 검사 · 진단처방 · 처치 · 시술 · 수술 · 지도 등과 같은 서비스

37 다음은 의료급여진료비 통계에 대한 자료이다. 이를 토대로 상황에 맞는 2023년도 외래 의료급여 예상비용은 얼마인가?[단, 증감율(%)과 비용은 소수점 첫째 자리에서 반올림한다]

〈의료급여진료비 통계〉

구분		환자 수 (천 명)	청구건수 (천 건)	내원일수 (천 일)	의료급여비용 (억 원)
2017년	입원	424	2,267	37,970	28,576
	외래	1,618	71,804	71,472	24,465
2018년	입원	455	2,439	39,314	30,397
	외래	1,503	71,863	71,418	26,005
2019년	입원	421	2,427	40,078	32,333
	외래	1,550	72,037	71,672	27,534
2020년	입원	462	2,620	41,990	36,145
	외래	1,574	77,751	77,347	31,334
2021년	입원	459	2,785	42,019	38,356
	외래	1,543	77,686	77,258	33,003

〈상황〉

건강보험심사평가원의 A사원은 의료급여진료비에 대해 분석을 하고 있다. 표면적으로 2017년부터 매년 입원 환자 수보다 외래 환자 수가 많고, 청구건수와 내원일수도 외래가 더 많았다. 하지만 의료급여비용은 입원 환자에게 들어가는 비용이 더 많았다. 외래 의료급여비용이 2022년에는 2021년도 전년 대비 증가율과 같았고, 입원 및 외래 진료비용이 매년 증가하여 A사원은 2023년도 외래 의료급여 예상비용을 2020년부터 2022년까지 전년 대비 평균 증가율로 계산하여 보고하려고 한다.

① 35,840억 원
② 37,425억 원
③ 38,799억 원
④ 39,678억 원
⑤ 40,021억 원

38 가로의 길이가 5m, 세로의 길이가 12m인 직사각형 모양의 농구코트가 있다. 철수는 농구코트의 모서리에 서 있으며, 농구공은 농구코트 안에서 철수와 가장 멀리 떨어진 곳에 있다. 철수가 최단거리로 농구공을 가지러 간다면 얼마만큼 이동하게 되는가?

① 8m
② 10m
③ 12m
④ 13m
⑤ 15m

39 다음 〈조건〉에 따를 때, 1층에서 엘리베이터를 탄 갑이 20층에 도착할 때까지 소요된 시간은?

조건

- 정지 중이던 엘리베이터가 한 층을 올라갈 때 소요되는 시간은 3초이며, 이후 가속이 붙어 한 층을 올라갈 때마다 0.2초씩 단축되나, 1.4초보다 빠르지는 않다.
- 정지 중이던 엘리베이터가 한 층을 내려갈 때 소요되는 시간은 2.5초이며, 이후 가속이 붙어 한 층을 내려갈 때마다 0.3초씩 단축되나, 1.3초보다 빠르지는 않다.
- 1층에서 엘리베이터를 탄 갑은 20층을 눌러야 할 것을 잘못하여 30층을 눌러 30층에 도착하였으나, 다시 20층을 눌러 해당 층으로 이동하였다.
- 갑이 타는 동안 엘리베이터는 1층, 30층, 20층 순으로 각 한 번씩만 정차하였으며, 각 층에 정차한 시간은 고려하지 않는다.

① 62.4초
② 63.8초
③ 65.1초
④ 65.2초
⑤ 66.5초

40 다음은 달리기 시합을 한 A ~ E 다섯 사람의 진술이다. 달리기 시합에서 두 번째로 도착할 수 있는 사람을 모두 고르면?

> A : 나는 D보다 빨리 달렸어.
> B : 나는 C와 E의 사이에서 달렸어.
> C : 나는 1등이 아니야.
> D : 나는 B보다 결승선에 먼저 도착했어.
> E : 나는 A보다 느리지만 마지막으로 도착하지는 않았어.

① A, B

② A, C

③ B, D

④ C, D

⑤ D, E

41 S공사에 근무하는 A사원은 다음 시트에서 생년월일이 표시된 [B2:B5] 영역을 이용하여 [C2:C5] 영역에 다음과 같이 팀원들의 나이를 표시하였다. [C2] 셀에 입력된 수식으로 옳은 것은?(단, 올해는 2022년이며, 1월 1일이 지나면 1살 더 먹은 것으로 가정한다)

	A	B	C
1	성명	생년월일	나이
2	유상철	19920627	31
3	이강인	19980712	25
4	서요셉	19950328	28
5	백승호	19960725	27

① $=2022-\text{LEFT}(B2,4)+1$

② $=2022-\text{LEFT}(B2,4)$

③ $=2022-\text{RIGHT}(B2,4)+1$

④ $=2022-\text{RIGHT}(B2,4)$

⑤ $=2022-\text{MID}(B2,4,2)+1$

42 다음은 한국인의 주요 사망원인에 대한 자료이다. 이를 참고하여 인구 10만 명당 사망원인별 인원 수를 나타낸 그래프로 옳은 것은?(단, 모든 그래프의 단위는 '명'이다)

> 한국인 10만 명 중 무려 185명이나 암으로 사망한다는 통계를 바탕으로 암이 한국인의 사망원인 1위로 알려진 가운데, 그 밖의 순위에 대한 관심도 뜨겁다. 2위와 3위는 각각 심장과 뇌 관련 질환 으로 알려졌으며, 1위와의 차이는 20명 미만으로 큰 차이를 보이지 않아 한국인의 주요 3대 사망원 인으로 손꼽아진다. 특히 4위는 자살로 알려져 큰 충격을 더하고 있는데, 우리나라의 경우 20대·30대 사망원인 1위가 자살이며, 인구 10만 명당 50명이나 이로 인해 사망한다고 한다. 그 다음으로 는 당뇨, 치매, 고혈압의 순서이다.

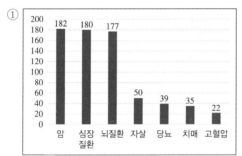

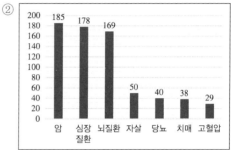

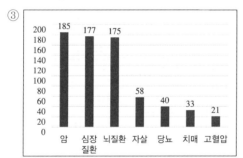

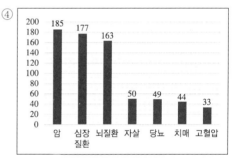

43 다음은 C은행 금융통화위원회의 구성 및 운영에 대한 규정이다. 이에 대한 설명으로 적절하지 않은 것은?

- 금융통화위원회의 구성

  금융통화위원회는 C은행의 통화신용정책에 관한 주요 사항을 심의·의결하는 정책결정기구로서 C은행 총재 및 부총재를 포함하여 총 7인의 위원으로 구성된다.

  C은행 총재는 금융통화위원회 의장을 겸임하며, 국무회의 심의를 거쳐 대통령이 임명한다. 부총재는 총재의 추천에 의해 대통령이 임명하며, 다른 5인의 위원은 각각 기획재정부 장관, C은행 총재, 금융위원회 위원장, 대한상공회의소 회장, 전국은행연합회 회장 등의 추천을 받아 대통령이 임명한다.

  총재의 임기는 4년이고 부총재는 3년으로 각각 1차에 한하여 연임할 수 있으며, 나머지 금통위원의 임기는 4년으로 연임할 수 있다.

- 금융통화위원회의 운영

  C은행 총재는 금융통화위원회를 대표하는 의장으로서 회의를 주재한다. 금융통화위원회의 본회의는 의장이 필요하다고 인정하는 때 또는 위원 2인 이상의 요구가 있을 때 의장이 소집할 수 있는데, 현재는 매월 둘째 주, 넷째 주 목요일에 정기회의가 개최되고 있다. 본회의에 상정되는 안건을 심의·의결하기 위해서는 통상 7인의 금통위원 중 5인 이상의 출석과 출석위원 과반수의 찬성이 필요하며 금융통화위원회가 의결을 한 때에는 의결서를 작성한다. 한편, 본회의의 논의내용에 대해서는 의사록을 작성하고 의사록 내용 중 통화신용정책에 관한 사항에 대해서는 외부에 공개한다. 본회의 이외의 회의로는 상정 안건과 관련한 논의 등을 위한 간담회, 금융경제동향 등에 관하여 관련 부서의 보고를 듣고 서로 의견을 교환하기 위한 협의회 등이 있다. 한편, 대국회 보고를 위한 통화신용정책보고서나 연차보고서, 금융안정보고서, C은행의 예산 등과 같은 중요 사안에 대해서는 별도로 심의위원회를 구성하여 보다 면밀한 검토가 이루어지도록 하고 있다.

---

① 면밀한 검토가 필요한 사안에 대해서는 본회의 외에 별도로 위원회가 구성되기도 한다.

② 금융통화위원회 의장은 C은행 총재이다.

③ 총재와 부총재를 제외한 금융통화위원은 총재가 임명한다.

④ 정기회의 개최를 위해서는 의장을 제외한 금융통화위원 최소 2인의 요구가 필요하다.

44 다음 글의 제목으로 가장 적절한 것은?

시장경제는 국민 모두가 잘살기 위한 목적을 달성하기 위한 수단으로서 선택한 나라 살림의 운영 방식이다. 그러나 최근에 재계, 정계, 그리고 경제 관료 사이에 벌어지고 있는 시장경제에 대한 논쟁은 마치 시장경제 그 자체가 목적인 것처럼 왜곡되고 있다. 국민들이 잘살기 위해서는 경제가 성장해야 한다. 그러나 경제가 성장했는데도 다수의 국민들이 잘사는 결과를 가져오지 못하고 경제적 강자들의 기득권을 확대 생산하는 결과만을 가져온다면 국민들은 시장경제를 버리고 대안적 경제 체제를 찾을 것이다. 그렇기에 시장경제를 유지하기 위해서는 성장과 분배의 균형이 중요하다.

시장경제는 경쟁을 통해서 효율성을 높이고 성장을 달성한다. 경쟁의 동기는 사적인 이익을 추구하는 인간의 이기적 속성에 기인한다. 국민 각자는 모두가 함께 잘살기 위해서가 아니라 내가 잘살기 위해서 경쟁을 한다. 모두가 함께 잘살기 위해 공동의 목적을 달성하기 위한 수단으로 시장경제를 선택한 것이지만, 개개인은 이기적인 동기로 시장에 참여하는 것이다. 이와 같이 시장경제는 개인과 공동의 목적이 서로 상반되는 모순을 갖는 것이 그 본질이다. 그래서 시장경제가 제대로 운영되기 위해서는 국가의 소임이 중요하다.

시장경제에서 국가가 할 일을 크게 세 가지로 나누어 볼 수 있다. 첫째는 경쟁을 유도하는 시장 체제를 만드는 것이고, 둘째는 공정한 경쟁이 이루어지도록 시장 질서를 세우는 것이며, 셋째는 경쟁의 결과로 얻은 성과가 모두에게 공평하게 분배되도록 조정하는 것이다. 최근에 벌어지고 있는 시장경제의 논쟁은 국가의 세 가지 역할 중에서 논쟁의 주체들이 자신의 이해관계에 따라 선택적으로 시장경제를 왜곡하고 있다. 경쟁에서 강자의 위치를 확보한 재벌들은 경쟁 촉진을 주장하면서 공정 경쟁이나 분배를 말하는 것은 반시장적이라고 매도한다. 정치권은 인기 영합의 수단으로, 일부 노동계는 이기적 동기에서 분배를 주장하면서 분배의 전제가 되는 성장을 위해서 필요한 경쟁을 훼손하는 모순된 주장을 한다. 경제 관료들은 자신의 권력을 강화하기 위한 부처의 이기적인 관점에서 경쟁 촉진과 공정 경쟁 사이에서 줄타기 곡예를 하며 분배에 대해서 말하는 것을 금기시한다. 모두가 자신들의 기득권을 위해서 선택적으로 왜곡하고 있는 것이다.

경쟁은 원천적으로 공정성을 보장하지 못한다. 서로 다른 능력이 주어진 천부적인 차이는 물론이고, 물려받은 재산과 환경의 차이로 인하여 출발선에서부터 불공정한 경쟁이 시작된다. 그럼에도 불구하고 경쟁은 창의력을 가지고 노력하는 사람에게 성공을 가져다주는 체제이다. 그래서 출발점이 다를지라도 노력과 능력에 따라 성공의 기회가 제공되도록 보장하기 위해서 공정 경쟁이 중요하다. 경쟁은 또한 분배의 공평성을 보장하지 못한다. 경쟁의 결과는 경쟁에 참여한 모든 사람의 노력의 결과로 이루어진 것이지, 승자만의 노력으로 이루어진 것은 아니다. 경쟁의 결과가 승자에 의해서 독점된다면 국민들은 경쟁으로의 참여를 거부할 수밖에 없다. 그래서 경쟁에 참여한 모두에게 공평한 분배가 이루어지는 것이 중요하다.

① 시장경제에서의 개인과 경쟁의 상호 관계
② 시장경제에서의 국가의 역할
③ 시장경제에서의 개인 상호 간의 경쟁
④ 시장경제에서의 경쟁의 양면성과 그 한계

45 다음 글을 읽고 노와이(Know – Why)의 사례로 가장 적절한 것을 고르면?

> 기술은 노하우(Know – How)와 노와이(Know – Why)로 구분할 수 있다. 노하우는 특허권을 수반하지 않는 과학자, 엔지니어 등이 가지고 있는 체계화된 기술을 의미하며, 노와이는 어떻게 기술이 성립하고 작용하는가에 대한 원리적 측면에 중심을 둔 개념이다.
>
> 이 두 가지는 획득과 전수방법에 차이가 있다. 노하우는 경험적이고 반복적인 행위에 의해 얻어지는 것이며, 이러한 성격의 지식을 흔히 Technique 혹은 Art라고 부른다. 반면, 노와이는 이론적인 지식으로서 과학적인 탐구에 의해 얻어진다. 오늘날 모든 기술과 경험이 공유되는 시대에서 노하우는 점점 경쟁력을 잃어가고 있으며, 노와이가 점차 각광받고 있다. 즉, 노하우가 구성하고 있는 환경, 행동, 능력을 벗어나 신념과 정체성, 영성 부분도 관심받기 시작한 것이다. 과거에는 기술에 대한 공급이 부족하고 공유가 잘 되지 않았기 때문에 노하우가 각광받았지만, 현재는 기술에 대한 원인과 결과 간의 관계를 파악하고, 그것을 통해 목적과 동기를 새로 설정하는 노와이의 가치가 높아졌다. 노와이가 말하고자 하는 핵심은 왜 이 기술이 필요한지를 알아야 기술의 가치가 무너지지 않는다는 것이다.

① 요식업에 종사 중인 S씨는 영업시간 후 자신의 초밥 만드는 비법을 아들인 B군에게 전수하고 있다.

② 자판기 사업을 운영하고 있는 K씨는 이용자들의 화상을 염려하여 화상 방지 시스템을 개발하였다.

③ J사에 근무 중인 C씨는 은퇴 후 중장비학원에서 중장비 운영 기술을 열심히 공부하고 있다.

④ H병원에서 근무 중인 의사 G씨는 방글라데시의 의료진에게 자신이 가지고 있는 선진의술을 전수하기 위해 다음 주에 출국할 예정이다.

⑤ D사는 최근에 제조 관련 분야에서 최소 20년 이상 근무해 제조 기술에 있어 장인 수준의 숙련도를 가진 직원 4명을 D사 명장으로 선정하여 수상하였다.

46 다음 중 기술에 대한 설명으로 적절하지 않은 것은?

① Know – How란 흔히 특허권을 수반하지 않는 과학자, 엔지니어 등이 가지고 있는 체계화된 기술이다.

② Know – Why는 어떻게 기술이 성립하고 작용하는가에 대한 원리적 측면에 중심을 둔 개념이다.

③ 시대가 지남에 따라 Know – How의 중요성이 커지고 있다.

④ 현대의 기술은 주로 과학을 기반으로 하는 기술이 되었다.

⑤ Know – How는 경험적이고 반복적인 행위에 의해 얻어진다.

47 다음은 신재생에너지 산업에 대한 자료이다. 이에 대한 설명으로 옳은 것은?

〈신재생에너지원별 산업 현황〉

구분	기업체 수 (개)	고용인원 (명)	매출액 (억 원)	내수 (억 원)	수출액 (억 원)	해외공장 매출 (억 원)	투자액 (억 원)
태양광	127	8,698	75,637	22,975	33,892	18,770	5,324
태양열	21	228	290	290	0	0	1
풍력	37	2,369	14,571	5,123	5,639	3,809	583
연료전지	15	802	2,837	2,143	693	0	47
지열	26	541	1,430	1,430	0	0	251
수열	3	46	29	29	0	0	0
수력	4	83	129	116	13	0	0
바이오	128	1,511	12,390	11,884	506	0	221
폐기물	132	1,899	5,763	5,763	0	0	1,539
합계	493	16,177	113,076	49,753	40,743	22,579	7,966

① 태양광에너지 분야의 기업체 수가 가장 많다.
② 태양광에너지 분야의 고용인원이 전체 고용인원의 반 이상을 차지한다.
③ 전체 매출액 중 풍력에너지 분야의 매출액이 차지하는 비율은 15% 이상이다.
④ 바이오에너지 분야의 수출액은 전체 수출액의 1% 미만이다.

48 다음 기사를 이해한 내용으로 적절하지 않은 것은?

정부가 탈(脫)원전 이후 태양광·풍력을 중심으로 신재생에너지 발전을 20%까지 늘리겠다는 방침을 밝히자 에너지업계와 학계에선 "현실화하기 쉽지 않다."는 반응이 나오고 있다. 우리나라는 태양광 발전을 늘리기엔 국토 면적이나 일사량, 발전단가 등에서 상대적으로 조건이 열등하기 때문이다. 한 전문가는 "우리는 신재생에너지 발전 환경이 좋지 않기 때문에 태양광·풍력 등 순수 신재생에너지가 차지할 수 있는 비중은 10%가 최대치"라면서 "그 이상 끌어올리려 하면 자연 훼손과 전기요금 상승 등 부작용이 따를 수밖에 없다."고 말했다.

이처럼 일사량이 부족하니 태양광 발전소 이용률도 낮다. 평균 설비 이용률(24시간 가동했을 때 최대 설계 전력량 대비 실제 전력량)은 15%로, 미국(21%)과 중국(17%)에 미치지 못한다. 2008년에 10% 밑으로 떨어졌다가 2011년엔 15%를 웃도는 등 수치를 가늠할 수 없어 안심할 수도 없다. 영월 발전소는 그나마 태양 위치에 따라 태양광 패널이 움직이는 최신 '추적식' 시스템을 적용하여 효율이 국내 최고지만 17%를 넘지 못한다. 영월발전소 관계자는 "보통 7월은 하루 평균 4.6시간을 발전하는데, 올해는 장마 등의 영향으로 3.2시간밖에 돌리지 못했다."라고 말했다. 또한 "일사량을 바꿀 수 없으니 효율을 높여야 하는데 기술적으로 상당한 어려움이 있다."라고 말했다.

좁은 땅덩이도 걸림돌이다. 태양광은 통상 원전 1기 정도 발전량인 1GW 전력을 만드는 데 축구장 1,300개 넓이인 10km²에 태양광 패널을 깔아야 한다. 정부 구상대로 태양광 설비를 29GW로 늘리려면 서울 면적 절반가량인 290km²가 필요한 것이다. 국토의 70%가 산인 우리나라에선 만만치 않다. 영월 태양광 발전소를 만들 때도 야산 3개를 깎아야 했다. 에너지 전공 교수는 "원전이 '자본 집약적' 발전이라면, 태양광 등 신재생에너지는 '토지 집약적'"이라며 "기술 발전으로 효율을 높이더라도 국토 여건상 빠르게 확대하긴 무리"라고 말했다.

사정이 이렇다 보니 발전 단가도 비싸다. 땅값과 일사량 등을 고려한 태양광 발전 단가는 한국이 MWh당 101.86달러로, 미국(53.5달러)이나 중국(54.84달러)의 2배이며, 스페인(87.33달러)이나 독일(92.02달러)보다도 비싸다.

땅이 좁다 보니 건설 과정에서 지역 주민과의 마찰도 통과 의례이다. 인근에 태양광 발전소 건설이 추진 중인 충북 음성군 소이면 비산리의 이장은 "태양광 발전 시설로 주변 온도가 2 ~ 3℃ 올라간다는데 복숭아 농사에 치명적이다."라고 말했다. 일부 유휴지나 도로, 건물 옥상, 농지 등을 활용하는 방안도 나왔지만 도시 미관 등 다양한 문제가 발생한다. 건물 옥상 같은 경우 발전 단가가 평지일 때보다 20 ~ 50% 비싸다는 것도 문제이다.

태양광 발전은 설비만 확충했다고 끝나는 게 아니다. 발전 단가가 비싸다 보니 시장에서 외면받을 수밖에 없어 태양광 발전 비율을 높이기 위해서는 정부가 보조금 지원이나 세액 공제 등 혜택을 줘야 한다. 태양광 발전 사업자에게 보조금을 주는 발전 차액 보조금(FIT)이 대표적인데, 이는 정부 재정에 부담으로 작용한다는 게 문제이다. 과거 우리도 FIT를 운영하다 매년 3,000억 원 이상씩 지출이 불어나자 2011년 이를 폐지했다. 독일과 일본, 중국 등도 FIT 제도를 도입하며 태양광 설비를 늘렸지만, 나중에 재정 압박과 전기 요금 인상으로 이어지면서 이를 축소하거나 폐지하고 있다. 국내 태양광 관련 업계에서는 여전히 "FIT를 부활해야 한다."라고 주장한다. 그러나 에너지경제연구원 선임 연구위원은 "정부가 태양광을 키우기 위해 사업자에 대해 보조금 등 혜택을 너무 많이 주게 되면 결국 '모럴 해저드'를 유발할 수 있다."라며 "자칫 국민 세금으로 자생력 없는 신재생에너지 사업자들에게 돈만 쥐여주는 꼴이 될 수 있다."고 말했다.

① 발전 차액 보조금 FIT는 국민 세금 낭비로 이어질 수 있다.
② 태양광 발전의 단가가 싸다 보니 시장에서 환영받고 있다.
③ 우리나라는 태양광 발전소를 운영하기에 일사량이 부족한 상황이다.
④ 태양광 발전은 토지 집약적이기 때문에 우리나라의 국토 특성상 빠르게 확대되기에는 무리가 있다.

49 다음 글의 빈칸에 들어갈 수 있는 단어로 적절하지 않은 것은?

> 원상복구는 도배, 장판 등 임대주택 전용 부분에 기본적으로 제공된 시설물을 퇴거 시 입주 당시의 상태로 유지하는 것과 별도설치 품목 및 해당 품목 설치를 위한 천공, 변형 등 부수행위에 대해 입주 당시의 상태로 복원하는 것을 말한다. 따라서 임차인은 _____된 부분에 대한 원상복구의 의무를 지닌다.

① 오손(汚損)   ② 박리(剝離)
③ 망실(亡失)   ④ 고의(故意)
⑤ 손모(損耗)

50 다음 글의 내용으로 적절하지 않은 것은?

파리기후변화협약은 2020년 만료 예정인 교토의정서를 대체하여 2021년부터의 기후변화 대응을 담은 국제협약으로, 2015년 12월 프랑스 파리에서 열린 제21차 유엔기후변화협약(UNFCCC) 당사국총회(COP21)에서 채택되었다.

파리기후변화협약에서는 산업화 이전 대비 지구의 평균기온 상승을 2℃보다 상당히 낮은 수준으로 유지하고, 1.5℃ 이하로 제한하기 위한 노력을 추구하기로 하였다. 또 국가별 온실가스 감축량은 각국이 제출한 자발적 감축 목표를 인정하되, 5년마다 상향된 목표를 제출하도록 하였다. 차별적인 책임 원칙에 따라 선진국의 감축 목표 유형은 절대량 방식을 유지하며, 개발도상국은 자국 여건을 고려해 절대량 방식과 배출 전망치 대비 방식 중 채택하도록 하였다. 미국은 2030년까지 온실가스 배출량을 2005년 대비 26~65%까지 감축하겠다고 약속했고, 우리나라도 2030년 배출 전망치 대비 37%를 줄이겠다는 내용의 감축 목표를 제출했다. 이 밖에도 온실가스 배출량을 꾸준히 감소시켜 21세기 후반에는 이산화탄소의 순 배출량을 0으로 만든다는 내용에 합의하고, 선진국들은 2020년부터 개발도상국 등의 기후변화 대처를 돕는 데 매년 최소 1,000억 달러(약 118조 원)를 지원하기로 했다.

파리기후변화협약은 사실상 거의 모든 국가가 서명했을 뿐 아니라 환경 보존에 대한 의무를 전 세계의 국가들이 함께 부담하도록 하였다. 즉, 온실가스 감축 의무가 선진국에만 있었던 교토의정서와 달리 195개의 당사국 모두에게 구속력 있는 보편적인 첫 기후 합의인 것이다.

그런데 2017년 6월, 미국의 트럼프 대통령은 환경 보호를 위한 미국의 부담을 언급하며 파리기후변화협약 탈퇴를 유엔에 공식 통보하였다. 그러나 발효된 협약은 3년간 탈퇴를 금지하고 있어 2019년 11월 3일까지는 탈퇴 통보가 불가능하였다. 이에 따라 미국은 다음날인 11월 4일 유엔에 협약 탈퇴를 통보했으며, 통보일로부터 1년이 지난 뒤인 2020년 11월 4일 파리기후변화협약에서 공식 탈퇴했다. 서명국 중에서 탈퇴한 국가는 미국이 유일하다.

① 교토의정서는 2020년 12월에 만료된다.

② 파리기후변화협약은 2015년 12월 3일 발효되었다.

③ 파리기후변화협약에서 우리나라는 개발도상국에 해당한다.

④ 현재 미국을 제외한 194개국이 파리기후변화협약에 합의한 상태이다.

⑤ 파리기후변화협약에 따라 선진국과 개발도상국 모두에게 온실가스 감축 의무가 발생하였다.

PART **1**

직업기초능력평가

CHAPTER 01
의사소통능력

합격 CHEAT KEY

의사소통능력은 평가하지 않는 공사·공단이 없을 만큼 필기시험에서 중요도가 높은 영역이다. 또한, 의사소통능력의 문제 출제 비중이 가장 높은 편이다. 이러한 점을 볼 때, 의사소통능력은 NCS를 준비하는 수험생이라면 반드시 정복해야 하는 과목이다.

국가직무능력표준에 따르면 의사소통능력의 세부 유형은 문서이해, 문서작성, 의사표현, 경청, 기초외국어로 나눌 수 있다. 문서이해·문서작성과 같은 제시문에 대한 주제, 일치 문제의 출제 비중이 높으며, 공문서·기획서·보고서·설명서 등 문서의 특성을 파악하는 문제도 출제되고 있다. 따라서 이러한 분석을 바탕으로 전략을 세우는 것이 매우 중요하다.

01 문제에서 요구하는 바를 먼저 파악하라!

의사소통능력에서 가장 중요한 것은 제한된 시간 안에 빠르고 정확하게 답을 찾아내는 것이다. 그러기 위해서는 우리가 의사소통능력을 공부하는 이유를 잊지 말아야 한다. 우리는 지식을 쌓기 위해 의사소통능력 지문을 보는 것이 아니다. 의사소통능력에서는 지문이 아니라 문제가 주인공이다! 지문을 보기 전에 문제를 먼저 파악해야 한다. 주제찾기 문제라면 첫 문장과 마지막 문장 또는 접속어를 주목하자! 내용일치 문제라면 지문과 문항의 일치 / 불일치 여부만 파악한 뒤 빠져나오자! 지문에 빠져드는 순간 소중한 시험 시간은 속절없이 흘러 버린다!

02 잠재되어 있는 언어능력을 발휘하라!

의사소통능력에는 끝이 없다! 의사소통의 방대함에 포기한 적이 있는가? 세상에 글은 많고 우리가 학습할 수 있는 시간은 한정적이다. 이를 극복할 수 있는 방법은 다양한 글을 접하는 것이다. 실제 시험장에서 어떤 내용의 지문이 나올지 아무도 예측할 수 없다. 따라서 평소에 신문, 소설, 보고서 등 여러 글을 접하는 것이 필요하다. 잠재되어 있는 글에 대한 안목이 시험장에서 빛을 발할 것이다.

03   상황을 가정하라!

업무 수행에 있어 상황에 따른 언어 표현은 중요하다. 같은 말이라도 상황에 따라 다르게 해석될 수 있기 때문이다. 그런 의미에서 자신의 의견을 효과적으로 전달할 수 있는 능력을 평가하는 것은 당연하다. 따라서 다양한 상황에서의 언어표현능력을 함양하기 위한 연습의 과정이 요구된다. 업무를 수행하면서 발생할 수 있는 여러 상황을 가정하고 그에 따른 올바른 언어표현을 정리하는 것이 필요하다. 의사표현 영역의 경우 출제 빈도가 높지는 않지만 상황에 따른 판단력을 평가하는 문항인 만큼 대비하는 것이 필요하다.

04   말하는 이의 입장에서 생각하라!

잘 듣는 것 또한 하나의 능력이다. 상대방의 이야기에 귀 기울이고 공감하는 태도는 업무를 수행하는 관계 속에서 필요한 요소이다. 그런 의미에서 다양한 상황에서의 듣는 능력을 평가하는 것이다. 말하는 이가 요구하는 듣는 이의 태도를 파악하고, 이에 따른 판단을 할 수 있도록 언제나 말하는 사람의 입장이 되는 연습이 필요하다.

05   반복만이 살길이다!

학창 시절 외국어를 공부하던 때를 떠올려 보자! 셀 수 없이 많은 표현들을 익히기 위해 얼마나 많은 반복의 과정을 거쳤는가? 의사소통능력 역시 그러하다. 하나의 문제 유형을 마스터하기 위해 가장 중요한 것은 바로 여러 번, 많이 풀어 보는 것이다.

01 | 문서이해 ①

다음 중 글의 내용을 잘못 이해한 것은?

우리 은하에서 가장 가까이 위치한 은하인 안드로메다은하까지의 거리는 220만 광년이다. 이처럼 엄청난 거리로 떨어져 있는 천체까지의 거리는 어떻게 측정한 것인가?

첫 번째 측정 방법은 삼각 측량법이다. 그러나 피사체가 매우 멀리 있는 경우라면 삼각형의 밑변이 충분히 길 필요가 있다. 지구는 1년에 한 바퀴씩 태양 주변을 공전하는데 우리는 이 공전 궤도 반경을 알고 있기 때문에 이를 밑변으로 삼아 별까지의 거리를 측정할 수 있다. ❸ 그러나 가까이 있는 별까지의 거리도 지구 궤도 반지름에 비하면 엄청나게 커서 연주 시차는 아주 작은 값이 되므로 측정하기가 쉽지 않다. 두 번째 측정 방법은 주기적으로 별의 밝기가 변하는 변광성의 주기와 밝기를 연구하는 과정에서 얻어졌다. 보통 별의 밝기는 거리의 제곱에 반비례해서 어두워지는데, 1등급과 6등급의 별은 100배의 밝기 차이가 있다. ❷ 그러나 밝은 별이 반드시 어두운 별보다 가까이 있는 것은 아니다. ❹ 별의 거리는 밝기의 절대 등급과 겉보기 등급의 비교를 통해 확정되기 때문이다. ❶ · ❹ 즉, 모든 별이 같은 거리에 놓여 있다고 가정하고, 밝기 등급을 매긴 것을 절대 등급이라 하는데, 만약 이 등급이 낮은(밝은) 별이 겉보기에 어둡다면 이 별은 매우 멀리 있는 것으로 볼 수 있다.

① 절대 등급과 겉보기 등급은 다를 수 있다.
② 별은 항상 같은 밝기를 가지고 있지 않다.
③ 삼각 측량법은 지구의 궤도 반경을 알아야 측정이 가능하다.
☑ 어두운 별은 밝은 별보다 항상 멀리 있기 때문에 밝기에 의해 거리의 차가 있다.

1) 질문의도
   지문 이해

2) 선택지 키워드 찾기

3) 지문독해
   선택지와 비교

4) 정답도출

유형 분석	• 주어진 지문을 읽고 일치하는 선택지를 고르는 전형적인 독해 문제이다. • 지문은 주로 신문기사(보도자료 등), 업무 보고서, 시사 등이 제시된다. • 대체로 지문이 긴 경우가 많아 푸는 시간이 많이 소요된다. 응용문제 : 지문의 주제를 찾는 문제나, 지문의 핵심내용을 근거로 추론하는 문제가 출제된다.
풀이 전략	먼저 선택지의 키워드를 체크한 후, 지문의 내용과 비교하며 내용의 일치유무를 신속히 판단한다.

02 | 문서이해 ②

다음 글을 바탕으로 한 추론으로 옳은 것을 고르면?

풀이순서

1) 질문의도
   내용추론 → 적용

2) 지문파악

4) 지문독해
   선택지와 비교

3) 선택지 키워드 찾기

5) 정답도출

> 예술의 각 사조는 특정한 역사적 현실 위에서, 특정한 이데올로기를 표현하기 위하여 등장한다. 따라서 특정한 예술 사조를 받아들일 때, 그 예술의 형식 뒤에 숨은 이데올로기를 충분히 소화하고 있느냐가 문제가 된다. 그렇지 못한 모방행위는 형식 미학 또는 관념 미학이 갖는 오류에서 벗어나지 못한다. 가령 어느 예술가가 인상파의 영향을 받았다면, 동시에 그는 그것의 시대적 한계와 약점까지 추적해야 한다. 그리고 그것을 자신이 사는 시대에 접목하였을 경우 현실의 문화적 풍토 위에서 성장할 수 있는가를 가늠해야 한다.

① 모방행위는 예술 사조에 포함되지 않는다.
② 예술 사조는 역사적 현실과 불가분의 관계이다.
③ 예술 사조는 현실적 가치만을 반영한다.
④ 예술 사조는 예술가가 현실과 조율한 타협점이다.
⑤ 모든 예술 사조는 오류를 피하고 완벽을 추구한다.

유형 분석
• 주어진 지문에 대한 이해를 바탕으로 유추할 수 있는 내용을 고르는 문제이다.
• 지문은 주로 업무 보고서, 기획서, 보도자료 등이 제시된다.
• 일반적인 독해 문제와는 달리 선택지의 내용이 애매모호한 경우가 많으므로 꼼꼼히 살펴보아야 한다.

풀이 전략
주어진 지문이 어떠한 내용을 다루고 있는지 파악한 후 선택지의 키워드를 체크한다. 그리고 나서 지문의 내용에서 도출할 수 있는 내용을 선택지에서 찾아야 한다.

PART 1

03 | 문서작성 ①

다음 밑줄 친 단어와 유사한 의미를 가진 단어로 적절한 것은?

> 같은 극의 자석이 지니는 동일한 자기적 <u>속성</u>과 그로 인해 발생하는 척력

✓ 성질 : 사람이 지닌 본바탕
② 성급 : 성질이 급함
③ 성찰 : 자신의 마음을 반성하고 살핌
④ 종속 : 자주성이 없이 주가 되는 것에 딸려 붙음
⑤ 예속 : 다른 사람의 지배 아래 매임

풀이순서

1) 질문의도
   유의어

2) 지문파악
   문맥을 보고 단어의
   뜻 유추

3) 정답도출

유형 분석	• 주어진 지문에서 밑줄 친 단어의 유의어를 찾는 문제이다.
	• 자료는 지문, 보고서, 약관, 공지 사항 등 다양하게 제시된다.
	• 다른 문제들에 비해 쉬운 편에 속하지만 실수를 하기 쉽다.
	응용문제 : 틀린 단어를 올바르게 고치는 등 맞춤법과 관련된 문제가 출제된다.
풀이 전략	앞뒤 문장을 읽어 문맥을 파악하여 밑줄 친 단어의 의미를 찾는다.

04 | 문서작성 ②

기획안을 작성할 때 유의할 점에 대해 김대리가 조언했을 말로 가장 적절하지 않은 것은?

풀이순서
1) 질문의도
   문서작성 방법

> 발신인 : 김□□
> 수신인 : 이○○
> ○○씨, 김□□ 대리입니다. 기획안 잘 받아봤어요. 검토가 더 필요해서 결과는 시간이 좀 걸릴 것 같고요, 기왕 메일을 드리는 김에 기획안을 쓸 때 지켜야 할 점들에 대해서 말씀드리려고요. 문서는 내용 못지않게 형식을 지키는 것도 매우 중요하니까 다음 기획안을 쓸 때 참고하시면 도움이 될 겁니다.

3) 정답도출

① 표나 그래프를 활용하는 경우에는 내용이 잘 드러나는지 꼭 점검하세요.
☑ 마지막엔 반드시 '끝'을 붙여 문서의 마지막임을 확실하게 전달해야 해요.
  → 문서의 마지막에 꼭 '끝'을 써야하는 것은 공문서이다.
③ 전체적으로 내용이 많은 만큼 구성에 특히 신경을 써야 합니다.
④ 완벽해야 하기 때문에 꼭 여러 번 검토를 하세요.
⑤ 내용 준비 이전에 상대가 요구하는 것이 무엇인지 고려하는 것부터 해야 합니다.

2) 선택지 확인
   기획안 작성법

유형 분석	• 실무에서 적용할 수 있는 공문서 작성 방법의 개념을 익히고 있는지 평가하는 문제이다. • 지문은 실제 문서 형식, 조언하는 말하기, 조언하는 대화가 주로 제시된다. **응용문제 : 문서 유형별 문서작성 방법에 대한 내용이 출제된다. 맞고 틀리고의 문제가 아니라 적합한 방법을 묻는 것이기 때문에 구분이 안 되어 있으면 틀리기 쉽다.**
풀이 전략	각 문서의 작성법을 익히고 해당 내용이 올바르게 적용되었는지 파악한다.

05 | 경청

대화 상황에서 바람직한 경청의 방법으로 가장 적절한 것은?

① 상대의 말에 대한 원활한 대답을 위해 상대의 말을 들으면서 미리 대답할 말을 준비한다.

② 대화내용에서 상대방의 잘못이 드러나는 경우, 교정을 위해 즉시 비판적인 조언을 해준다.

✓ ③ 상대의 말을 모두 들은 후에 적절한 행동을 하도록 한다.

④ 상대가 전달할 내용에 대해 미리 짐작하여 대비한다.

⑤ 대화내용이 지나치게 사적이다 싶으면 다른 대화주제를 꺼내 화제를 옮긴다.

풀이순서

1) 질문의도
   경청 방법

2) 선택지 확인
   적절한 경청 방법

3) 정답도출

유형 분석	• 경청 방법에 대해 이해하고 있는지를 묻는 문제이다.
	• 경청 방법에 대한 지식이 있어도 대화 상황이나 예가 제시되었을 때 그 자료를 해석하지 못하면 소용이 없다. 지식과 예를 연결 지어 학습해야 한다.
	응용문제 : 경청하는 태도와 방법에 대한 질문, 경청을 방해하는 요인 등의 지식을 묻는 문제들이 출제된다.
풀이 전략	경청에 대한 지식을 익히고 문제에 적용한다.

06 | 의사표현

다음 중 김대리의 │의사소통을 저해하는 요인│으로 가장 적절한 것은?

> 김대리는 업무를 처리할 때 담당자들과 별도의 상의를 하지 않고 스스로 판단해서 업무를 지시한다. 담당자들은 김대리의 지시 내용이 실제 업무 상황에 적합하지 않다고 생각하지만, 김대리는 자신의 판단에 확신을 가지고 자신의 지시 내용에 변화를 주지 않는다.

✓① 의사소통 기법의 미숙
② 잠재적 의도
③ 선입견과 고정관념
④ 평가적이며 판단적인 태도
⑤ 과거의 경험

풀이순서

1) 질문의도
   의사소통 저해요인

2) 지문파악
   '일방적으로 말하고',
   '일방적으로 듣는' 무
   책임한 마음
   → 의사소통 기법의
   　 미숙

3) 정답도출

유형 분석	• 상황에 적합한 의사표현법에 대한 이해를 묻는 문제이다. • 의사표현 방법에 대한 지식이 있어도 대화 상황이나 예가 제시되었을 때 그 자료를 해석하지 못하면 소용이 없다. 지식과 예를 연결지어 학습해야 한다. **응용문제 :** 의사표현방법, 의사표현을 방해하는 요인 등의 지식을 묻는 문제들이 출제된다.
풀이 전략	의사소통의 저해요인에 대한 지식을 익히고 문제에 적용한다.

01 | 기출예상문제

정답 및 해설 p.014

※ 다음 단어의 뜻으로 옳은 것을 고르시오. [1~2]

01

마파람

① 동풍   ② 하늬바람

③ 삭풍   ④ 남풍

⑤ 높새바람

02

간교

① 간절하다

② 요망하다

③ 간사하고 교활하다

④ 간절히 소망하다

⑤ 겸손없고 건방지다

03 다음 중 맞춤법에 맞도록 고친 것은?

① <u>번번히</u> 지기만 하다 보니 게임이 재미없어졌다. → 번번이

② 방문 <u>횟수</u>가 늘어날수록 얼굴에 생기가 돌기 시작했다. → 회수

③ <u>널따란</u> 마당에 낙엽이 수북이 쌓여있다. → 넓다란

④ <u>웬지</u> 예감이 좋지 않아 발걸음을 재게 놀렸다. → 왠지

⑤ 대문을 제대로 <u>잠갔는지</u> 기억이 나지 않았다. → 잠궜는지

04 다음 밑줄 친 부분과 같은 의미로 쓰인 것은?

> <u>노는</u> 시간에 잠 좀 그만 자고 소설책이라도 읽어라.

① 우리 가게는 월요일에 <u>논다</u>.
② 앞니가 흔들흔들 <u>논다</u>.
③ 뱃속에서 아기가 <u>논다</u>.
④ 동생이 공놀이를 하며 <u>논다</u>.
⑤ 돈 있는 사람들은 자기들끼리 <u>노는</u> 법이다.

05 다음 중 ㉠과 ㉡의 관계와 가장 유사한 것은?

> 남성적 특성과 여성적 특성을 모두 가지고 있는 사람이 남성적 특성 혹은 여성적 특성만 지니고 있는 사람에 비하여 훨씬 더 다양한 ㉠ <u>자극</u>에 대하여 다양한 ㉡ <u>반응</u>을 보일 수 있다. 이렇게 여러 개의 반응 레퍼토리를 가지고 있다는 것은 다시 말하면, 그때그때 상황의 요구에 따라 적합한 반응을 보일 수 있다는 것이며, 이는 곧 사회적 환경에 더 유연하고 효과적으로 대처할 수 있다는 것을 의미한다.

① 개인 – 사회
② 정신 – 육체
③ 물고기 – 물
④ 입력 – 출력
⑤ 후보자 – 당선자

06 다음 글의 서술상 특징으로 가장 적절한 것은?

법조문도 언어로 이루어진 것이기에, 원칙적으로 문구가 지닌 보편적인 의미에 맞춰 해석된다. 일상의 사례로 생각해 보자. "실내에 구두를 신고 들어가지 마시오."라는 팻말이 있는 집에서는 손님들이 당연히 글자 그대로 구두를 신고 실내에 들어가지 않는다. 그런데 팻말에 명시되지 않은 '실외'에서 구두를 신고 돌아다니는 것은 어떨까? 이에 대해서는 금지의 문구로 제한하지 않았기 때문에, 금지의 효력을 부여하지 않겠다는 의미로 당연하게 받아들인다. 이처럼 문구에서 명시하지 않은 상황에 대해서는 그 효력을 부여하지 않는다고 해석하는 방식을 '반대 해석'이라 한다.

그런데 팻말에는 운동화나 슬리퍼에 대해서는 쓰여 있지 않다. 하지만 누군가 운동화를 신고 마루로 올라가려 하면, 집주인은 팻말을 가리키며 말릴 것이다. 이 경우에 '구두'라는 낱말은 본래 가진 뜻을 넘어 일반적인 신발이라는 의미로 확대된다. 이런 식으로 어떤 표현을 본래의 의미보다 넓혀 이해하는 것을 '확장 해석'이라 한다.

① 현실의 문제점을 분석하고 그 해결책을 제시한다.
② 비유의 방식을 통해 상대방의 논리를 반박하고 있다.
③ 일상의 사례를 들어 독자들의 이해를 돕고 있다.
④ 기존 견해를 비판하고 새로운 견해를 제시한다.
⑤ 하나의 현상에 대한 여러 가지 관점을 대조하며 비판한다.

07 다음 중 경청하는 태도로 적절하지 않은 것은?

김사원 : 직원교육시간이요, 조금 귀찮기는 하지만 다양한 주제에 대해서 들을 수 있어서 좋은 것 같아요.

한사원 : 그렇죠? 이번 주 강의도 전 꽤 마음에 들더라고요. 그러고 보면, 어떻게 하면 말을 잘 할지는 생각해볼 수 있지만 잘 듣는 방법에는 소홀하기 쉬운 것 같아요.

김사원 : 맞아요. 잘 듣는 것이 대화에서 큰 의미를 가지는데도 그렇죠. 오늘 강의에서 들은 내용대로 노력하면 상대방이 전달하는 메시지를 제대로 이해하는 데 문제가 없을 것 같아요.

① 상대방의 이야기를 들으면서 동시에 그 내용을 머릿속으로 정리한다.
② 상대방의 이야기를 들을 때 상대가 다음에 무슨 말을 할지 예상해본다.
③ 선입견이 개입되면 안 되기 때문에 나의 경험은 이야기와 연결 짓지 않는다.
④ 이야기를 듣기만 하는 것이 아니라 대화 내용에 대해 적극적으로 질문한다.
⑤ 내용뿐만 아니라 말하는 사람의 모든 것에 집중해서 듣는다.

08 다음은 문서의 종류에 따른 문서 작성법이다. 문서 작성법에 따른 문서의 종류가 바르게 연결된 것은?

> (가) 상품이나 제품에 대해 정확하게 기술하기 위해서는 가급적 전문용어의 사용을 삼가고 복잡한 내용은 도표화한다.
> (나) 대외문서이고, 장기간 보관되는 문서이므로 정확하게 기술해야 하며, 한 장에 담아내는 것이 원칙이다.
> (다) 보통 업무 진행 과정에서 쓰는 경우가 대부분이므로 무엇을 도출하고자 했는지 핵심내용을 구체적으로 제시한다. 이때, 간결하고 핵심적인 내용의 도출이 우선이므로 내용의 중복을 피해야 한다.
> (라) 상대가 요구하는 것이 무엇인지 고려하여 설득력을 갖추어야 하며, 제출하기 전에 충분히 검토해야 한다.

	(가)	(나)	(다)	(라)
①	공문서	보고서	설명서	기획서
②	공문서	기획서	설명서	보고서
③	설명서	공문서	기획서	보고서
④	설명서	공문서	보고서	기획서
⑤	기획서	설명서	보고서	공문서

09 다음 글의 전개 방식으로 가장 적절한 것은?

> 법은 필요악이다. 법은 우리의 자유를 막고 때로는 신체적 구속을 행사하는 경우도 있다. 이런 점에서 법은 달가운 존재가 아니며 기피와 증오의 대상이 되기도 한다. 그러나 법이 없으면 안전한 생활을 할 수 없다는 점에서 법은 없어서는 안 될 존재이다. 이와 같이 법의 양면성은 울타리의 그것과 비슷하다. 울타리는 우리의 시야를 가리고 때로는 바깥출입의 자유를 방해한다. 그러나 낯선 사람의 눈총과 외부 침입자로부터 안전하고 포근한 삶을 보장한다는 점에서 울타리는 우리에게 고마운 존재이다.

① 대상의 차이점을 부각해 내용을 전개하고 있다.
② 주장에 대한 구체적인 근거로 내용을 전개하고 있다.
③ 권위 있는 학자의 주장을 인용하여 내용을 전개하고 있다.
④ 두 대상의 공통점을 근거로 내용을 전개하고 있다.
⑤ 글쓴이 자신의 경험을 토대로 논지를 전개하고 있다.

10 다음 제시된 단락을 읽고, 이어질 내용을 논리적 순서대로 바르게 나열한 것은?

DNA는 이미 1896년에 스위스의 생물학자 프리드리히 미셔가 발견했지만, 대다수 과학자는 1952년까지는 DNA에 별로 관심을 보이지 않았다. 미셔는 고름이 배인 붕대에 끈적끈적한 회색 물질이 남을 때까지 알코올과 돼지 위액을 쏟아부은 끝에 DNA를 발견했다. 그것을 시험한 미셔는 DNA는 생물학에서 아주 중요한 물질로 밝혀질 것이라고 선언했다. 그러나 불행하게도 화학 분석 결과, 그 물질 속에 인이 다량 함유된 것으로 드러났다. 그 당시 생화학 분야에서는 오로지 단백질에만 관심을 보였는데, 단백질에는 인이 전혀 포함돼 있지 않으므로 DNA는 분자 세계의 충수처럼 일종의 퇴화 물질로 간주하였다.

(가) 그래서 유전학자인 알프레드 허시와 마사 체이스는 방사성 동위원소 추적자를 사용해 바이러스에서 인이 풍부한 DNA의 인과, 황이 풍부한 단백질의 황을 추적해 보았다. 이 방법으로 바이러스가 침투한 세포들을 조사한 결과, 방사성 인은 세포에 주입되어 전달됐지만 황이 포함된 단백질은 그렇지 않은 것으로 드러났다.
(나) 그러나 그 유전 정보가 바이러스의 DNA에 들어 있는지 단백질에 들어 있는지는 아무도 몰랐다.
(다) 따라서 유전 정보의 전달자는 단백질이 될 수 없으며 전달자는 DNA인 것으로 밝혀졌다.
(라) 1952년에 바이러스를 대상으로 한 극적인 실험이 그러한 편견을 바꾸어 놓았다. 바이러스는 다른 세포에 무임승차하여 피를 빠는 모기와는 반대로 세포 속에 악당 유전 정보를 주입한다.

① (가) – (다) – (나) – (라)　　　　② (가) – (라) – (나) – (다)
③ (나) – (가) – (다) – (라)　　　　④ (나) – (다) – (가) – (라)
⑤ (라) – (나) – (가) – (다)

11 다음은 안전한 도로이용을 위한 자동차 고장 시 조치요령이다. 글의 내용으로 적절하지 않은 것은?

> **■ 갓길의 이용**
> 고속도로에서 고장이나 연료가 소진되어 운전할 수 없는 경우에 주차하려 할 때는 다른 차의 주행을 방해하지 않도록 충분한 공간이 있는 갓길 등에 주차하여야 한다.
>
> **■ 고장차량 표지의 설치**
> 자동차의 운전자는 교통안전 표지를 설치하는 경우 그 자동차의 후방에서 접근하는 자동차의 운전자가 확인할 수 있는 위치에 설치하여야 한다. 또, 고속도로 등에서 자동차를 운행할 수 없게 되었을 때는 고장자동차의 표지를 설치하여야 하며, 그 자동차를 고속도로 등이 아닌 다른 곳으로 옮겨 놓는 등의 필요한 조치를 하여야 한다. 밤에는 고장자동차 표지와 함께 사방 500m 지점에서 식별할 수 있는 적색의 섬광신호·전기제등 또는 불꽃신호를 추가로 설치하여야 한다. 강한 바람이 불 때는 고장차량 표지 등이 넘어지지 않도록 필요한 조치를 마련하고, 특히 차체 후부 등에 연결하여 튼튼하게 하여야 한다. 또한, 수리 등이 끝나고 현장을 떠날 때는 고장차량 표지 등 장비를 챙기고 가는 것을 잊어서는 안 된다.
>
> **■ 차의 이동과 비상 전화 이용**
> 고속도로상에서 고장이나 연료가 떨어져서 운전할 수 없을 때는 비상조치를 끝낸 후 가장 가까운 비상전화로 견인차를 부르거나 가능한 한 빨리 그곳으로부터 차를 이동해야 한다.

① 고속도로에서 운전할 수 없는 경우에는 갓길 등에 주차하여야 한다.
② 교통안전 표지는 후방의 운전자가 확인할 수 있는 위치에 설치하여야 한다.
③ 밤에 고장자동차의 표지를 설치할 때는 불꽃신호를 추가로 설치하여야 한다.
④ 고속도로 등에서 자동차를 운행할 수 없게 되었을 때는 차량을 두고 빨리 대피하여야 한다.
⑤ 고속도로에서 비상조치를 끝낸 후 비상전화로 견인차를 부르거나 차를 빨리 이동해야 한다.

12 의사표현의 종류는 상황이나 사태와 관련하여 공식적 말하기, 의례적 말하기, 친교적 말하기로 구분할 수 있다. 다음 〈보기〉에서 공식적 말하기에 해당하는 것을 모두 고르면?

> **보기**
> ㉠ 토론　　　　　　　　　㉡ 연설
> ㉢ 토의　　　　　　　　　㉣ 주례
> ㉤ 회의　　　　　　　　　㉥ 안부전화

① ㉠, ㉡
② ㉠, ㉢
③ ㉠, ㉡, ㉢
④ ㉠, ㉡, ㉣
⑤ ㉡, ㉢, ㉤

13 다음 글의 작성방법으로 가장 적절한 것은?

> 교육센터는 7가지 코스로 구성된다. 먼저, 기초훈련코스에서는 자동차 특성의 이해를 통해 안전운전의 기본능력을 향상시킨다. 자유훈련코스는 운전자의 운전자세 및 공간 지각능력에 따른 안전위험 요소를 교육한다. 위험회피코스에서는 돌발 상황 발생 시 위험회피 능력을 향상시키며, 직선제동코스에서는 다양한 도로환경에 적응하여 긴급 상황 시 효과적으로 제동할 수 있도록 교육한다. 빗길제동코스에서는 빗길 주행 시 위험요인을 체득하여 안전운전 능력을 향상시키고, 곡선주행코스에서는 미끄러운 곡선주행에서 안전운전을 할 수 있도록 가르친다. 마지막으로 일반·고속주행코스에서는 속도에 따라 발생할 수 있는 다양한 위험요인의 대처 능력을 향상시켜 방어운전 요령을 습득하도록 돕는다. 이외에도 친환경 운전 방법 '에코 드라이브'에 대해 교육하는 에코 드라이빙존, 안전한 교차로 통행방법을 가르치는 딜레마존이 있다. 안전운전의 기본은 사업용 운전자의 올바른 습관이다. 교통안전 체험교육센터에서 교육만 받더라도 교통사고 발생확률이 크게 낮아진다.

① 여러 가지를 비교하면서 그 우월성을 논하고 있다.
② 각 구조에 따른 특성을 대조하고 있다.
③ 상반된 결과를 통해 결론을 도출하고 있다.
④ 각 구성에 따른 특징과 그에 따른 기대효과를 설명하고 있다.
⑤ 의견의 타당성을 검증하기 위해 수치를 제시하고 있다.

14 A사원은 직장 내에서의 의사소통능력 향상 방법에 대한 강연을 들으면서 다음과 같이 메모하였다. 다음 중 A사원이 잘못 작성한 내용은 모두 몇 개인가?

> 〈2023년 2월 10일 의사소통능력 향상 방법 강연을 듣고...〉
> • 의사소통의 저해 요인
> … 중략 …
> • 의사소통에 있어 자신이나 타인의 느낌을 건설적으로 처리하는 방법
>   ㉠ 얼굴을 붉히는 것과 같은 간접적 표현을 피한다.
>   ㉡ 자신의 감정을 주체하지 못하고 과격한 행동을 하지 않는다.
>   ㉢ 자신의 감정 상태에 대한 책임을 타인에게 전가하지 않는다.
>   ㉣ 자신의 감정을 조절하기 위하여 상대방으로 하여금 그의 행동을 변하도록 강요하지 않는다.
>   ㉤ 자신의 감정을 명확하게 하지 못할 경우라도 즉각적인 의사소통이 될 수 있도록 노력한다.

① 1개   ② 2개
③ 3개   ④ 4개
⑤ 5개

15 다음 글에서 〈보기〉의 문장이 들어갈 위치로 가장 적절한 곳은?

탄수화물은 사람을 비롯한 동물이 생존하는 데 필수적인 에너지원이다. (가) 탄수화물은 섬유소와 비섬유소로 구분된다. 사람은 체내에서 합성한 효소를 이용하여 곡류의 녹말과 같은 비섬유소를 포도당으로 분해하고 이를 소장에서 흡수하여 에너지원으로 이용한다. (나) 소, 양, 사슴과 같은 반추 동물도 섬유소를 분해하는 효소를 합성하지 못하는 것은 마찬가지이지만, 비섬유소와 섬유소를 모두 에너지원으로 이용하며 살아간다. (다) 위(胃)가 넷으로 나누어진 반추 동물의 첫째 위인 반추위에는 여러 종류의 미생물이 서식하고 있다. 반추 동물의 반추위에는 산소가 없는데, 이 환경에서 왕성하게 생장하는 반추위 미생물들은 다양한 생리적 특성이 있다. (라) 식물체에서 셀룰로스는 그것을 둘러싼 다른 물질과 복잡하게 얽혀 있는데, F가 가진 효소 복합체는 이 구조를 끊어 셀룰로스를 노출시킨 후 이를 포도당으로 분해한다. F는 이 포도당을 자신의 세포 내에서 대사 과정을 거쳐 에너지원으로 이용하여 생존을 유지하고 개체 수를 늘림으로써 생장한다. (마) 이런 대사 과정에서 아세트산, 숙신산 등이 대사산물로 발생하고 이를 자신의 세포 외부로 배출한다. 반추위에서 미생물들이 생성한 아세트산은 반추 동물의 세포로 직접 흡수되어 생존에 필요한 에너지를 생성하는 데 주로 이용되고 체지방을 합성하는 데에도 쓰인다. (바)

> **보기**
>
> ㉠ 반면, 사람은 풀이나 채소의 주성분인 셀룰로스와 같은 섬유소를 포도당으로 분해하는 효소를 합성하지 못하므로 섬유소를 소장에서 이용하지 못한다.
> ㉡ 그중 피브로박터 숙시노젠(F)은 섬유소를 분해하는 대표적인 미생물이다.

	㉠	㉡		㉠	㉡
①	(가)	(라)	②	(가)	(마)
③	(나)	(라)	④	(나)	(마)
⑤	(다)	(바)			

※ 다음 글을 읽고 이어지는 질문에 답하시오. [16~17]

(가) 인류의 생명을 위협하는 미세먼지와의 전쟁

먼지는 인류가 지구상에 등장하기 훨씬 전부터 지구 대기를 가득 채우고 있었다. 구름 속에서 눈과 비를 만들고 따가운 햇볕을 가려주는 등 인류에게 이로운 존재였던 먼지가 문제가 된 것은 산업화, 도시화로 인해 자연의 먼지보다 훨씬 작고 위험한 미세먼지가 대기를 덮기 시작했기 때문이다.

보통 지름이 $10\mu m$(머리카락 굵기의 $1/5 \sim 1/7$)보다 작고, $2.5\mu m$(머리카락 굵기의 $1/20 \sim 1/30$)보다 큰 입자를 미세먼지라고 부른다. 주로 자동차가 많은 도로변이나 화석연료를 쓰는 산업단지 등에서 발생한다. 지름이 $2.5\mu m$ 이하의 입자는 '초미세먼지'로 분류되며, 담배 연기나 연료의 연소 시에 생성된다.

이러한 미세먼지가 우리 몸속으로 들어오면 면역력이 급격히 떨어져 감기, 천식, 기관지염 같은 호흡기 질환은 물론 심혈관질환, 피부질환, 안구질환 등 각종 질병에 노출될 수 있다. 세계보건기구(WHO)는 지난 2014년 한 해 동안 미세먼지로 인해 기대수명보다 일찍 사망한 사람이 700만 명에 이른다고 발표했다. 흡연으로 연간 발생하는 조기 사망자가 600만 명임을 고려하면 미세먼지의 유해성이 얼마나 심각한지 잘 알 수 있다.

(나) _____

2010년 전 세계 자동차 보유대수는 10억 대를 넘었고, 우리나라는 2014년 10월 말에 세계 15번째로 2,000만 대(차량 1대당 인구 2.26명)를 돌파했다. 궁극적으로 미세먼지를 없애려면 도시에서 자동차 통행을 전면 금지하면 된다. 하지만 이것은 현실적으로 불가능하기에 자동차 통행수요를 줄임으로써 미세먼지 발생을 최소화하는 정책이 필요하다. 실제로 유럽이나 미국, 일본 등 많은 나라에서 다양한 자동차 배출가스 정책을 통해 미세먼지를 줄이려고 노력하고 있다.

(다) 미세먼지 없는 깨끗한 세상을 위한 우리의 정책

우리나라 역시 자동차 배출가스 저감을 통해 미세먼지를 줄이려는 세계적인 추세에 보조를 맞추고 있다. 우선, 자동차 배출가스 배출허용기준을 강화하고, 경유차에 배출가스 저감장치를 부착하도록 함으로써 저공해화를 유도한다. 이 밖에도 연료 품질기준 강화, 자동차 배출가스 검사 강화, 자동차 배출가스 단속 강화 등 다양한 정책을 추진 중이다. 따라서 대도시 미세먼지 기여도 1위의 불명예를 안고 있는 노후 경유차 77%를 퇴출하는 한편, 어린이집, 유치원 밀집지역을 '미세 먼지 프리존(Free Zone)'으로 선정해 노후 경유차 출입 제한 등의 규제 조치를 취한다.

최대 미세먼지 배출국인 중국과의 공조도 활발히 전개하기로 했다. 기존의 연구협력 수준을 넘어 환경기술 사업 분야의 협력을 강화한다. 아울러 한중 정상회의에서 미세먼지 문제를 의제화해 공동선언 발표를 추진한다는 계획이다. 이처럼 미세먼지는 국가 간 협력해야 하는 전 세계적 문제라고 할 수 있다.

16 다음 중 (나)의 제목으로 적절하지 않은 것은?

① 자동차의 공급, 대기오염의 원인
② 대기오염의 주범, 자동차 배출가스
③ 미세먼지, 자동차 배출가스 정책으로 줄여
④ 자동차 통행수요, 미세먼지에 영향
⑤ 친환경 자동차 공급, 미세먼지 감소

17 다음 중 윗글의 내용을 바르게 이해하지 못한 사람은?

① 김사원 : 미세먼지라고 위험성을 간과하면 안 되겠구나. 미세먼지 때문에 면역력이 감소하게 되면 각종 질병에 노출되니까 말이야.

② 이사원 : 담배 연기로 생성되는 지름이 $3\mu\mathrm{m}$ 이하의 입자는 모두 '초미세먼지'라고 분류하는구나.

③ 홍대리 : 프랑스 파리에서는 미세먼지가 심각한 날에는 무조건 차량 2부제를 실시한다고 하는데, 이는 (나)의 사례로 적절하네.

④ 손대리 : 미국에서 자동차 배출가스 정화 장치를 부착하는 것은 미세먼지와 대기오염을 줄이기 위해 노력하는 방안 중 하나이구나.

⑤ 박과장 : 우리나라의 노력도 중요하지만, 다른 나라와의 협력을 통해 대기오염을 개선하도록 노력하는 것도 매우 중요하구나.

18 다음 중 A대리가 메일에서 언급하지 않았을 내용은?

> A대리 : ○○○씨, 보고서 잘 받아봤습니다.
> B사원 : 아, 네. 대리님. 미흡한 점이 많았을 텐데…… 죄송합니다.
> A대리 : 아닙니다. 처음인데도 잘했습니다. 그런데, 얘기해 줄 것이 있어요. 문서는 '내용'이 물론 가장 중요하긴 하지만 '표현'과 '형식'도 중요합니다. 앞으로 참고할 수 있게 메일로 유의사항을 보냈으니까 읽어보세요.
> B사원 : 감사합니다. 확인하겠습니다.

① 의미를 전달하는 데 문제가 없다면 문장은 가능한 한 짧게 만드는 것이 좋다.

② 우회적인 표현은 오해의 소지가 있으므로 가능하면 쓰지 않는 것이 좋다.

③ 한자의 사용을 자제하되, 만약 사용할 경우 상용한자의 범위 내에서 사용한다.

④ 중요한 내용은 미괄식으로 작성하는 것이 그 의미가 강조되어 효과적이다.

⑤ 핵심을 담은 문장을 앞에 적어준다면 이해가 더 잘 될 것이다.

『조선왕조실록』에 기록된 지진만 1,900여 건, 가뭄과 홍수는 이루 헤아릴 수 없을 정도다. 농경 사회였던 조선시대 백성의 삶을 더욱 힘들게 했던 재난·재해, 특히 목조 건물과 초가가 대부분이던 당시에 화재는 즉각적인 재앙이었고, 공포였다. 우리 조상은 화재를 귀신이 장난치거나, 땅에 불의 기운이 넘쳐서라 여겼다. 화재 예방을 위해 벽사(辟邪)를 상징하는 조형물을 세우며 안녕을 기원했다.

고대 건축에서 안전관리를 상징하는 대표적인 예는 지붕 용마루 끝에 장식 기와로 사용하는 '치미(鴟尾)'를 들 수 있다. 전설에 따르면 불이 나자 큰 새가 꼬리로 거센 물결을 일으키며, 비를 내려 불을 껐다는 기록이 남아있다. 약 1700년 전에 중국에서 처음 시작돼 화재 예방을 위한 주술적 의미로 쓰였고, 우리나라에선 황룡사 '치미'가 대표적이다.

조선 건국 초기, 관악산의 화기를 잠재우기 위해 '해치(해태)'를 광화문에 세웠다. '해치'는 물의 기운을 지닌 수호신으로 현재 서울의 상징이기도 한 상상 속 동물이다. 또한 궁정이나 관아의 안전을 수호하는 상징물로 '잡상(雜像)'을 세웠다. 궁궐 관련 건물에만 등장하는 '잡상'은 건물의 지붕 내림마루에 『서유기』에 등장하는 기린, 용, 원숭 등 다양한 종류의 신화적 형상을 장식한 기와이다.

그 밖에 경복궁 화재를 막기 위해 경회루에 오조룡(발톱이 다섯인 전설의 용) 두 마리를 넣었다는 기록이 전해진다. 실제 1997년 경회루 공사 중 오조룡이 발견되면서 화제가 됐었다. 불을 상징하는 구리 재질의 오조룡을 물속에 가둬놓고 불이 나지 않기를 기원했던 것이다.

조선시대에는 도성 내 화재 예방에 각별히 신경 썼다. 궁궐을 지을 때 불이 번지는 것을 막기 위해 건물 간 10m 이상 떨어져 지었고, 창고는 더 큰 피해를 주기에 30m 이상 간격을 뒀다. 민간에선 다섯 집마다 물독을 비치해 방화수로 활용했고, 행랑이나 관청에 우물을 파게 해 화재 진압용수로 사용했다.

지붕 화재에 대비해 사다리를 비치하거나 지붕에 쇠고리를 박고, 타고 올라갈 수 있도록 쇠줄을 늘여놓기도 했다. 오늘날 소화기나 완강기 등과 같은 이치다. 특히 세종대왕은 '금화도감'이라는 소방기구를 설치해 인접 가옥 간에 '방화장(防火墻)'을 쌓고, 방화범을 엄히 다루는 등 화재 예방에 만전을 기했다.

19 다음 중 윗글의 제목으로 가장 적절한 것은?

① 불귀신을 호령하기 위한 조상들의 노력
② 화재 예방을 위해 지켜야 할 법칙들
③ 미신에 관한 과학적 증거들
④ 자연재해에 어떻게 대처해야 하는가?
⑤ 옛 건축 장식물들의 상징적 의미

20 다음 중 윗글의 내용으로 적절하지 않은 것은?

① 조선시대의 재난·재해 중 특히 화재는 백성들을 더욱 힘들게 했다.
② 해치는 화재 예방을 위한 주술적 의미로 쓰인 '치미'의 예이다.
③ 잡상은 『서유기』에 등장하는 다양한 종류의 신화적 형상을 장식한 기와를 말한다.
④ 오조룡은 실제 경회루 공사 중에 발견되었다.
⑤ 세종대왕은 '금화도감'이라는 소방기구를 설치하여 화재를 예방하였다.

아이들이 답이 있는 질문을 하기 시작하면
그들이 성장하고 있음을 알 수 있다.

존 J. 플롬프

CHAPTER 02
수리능력

수리능력은 사칙연산·통계·확률의 의미를 정확하게 이해하고 이를 업무에 적용하는 능력으로, 기초연산과 기초통계, 도표분석 및 작성의 문제 유형으로 출제된다. 수리능력 역시 채택하지 않는 공사·공단이 거의 없을 만큼 필기시험에서 중요도가 높은 영역이다.

수리능력은 NCS 기반 채용을 진행한 거의 모든 기업에서 다루었으며, 문항 수는 전체의 평균 16% 정도로 많이 출제되었다. 특히, 난이도가 높은 공사·공단의 시험에서는 도표분석, 즉 자료해석 유형의 문제가 많이 출제되고 있고, 응용수리 역시 꾸준히 출제하는 공사·공단이 많기 때문에 기초연산과 기초통계에 대한 공식의 암기와 자료해석능력을 기를 수 있는 꾸준한 연습이 필요하다.

01 응용수리능력의 공식은 반드시 암기하라!

응용수리능력은 지문이 짧지만, 풀이 과정은 긴 문제도 자주 볼 수 있다. 그렇기 때문에 응용수리능력의 공식을 반드시 암기하여 문제의 상황에 맞는 공식을 적절하게 적용하여 답을 도출해야 한다. 따라서 문제에서 묻는 것을 정확하게 파악하여 그에 맞는 공식을 적절하게 적용하는 꾸준한 노력과 공식을 암기하는 연습이 필요하다.

02 통계에서의 사건이 동시에 발생하는지 개별적으로 발생하는지 구분하라!

통계에서는 사건이 개별적으로 발생했을 때, 경우의 수는 합의 법칙, 확률은 덧셈정리를 활용하여 계산하며, 사건이 동시에 발생했을 때, 경우의 수는 곱의 법칙, 확률은 곱셈정리를 활용하여 계산한다. 특히, 기초통계능력에서 출제되는 문제 중 순열과 조합의 계산 방법이 필요한 문제도 다수이므로 순열(순서대로 나열)과 조합(순서에 상관없이 나열)의 차이점을 숙지하는 것 또한 중요하다. 통계 문제에서의 사건 발생 여부만 잘 판단하여도 계산과 공식을 적용하기가 수월하므로 문제의 의도를 잘 파악하는 것이 중요하다.

03 자료의 해석은 자료에서 즉시 확인할 수 있는 지문부터 확인하라!

대부분의 취업준비생들이 어려워 하는 영역이 수리영역 중 도표분석, 즉 자료해석능력이다. 자료는 표 또는 그래프로 제시되고, 쉬운 지문은 증가 혹은 감소 추이, 간단한 사칙연산으로 풀이가 가능한 문제 등이 있고, 자료의 조사기간 동안 전년 대비 증가율 혹은 감소율이 가장 높은 기간을 찾는 문제들도 있다. 따라서 일단 증가·감소 추이와 같이 눈으로 확인이 가능한 지문을 먼저 확인한 후 복잡한 계산이 필요한 지문을 확인하는 방법으로 문제를 풀이한다면, 시간을 조금이라도 아낄 수 있다. 특히, 그래프와 같은 경우에는 그래프에 대한 특징을 알고 있다면, 그래프의 길이 혹은 높낮이 등으로 대강의 수치를 빠르게 확인이 가능하므로 이에 대한 숙지도 필요하다. 또한, 여러 가지 보기가 주어진 문제 역시 지문을 잘 확인하고 문제를 풀이한다면 불필요한 계산을 생략할 수 있으므로 항상 지문부터 확인하는 습관을 들여야 한다.

04 도표작성능력에서 지문에 작성된 도표의 제목을 반드시 확인하라!

도표작성은 하나의 자료 혹은 보고서와 같은 수치가 표현된 자료를 도표로 작성하는 형식으로 출제되는데, 대체로 표보다는 그래프를 작성하는 형태로 많이 출제된다. 지문을 살펴보면 각 지문에서 주어진 도표에도 소제목이 있는 경우가 대부분이다. 이때, 자료의 수치와 도표의 제목이 일치하지 않는 경우 함정이 존재하는 문제일 가능성이 높으므로 도표의 제목을 반드시 확인하는 것이 중요하다. 도표작성의 경우 대부분 비율 계산이 많이 출제되는데, 도표의 제목과는 다른 수치로 작성된 도표가 존재하는 경우가 있다. 그렇기 때문에 지문에서 작성된 도표의 소제목을 먼저 확인하는 연습을 하여 간단하지 않은 비율 계산을 두 번 하는 일이 없도록 해야 한다.

01 | 기초연산 ①

S출판사는 어떤 창고에 도서를 보관하기로 하였다. 창고 A에 보관 작업 시 작업자 3명이 5시간 동안 10,300권의 책을 보관ⓐ할 수 있다. 창고 B에는 작업자 5명을 투입ⓑ시킨다면 몇 시간 후에 일을 끝마치게 되며, 몇 권까지 보관이 되겠는가?(단, 〈보기〉에 주어진 조건을 고려한다)

풀이순서

1) 질문의도
   보관 도서 수 및 작업 시간

2) 조건확인
   ⓐ~ⓕ

〈창고 A〉

사이즈 : 가로 10m×세로 5m×높이 3mⓒ → 150m^3 : 10,300권

┃2배

〈창고 B〉

사이즈 : 가로 15m×세로 10m×높이 2mⓓ → 300m^3 : 20,600권

보기

1. 도서가 창고공간을 모두 차지한다고 가정ⓔ한다.
2. 작업자의 작업능력은 동일ⓕ하다.

보관 도서 수	시간
① 약 10,300권	약 5시간
② 약 10,300권	약 6시간
③ 약 20,600권	약 5시간
✔ 약 20,600권	약 6시간
⑤ 약 25,100권	약 5시간

ⓐ 1시간 당 1명이 작업한 도서 수
   $10,300 \div 5 \div 3 = 686.67$권
ⓑ 1시간 당 보관 도서 수
   $686.67 \times 5 = 3,433.35$권
   ∴ $20,600 \div 3,433.35 \fallingdotseq 6$시간

3) 계산

4) 정답도출

유형 분석
- 문제에서 제공하는 정보를 파악한 뒤 사칙연산을 활용하여 계산하는 응용수리 문제이다.
- 제시된 문제 안에 풀이를 위한 정보가 산재되어 있는 경우가 많으므로 문제 속 조건이나 보기 등을 꼼꼼히 읽어야 한다.
  응용문제 : 최소공배수 등 수학 이론을 활용하여 계산하는 문제도 자주 출제된다.

풀이 전략
문제에서 요구하는 답을 정확히 이해하고, 주어진 상황과 조건을 식으로 치환하여 신속하게 계산한다.

02 | 기초연산 ②

둘레의 길이가 10km@인 원형의 공원이 있다. 어느 지점에서 민수와 민희는 서로 반대 방향ⓑ으로 걷기 시작했다. 민수의 속력이 시속 3kmⓒ, 민희의 속력이 시속 2kmⓓ일 때, 둘은 몇 시간 후에 만나는가?

① 1시간   ✔ 2시간

③ 2시간 30분   ④ 2시간 50분

⑤ 3시간 20분

풀이순서

1) 질문의도
   만나는 데 걸린 시간

2) 조건확인
   @~ⓓ

3) 계산

4) 정답도출

ⓒ 민수의 속력 : 3km/h

ⓓ 민희의 속력 : 2km/h

민수와 민희가 걸은 시간은 x시간으로 같다.

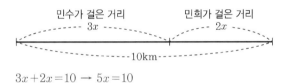

민수가 걸은 거리   민희가 걸은 거리
     $3x$ $2x$

          10km

$3x + 2x = 10 \rightarrow 5x = 10$

$\therefore\ x = 2$시간

유형 분석   • 문제에서 제공하는 정보를 파악한 뒤 방정식을 세워 계산하는 응용수리 문제이다.

                • 거리, 속력, 시간의 상관관계를 이해하고 이를 바탕으로 원하는 값을 도출할 수 있는지를 확인하므로 기본적인 공식은 알고 있어야 한다.

                응용문제 : 농도, 확률 등 방정식 및 수학 공식을 활용하여 계산하는 문제도 자주 출제된다.

풀이 전략   문제에서 요구하는 답을 미지수로 하여 방정식을 세우고, (거리)=(속력)×(시간) 공식을 통해 필요한 값을 계산한다.

03 │ 통계분석

다음은 2019 ~ 2021년의 행정구역별 인구에 관한 자료이다. 전년 대비 2021년의 대구 지역의 인구 증가율을 구하면?(단, 소수점 둘째 자리에서 반올림한다)

〈행정구역별 인구〉

(단위 : 천 명)

구분	2019년	2020년	2021년
전국	20,726	21,012	21,291
서울	4,194	4,190	4,189
부산	1,423	1,438	1,451
대구	971	982	994
(중략)			
경북	1,154	1,170	1,181
경남	1,344	1,367	1,386
제주	247	257	267

① 약 1.1% 　　　　　　　✔ 약 1.2%
③ 약 1.3% 　　　　　　　④ 약 1.4%
⑤ 약 1.5%

- 2020년 대구의 인구 수 : 982명
- 2021년 대구의 인구 수 : 994명
- 2021년 대구의 전년 대비 인구 수 증가율 : $\dfrac{994-982}{994}\times100 ≒ 1.2\%$

풀이순서

1) 질문의도
   2021년 대구의 전년 대비 인구 증가율

2) 조건확인
   ⓐ 대구의 2020년
      인구 수 : 982명
   ⓑ 대구의 2021년
      인구 수 : 994명

3) 계산

4) 정답도출

유형 분석
- 표를 통해 제시된 자료를 해석하고 계산하는 자료계산 문제이다.
- 주어진 자료를 통해 증가율이나 감소율 등의 정보를 구할 수 있는지 확인하는 문제이다.
  응용문제 : 주어진 자료에 대한 해석을 묻는 문제도 자주 출제된다.

풀이 전략
제시되는 자료의 양이 많지만 문제를 푸는 데 반드시 필요한 정보는 적은 경우가 많으므로 질문을 빠르게 이해하고, 필요한 정보를 먼저 체크하면 풀이 시간을 줄일 수 있다.

04 | 도표분석

다음은 2009 ~ 2021년 축산물 수입 추이를 나타낸 그래프이다. 이에 대한 설명으로 옳지 않은 것은?

풀이순서

1) 질문의도
   도표분석

3) 도표분석
   축산물 수입량 / 수입액 추이

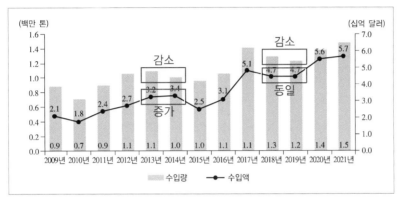

① 2021년 축산물 수입량은 2011년 대비 약 67% 증가하였다.
② 처음으로 2009년 축산물 수입액의 두 배 이상 수입한 해는 2017년이다.
③ 전년 대비 축산물 수입액의 증가율이 가장 높았던 해는 2017년이다.
④ 축산물 수입량과 수입액의 변화 추세는 동일하다.
⑤ 2011년부터 2014년까지 축산물 수입액은 전년 대비 증가했다.

2) 선택지 키워드 찾기

4) 정답도출

유형 분석
- 제시된 도표를 분석하여 각 선택지의 정답 유무를 판단하는 자료해석 문제이다.
- 막대 그래프, 꺾은선 그래프 등 다양한 형태의 그래프가 제시되며, 증감률·비율·추세 등을 확인하는 문제이다.
- 경영·경제·산업 등 최신 이슈를 많이 다룬다.
  응용문제 : 표의 형식으로 자료를 제시하고 그래프로 변환하는 등의 문제도 자주 출제된다.

풀이 전략
각 선택지의 진위 여부를 파악하는 문제이므로 선택지 별로 필요한 정보가 무엇인지 빠르게 파악하고, 필요한 부분을 체크하여 혼동하지 않도록 한다.

02 | 기출예상문제

정답 및 해설 p.016

01 욕조에 물을 채우는 데 A관은 30분, B관은 40분 걸린다. 이 욕조에 채운 물을 배수하는 데는 20분이 걸린다. A관과 B관을 동시에 틀고, 동시에 배수할 때, 욕조가 가득 채워질 때까지 걸리는 시간은?

① 60분

② 80분

③ 100분

④ 120분

⑤ 150분

02 서울에서 부산까지의 거리는 400km이고 서울에서 부산까지 가는 기차는 120km/h의 속력으로 달리며, 역마다 10분씩 정차한다. 서울에서 9시에 출발하여 부산에 13시 10분에 도착했다면, 기차는 가는 도중 몇 개의 역에 정차하였는가?

① 4개

② 5개

③ 6개

④ 7개

⑤ 8개

03 S공단은 6개의 부서로 구성이 되어 있다. 2023년 상반기에 사업 영역 확장을 위해 7번째 부서를 신설하는데, 임원과 사원을 발탁하여 부서를 구성하려고 한다. 사원 한 명을 발탁하면 업무 효율이 3point 증가하고, 비용이 4point 소요된다. 임원 한 명을 발탁하면 업무 효율이 4point 증가하고, 비용이 7point 소요된다. 비용은 100point 이하로 소요하면서, 효율은 60point를 달성하려고 할 때, 임원과 사원수를 합한 최솟값은?(단, 사원과 임원은 각각 한 명 이상 발탁한다)

① 14

② 15

③ 16

④ 17

⑤ 18

04 S공단의 작년 신입사원 모집 지원자 수는 1,000명이었다. 올해는 작년보다 남성의 지원율이 2% 증가하고 여성의 지원율은 3% 증가하여 전체 지원자 수는 24명이 증가하였다. 올해의 남성 지원자 수는?

① 600명　　　　　　　　　　　② 610명
③ 612명　　　　　　　　　　　④ 508명
⑤ 512명

05 P연구원과 K연구원은 공동으로 연구를 끝내고 보고서를 제출하려 한다. 이 연구를 혼자 하면 P연구원은 8일이 걸리고, K연구원은 14일이 걸린다. 처음 이틀은 같이 연구하고, 이후엔 K연구원 혼자 연구를 하다가 보고서 제출 이틀 전부터 같이 연구하였다. 보고서를 제출할 때까지 총 며칠이 걸렸는가?

① 6일　　　　　　　　　　　　② 7일
③ 8일　　　　　　　　　　　　④ 9일
⑤ 10일

06 농도 8%의 소금물 24g에 4% 소금물 몇 g을 넣으면 5% 소금물이 되겠는가?

① 12g　　　　　　　　　　　　② 24g
③ 36g　　　　　　　　　　　　④ 48g
⑤ 72g

07 빨간 공 4개, 하얀 공 6개가 들어 있는 주머니에서 한 번에 2개를 꺼낼 때, 적어도 1개는 하얀 공을 꺼낼 확률은?

① $\dfrac{9}{15}$　　　　　　　　　　② $\dfrac{1}{4}$

③ $\dfrac{5}{12}$　　　　　　　　　　④ $\dfrac{13}{15}$

⑤ $\dfrac{14}{15}$

08 1부터 200까지의 숫자 중 약수가 3개인 수는 몇 개인가?

① 5개   ② 6개

③ 7개   ④ 8개

⑤ 9개

09 S공단에서 근무하는 김사원은 수출계약건으로 한국에 방문하는 바이어를 맞이하기 위해 인천공항에 가야 한다. 미국 뉴욕에서 오는 바이어는 현지시각으로 21일 오전 8시 30분에 한국행 비행기에 탑승할 예정이며, 비행시간은 17시간이다. S공단에서 인천공항까지는 1시간 30분이 걸리고, 바이어의 도착 예정시각보다는 30분 일찍 도착하여 대기하려고 할 때, 김사원이 적어도 공단에서 출발해야 하는 시각은?(단, 뉴욕은 한국보다 13시간이 느리다)

① 21일 10시 30분   ② 21일 12시 30분

③ 22일 12시   ④ 22일 12시 30분

⑤ 22일 14시 30분

10 홍보실에서 근무하고 있는 K대리는 월간 사보의 표지에 쓰일 두 후보 시안에 대한 의사를 내부 투표 결과로 결정하고자 한다. 홍보실 구성원 32명에게 파란색 스티커와 검은색 스티커를 교부하고 시안이 마음에 들면 파란색 스티커를, 나머지 시안에는 검은색 스티커를 붙이도록 안내하였다. 파란색 스티커에 +5, 검은색 스티커에 +2의 가중치를 부여하여 내부 투표 결과를 산출하였더니 두 시안의 가중치 차이가 24가 되었다. 최종안으로 선택될 시안의 가중치는 얼마인가?

① 100   ② 112

③ 124   ④ 148

⑤ 160

11 S공단은 토요일에 2명의 사원이 당직 근무를 하도록 사칙으로 규정하고 있다. S공단의 B팀에는 8명의 사원이 있다. B팀이 앞으로 3주 동안 토요일 당직 근무를 한다고 했을 때, 가능한 모든 경우의 수는?(단, 모든 사원은 당직 근무를 2번 이상 서지 않는다)

① 1,520가지   ② 2,520가지

③ 5,040가지   ④ 10,080가지

⑤ 15,210가지

12 귤 상자 2개에 각각 귤이 들어 있다고 한다. 한 상자당 귤이 덜 익었을 확률이 10%, 썩었을 확률이 15%이고 나머지는 잘 익은 귤일 때, 두 사람이 각각 다른 상자에서 귤을 꺼낼 때 한 사람은 잘 익은 귤을 꺼내고, 다른 한 사람은 썩거나 덜 익은 귤을 꺼낼 확률은 몇 %인가?

① 31.5%   ② 33.5%

③ 35.5%   ④ 37.5%

⑤ 39.5%

13 어떤 고등학생이 13살 동생, 40대 부모님, 65세 할머니와 함께 박물관에 가려고 한다. 주말에 입장할 때와 주중에 입장할 때의 요금 차이는?

〈박물관 입장료〉

구분	주말	주중
어른	20,000원	18,000원
중·고등학생	15,000원	13,000원
어린이	11,000원	10,000원

※ 어린이 : 3살 이상 13살 이하
※ 경로 : 65세 이상은 50% 할인

① 8,000원   ② 9,000원

③ 10,000원   ④ 11,000원

⑤ 12,000원

14 S공단에서는 사업주의 직업능력개발훈련 시행을 촉진하기 위해 훈련방법과 기업규모에 따라 지원금을 차등 지급하고 있다. 다음 자료를 토대로 원격훈련으로 직업능력개발훈련을 시행하는 X ~ Z 세 기업과 각 기업의 원격훈련지원금을 바르게 짝지은 것은?

<기업 규모별 지원 비율>

기업	훈련	지원 비율
우선지원대상 기업	향상·양성훈련 등	100%
대규모 기업	향상·양성훈련	60%
	비정규직대상훈련/전직훈련	70%
상시근로자 1,000인 이상 대규모 기업	향상·양성훈련	50%
	비정규직대상훈련/전직훈련	70%

<원격훈련 종류별 지원금>

훈련종류 / 심사등급	인터넷	스마트	우편
A등급	5,600원	11,000원	3,600원
B등급	3,800원	7,400원	2,800원
C등급	2,700원	5,400원	1,980원

※ 인터넷·스마트 원격훈련 : 정보통신매체를 활용하여 훈련이 시행되고 훈련생 관리 등이 웹상으로 이루어지는 훈련
※ 우편원격훈련 : 인쇄매체로 된 훈련교재를 이용하여 훈련이 시행되고 훈련생 관리 등이 웹상으로 이루어지는 훈련
※ (원격훈련지원금)=(원격훈련 종류별 지원금)×(훈련시간)×(훈련수료인원)×(기업 규모별 지원 비율)

<세 기업의 원격훈련 시행 내역>

구분	기업규모	종류	내용	시간	등급	수료인원
X기업	우선지원대상 기업	스마트	향상·양성훈련	6시간	C등급	7명
Y기업	대규모 기업	인터넷	비정규직 대상훈련/전직훈련	3시간	B등급	4명
Z기업	상시근로자 1,000인 이상 대규모 기업	스마트	향상·양성훈련	4시간	A등급	6명

① X기업 - 201,220원
② X기업 - 226,800원
③ Y기업 - 34,780원
④ Y기업 - 35,120원
⑤ Z기업 - 98,000원

15 다음은 어느 기업의 콘텐츠 유형별 매출액에 대한 자료이다. 이에 대한 설명으로 옳지 않은 것은?

〈2015 ~ 2022년 콘텐츠 유형별 매출액〉

(단위 : 백만 원)

구분	게임	음원	영화	SNS	전체
2015년	235	108	371	30	744
2016년	144	175	355	45	719
2017년	178	186	391	42	797
2018년	269	184	508	59	1,020
2019년	485	199	758	58	1,500
2020년	470	302	1,031	308	2,111
2021년	603	411	1,148	104	2,266
2022년	689	419	1,510	341	2,959

① 2017년 이후 매출액이 매년 증가한 콘텐츠 유형은 영화뿐이다.

② 2022년에 전년 대비 매출액 증가율이 가장 큰 콘텐츠 유형은 SNS이다.

③ 영화 매출액은 매년 전체 매출액의 40% 이상이다.

④ 2016 ~ 2022년 동안 콘텐츠 유형별 매출액이 각각 전년보다 모두 증가한 해는 2022년뿐이다.

⑤ 2019 ~ 2022년 동안 매년 게임 매출액은 음원 매출액의 2배 이상이다.

16 다음은 세계 주요 터널 화재 사고 A ~ F에 대한 자료이다. 이에 대한 설명으로 옳은 것은?

〈세계 주요 터널 화재 사고 통계〉

사고	터널길이(km)	화재규모(MW)	복구비용(억 원)	복구기간(개월)	사망자(명)
A	50.5	350	4,200	6	1
B	11.6	40	3,276	36	39
C	6.4	120	72	3	12
D	16.9	150	312	2	11
E	0.2	100	570	10	192
F	1.0	20	18	8	0

※ (사고비용)=(복구비용)+{(사망자 수)×5억 원}

① 터널길이가 길수록 사망자가 많다.

② 화재규모가 클수록 복구기간이 길다.

③ 사고 A를 제외하면 복구기간이 길수록 복구비용이 크다.

④ 사망자가 가장 많은 사고 E는 사고비용도 가장 크다.

⑤ 사망자가 30명 이상인 사고를 제외하면 화재규모가 클수록 복구비용이 크다.

17 다음은 5월 22일 당일을 기준으로 하여 5월 15일부터 일주일간 수박 1개의 판매가이다. 이에 대한 설명으로 옳지 않은 것은?

〈5월 15일 ~ 5월 22일 수박 판매가〉

(단위 : 원/개)

구분		5/15	5/16	5/17	5/18	5/19	5/22(당일)
평균		18,200	17,400	16,800	17,000	17,200	17,400
최고값		20,000	20,000	20,000	20,000	20,000	18,000
최저값		16,000	15,000	15,000	15,000	16,000	16,000
등락률		−4.4%	0.0%	3.6%	2.4%	1.2%	−
지역별	서울	16,000	15,000	15,000	15,000	17,000	18,000
	부산	18,000	17,000	16,000	16,000	16,000	16,000
	대구	19,000	19,000	18,000	18,000	18,000	18,000
	광주	18,000	16,000	15,000	16,000	17,000	18,000

① 대구의 경우 16일까지는 19,000원으로 가격 변동이 없었지만, 5일 전인 17일에 감소했다.

② 5월 17일부터 전체 수박의 평균 가격은 200원씩 일정하게 증가하고 있다.

③ 16일부터 증가한 서울의 수박 가격은 최근 높아진 기온의 영향을 받은 것이다.

④ 15일부터 18일까지 서울의 수박 평균 가격은 동기간 부산의 수박 평균 가격보다 낮다.

⑤ 16일부터 19일까지 나흘간 광주의 수박 평균 가격은 16,000원이다.

18 다음은 2022년 하반기 8개국 수출수지에 대한 국제통계 자료이다. 이에 대한 설명으로 옳지 않은 것은?

〈2022년 하반기 8개국 수출수지〉

(단위 : 백만 USD)

구분	한국	그리스	노르웨이	뉴질랜드	대만	독일	러시아	미국
7월	40,882	2,490	7,040	2,825	24,092	106,308	22,462	125,208
8월	40,125	2,145	7,109	2,445	24,629	107,910	23,196	116,218
9월	40,846	2,656	7,067	2,534	22,553	118,736	25,432	122,933
10월	41,983	2,596	8,005	2,809	26,736	111,981	24,904	125,142
11월	45,309	2,409	8,257	2,754	25,330	116,569	26,648	128,722
12월	45,069	2,426	8,472	3,088	25,696	102,742	31,128	123,557

① 한국의 수출수지 중 전월 대비 수출수지 증가량이 가장 많았던 달은 11월이다.

② 뉴질랜드의 수출수지는 8월 이후 지속해서 증가하였다.

③ 그리스의 12월 수출수지 증가율은 전월 대비 약 0.7%이다.

④ 10월부터 12월 사이 한국의 수출수지 변화 추이와 같은 양상을 보이는 나라는 2개국이다.

⑤ 7월 대비 12월 수출수지가 감소한 나라는 그리스, 독일, 미국이다.

19 다음은 2018 ~ 2022년 조세심판원의 연도별 사건 처리건수에 대한 자료이다. 〈보기〉의 설명 중 옳은 것을 모두 고르면?

〈조세심판원의 연도별 사건 처리건수〉

(단위 : 건)

구분		2018년	2019년	2020년	2021년	2022년
처리대상건수	전년 이월건수	1,854	( )	2,403	2,127	2,223
	당년 접수건수	6,424	7,883	8,474	8,273	6,003
	소계	8,278	( )	10,877	10,400	8,226
처리건수	취하건수	90	136	163	222	163
	각하건수	346	301	482	459	506
	기각건수	4,214	5,074	6,200	5,579	4,322
	제조사건수	27	0	465	611	299
	인용건수	1,767	1,803	1,440	1,306	1,338
	소계	6,444	7,314	8,750	8,177	6,628

※ (당해 연도 전년 이월건수)=(전년도 처리대상건수)-(전년도 처리건수)

※ (처리율)= $\dfrac{(처리건수)}{(처리대상건수)} \times 100$

※ (인용률)= $\dfrac{(인용건수)}{(각하건수)+(기각건수)+(인용건수)} \times 100$

보기

㉠ 처리대상건수가 가장 적은 연도의 처리율은 75% 이상이다.

㉡ 2019 ~ 2022년 동안 취하건수와 기각건수의 전년 대비 증감방향은 같다.

㉢ 2019년의 처리율은 80% 이상이다.

㉣ 인용률은 2018년이 2020년보다 높다.

① ㉠, ㉡

② ㉠, ㉣

③ ㉡, ㉢

④ ㉠, ㉢, ㉣

⑤ ㉡, ㉢, ㉣

20 다음은 OECD 주요 국가별 삶의 만족도 및 관련 지표를 나타낸 자료이다. 이에 대한 설명으로 옳지 않은 것은?

〈OECD 주요 국가별 삶의 만족도 및 관련 지표〉

(단위 : 점, %, 시간)

구분	삶의 만족도	장시간 근로자 비율	여가·개인 돌봄시간
덴마크	7.6	2.1	16.1
아이슬란드	7.5	13.7	14.6
호주	7.4	14.2	14.4
멕시코	7.4	28.8	13.9
미국	7.0	11.4	14.3
영국	6.9	12.3	14.8
프랑스	6.7	8.7	15.3
이탈리아	6.0	5.4	15.0
일본	6.0	22.6	14.9
한국	6.0	28.1	14.9
에스토니아	5.4	3.6	15.1
포르투갈	5.2	9.3	15.0
헝가리	4.9	2.7	15.0

※ 장시간 근로자 비율은 전체 근로자 중 주 50시간 이상 근무한 근로자의 비율임

① 삶의 만족도가 가장 높은 국가는 장시간 근로자 비율이 가장 낮다.
② 한국의 장시간 근로자 비율은 삶의 만족도가 가장 낮은 국가의 장시간 근로자 비율의 10배 이상이다.
③ 삶의 만족도가 한국보다 낮은 국가들의 장시간 근로자 비율 산술평균은 이탈리아의 장시간 근로자 비율보다 높다.
④ 여가·개인 돌봄시간이 가장 긴 국가와 가장 짧은 국가의 삶의 만족도 차이는 0.3점 이하이다.
⑤ 장시간 근로자 비율이 미국보다 낮은 국가의 여가·개인 돌봄시간은 모두 미국의 여가·개인 돌봄시간보다 길다.

많이 보고 많이 겪고 많이 공부하는 것은 배움의 세 기둥이다.

벤자민 디즈라엘리

CHAPTER 03
문제해결능력

합격 CHEAT KEY

문제해결능력은 업무를 수행하면서 여러 가지 문제 상황이 발생하였을 때, 창의적이고 논리적인 사고를 통하여 이를 올바르게 인식하고 적절히 해결하는 능력을 말한다. 하위능력으로는 사고력과 문제처리능력이 있다.

문제해결능력은 NCS 기반 채용을 진행하는 대다수의 공사·공단에서 채택하고 있으며, 문항 수는 평균 24% 정도로 상당히 많이 출제되고 있다. 하지만 많은 수험생들은 더 많이 출제되는 다른 영역에 몰입하고 문제해결능력은 집중하지 않는 실수를 하고 있다. 다른 영역보다 더 많은 노력이 필요할 수는 있지만 그렇기에 차별화를 할 수 있는 득점 영역이므로 포기하지 말고 꾸준하게 노력해야 한다.

01 질문의 의도를 정확하게 파악하라!

문제해결능력은 문제에서 무엇을 묻고 있는지 정확하게 파악하여 먼저 풀이 방향을 설정하는 것이 가장 효율적인 방법이다. 특히, 조건이 주어지고 답을 찾는 창의적·분석적인 문제가 주로 출제되고 있기 때문에 처음에 정확한 풀이 방향이 설정되지 않는다면 시간만 허비하고 결국 문제도 풀지 못하게 되므로 첫 번째로 출제의도 파악에 집중해야 한다.

02 중요한 정보는 반드시 표시하라!

위에서 말한 출제의도를 정확히 파악하기 위해서는 문제의 중요한 정보는 반드시 표시나 메모를 하여 하나의 조건, 단서도 잊고 넘어가는 일이 없도록 해야 한다. 실제 시험에서는 시간의 압박과 긴장감으로 정보를 잘못 적용하거나 잊어버리는 실수가 많이 발생하므로 사전에 충분한 연습이 필요하다.
가령 명제 문제의 경우 주어진 명제와 그 명제의 대우를 본인이 한눈에 파악할 수 있도록 기호화, 도식화하여 메모하면 흐름을 이해하기가 더 수월하다. 이를 통해 자신만의 풀이 순서와 방향, 기준 또한 생길 것이다.

03 반복 풀이를 통해 취약 유형을 파악하라!

길지 않은 한정된 시간 동안 모든 문제를 다 푸는 것은 조금은 어려울 수도 있다. 따라서 고득점을 할 수 있는 효율적인 문제 풀이 방법을 찾아야 한다. 이때, 반복적인 문제 풀이를 통해 자신이 취약한 유형을 파악하는 것이 중요하다. 취약 유형 파악은 종료 시간이 임박했을 때 빛을 발할 것이다. 풀 수 있는 문제부터 빠르게 풀고 취약한 유형은 나중에 푸는 효율적인 문제 풀이를 통해 최대한의 고득점을 하는 것이 중요하다. 그러므로 본인의 취약 유형을 파악하기 위해서는 많은 문제를 풀어 봐야 한다.

04 타고나는 것이 아니므로 열심히 노력하라!

대부분의 수험생들이 문제해결능력은 공부해도 실력이 늘지 않는 영역이라고 생각한다. 하지만 그렇지 않다. 문제해결능력이야말로 노력을 통해 충분히 고득점이 가능한 영역이다. 정확한 질문 의도 파악, 취약한 유형의 반복적인 풀이, 빈출유형 파악 등의 방법으로 충분히 실력을 향상시킬 수 있다. 자신감을 갖고 공부하기 바란다.

01 │ 사고력 ① - 창의적 사고

다음 〈보기〉 중 창의적 사고에 대한 설명으로 적절하지 않은 것을 모두 고르면?

보기

㉠ 창의적 사고는 아무것도 없는 무에서 유를 만들어 내는 것이다.
　　└▶ 창의적 사고는 끊임없이 참신하고 새로운 아이디어를
　　　　만들어 내는 것

㉡ 창의적 사고는 끊임없이 참신한 아이디어를 산출하는 힘이다.

㉢ 우리는 매일 끊임없이 창의적 사고를 계속하고 있다.

㉣ 필요한 물건을 싸게 사기 위해서 하는 많은 생각들은 창의적 사고에 해당하지 않는다.
　　└▶ 창의적 사고는 일상생활의 작은 것부터 위대한 것까지
　　　　포함되며, 우리는 매일 창의적 사고를 하고 있음

㉤ 창의적 사고를 대단하게 여기는 사람들의 편견과 달리 창의적 사고는 누구에게나 존재한다.

① ㉠, ㉢
② ㉠, ㉣ ✓
③ ㉡, ㉣
④ ㉢, ㉤
⑤ ㉣, ㉤

풀이순서

1) 질문의도
　　창의적 사고 이해

2) 보기(㉠ ~ ㉤) 확인

3) 정답도출

유형 분석	• 주어진 설명을 통해 이론이나 개념을 활용하여 풀어가는 문제이다.
	응용 문제 : 주로 빠른 시간 안에 정답을 도출하는 문제가 출제된다.
풀이 전략	모듈이론에 대한 전반적인 학습을 미리 해 두어야 하며, 이를 토대로 주어진 문제에 적용하여 문제를 해결해 나가도록 한다.

02 | 사고력 ② - 명제

게임 동호회 회장인 귀하는 주말에 진행되는 게임 행사에 동호회 회원인 A ~ E의 참여 가능 여부를 조사하려고 한다. 다음을 참고하여 E가 행사에 참여하지 않는다고 할 때, 행사에 참여 가능한 사람은 모두 몇 명인가?   ~e

풀이순서

1) 질문의도
   명제 추리

- A가 행사에 참여하지 않으면, B가 행사에 참여한다.   ~a → b의 대우
   ~a   b   : ~b → a
- A가 행사에 참여하면, C는 행사에 참여하지 않는다.
   a   ~c
- B가 행사에 참여하면, D는 행사에 참여하지 않는다.   b → ~d의 대우
   b   ~d   : d → ~b
- D가 행사에 참여하지 않으면, E가 행사에 참여한다.   ~d → e의 대우
   ~d   e   : ~e → d

2) 문장분석
   기호화

3) 정답도출
   ~e → d
   d → ~b
   ~b → a
   a → ~c
   ∴ 2명

① 0명   ② 1명
✔ 2명   ④ 3명
⑤ 4명

유형 분석	• 주어진 문장을 토대로 논리적으로 추론하여 참 또는 거짓을 구분하는 문제이다. • 대체로 연역추론을 활용한 명제 문제가 출제된다. 응용문제 : 자료를 제시하고 새로운 결과나 자료에 주어지지 않은 내용을 추론해 가는 형식의 문제가 출제된다.
풀이 전략	명제와 관련한 기본적인 논법에 대해서는 미리 학습해 두며, 이를 바탕으로 각 문장에 있는 핵심단어 또는 문구를 기호화하여 정리한 후, 선택지와 비교하여 참 또는 거짓을 판단한다.

03 | 문제처리 ① - SWOT 분석

다음은 분식점에 대한 SWOT 분석 결과이다. 이에 대한 대응 방안으로 가장 적절한 것은?

풀이순서

1) 질문의도
   SWOT 분석

2) SWOT 분석

S(강점)	W(약점)
• 좋은 품질의 재료만 사용 • 청결하고 차별화된 이미지	• 타 분식점에 비해 한정된 메뉴 • 배달서비스를 제공하지 않음
O(기회)	**T(위협)**
• 분식점 앞에 곧 학교가 들어설 예정 • 최근 TV프로그램 섭외 요청을 받음	• 프랜차이즈 분식점들로 포화 상태 • 저렴한 길거리 음식으로 취급하는 경향이 있음

① ST전략 : 비싼 재료들을 사용하여 가격을 올려 저렴한 길거리 음식이라는 인식을 바꾼다.

② WT전략 : 다른 분식점들과 차별화된 전략을 유지하기 위해 배달서비스를 시작한다.

✔ SO전략 : TV프로그램에 출연해 좋은 품질의 재료만 사용한다는 점을 부각시킨다.
　　　　　　O　　　　　　　　　　S

④ WO전략 : TV프로그램 출연용으로 다양한 메뉴를 일시적으로 개발한다.

⑤ WT전략 : 포화 상태의 시장에서 살아남기 위해 다른 가게보다 저렴한 가격으로 판매한다.

3) 정답도출

유형 분석	• 상황에 대한 환경 분석 결과를 통해 주요 과제를 도출하는 문제이다. • 주로 3C 분석 또는 SWOT 분석을 활용한 문제들이 출제되고 있으므로 해당 분석도구에 대한 사전 학습이 요구된다.
풀이 전략	문제에 제시된 분석도구를 확인한 후, 분석 결과를 종합적으로 판단하여 각 선택지의 전략 과제와 일치 여부를 판단한다.

04 | 문제처리 ② – 공정 관리

다음은 제품 생산에 소요되는 작업 시간을 정리한 자료이다. 〈조건〉이 다음과 같을 때, 이에 대한 설명으로 가장 적절한 것은?

〈제품 생산에 소요되는 작업 시간〉

(단위 : 시간)

제품 \ 작업 구분	절삭 작업	용접 작업
a	2	1
b	1	2
c	3	3

조건

• a, b, c제품을 각 1개씩 생산한다.
• 주어진 기계는 절삭기 1대, 용접기 1대이다.
• 각 제품은 절삭 작업을 마친 후 용접 작업을 해야 한다.
• 총 작업 시간을 최소화하기 위해 제품의 제작 순서는 관계없다.

☑ 가장 적게 소요되는 총 작업 시간은 8시간이다.
　— b → c → a의 순서
② 가장 많이 소요되는 총 작업 시간은 12시간이다.
　　a → c → b의 순서 : 총 10시간
③ 총 작업 시간을 최소화하기 위해 제품 b를 가장 늦게 만든다.
④ 총 작업 시간을 최소화하기 위해 제품 a를 가장 먼저 만든다.
⑤ b → c → a의 순서로 작업할 때, b 작업 후 1시간 동안 용접을 더 하면 작업 시간이 늘어난다.
　　b 작업 후 1시간의 유휴 시간이 있으므로 작업 시간 변함 없음

풀이순서

1) 질문의도
　공정 관리 이해

3) 정답도출

2) 조건확인

PART 1

유형 분석
• 주어진 상황과 정보를 종합적으로 활용하여 풀어가는 문제이다.
• 비용, 시간, 순서, 해석 등 다양한 주제를 다루고 있어 유형을 한 가지로 단일화하기 어렵다.

풀이 전략
문제에서 묻는 것을 정확히 파악한 후, 필요한 상황과 정보를 찾아 이를 활용하여 문제를 풀어간다.

03 기출예상문제

정답 및 해설 p.022

※ 제시된 명제가 모두 참일 때, 빈칸에 들어갈 명제로 가장 적절한 것을 고르시오. [1~2]

01

> • 모든 전화기는 휴대폰이다.
> • 어떤 플라스틱은 전화기이다.
> • 그러므로 _____

① 모든 플라스틱은 전화기이다.
② 모든 휴대폰은 플라스틱이다.
③ 모든 플라스틱은 휴대폰이다.
④ 어떤 플라스틱은 휴대폰이다.
⑤ 어떤 전화기는 플라스틱이다.

02

> • 철학은 학문이다.
> • 모든 학문은 인간의 삶을 의미 있게 해준다.
> • 그러므로 _____

① 철학과 학문은 같다.
② 학문을 하려면 철학을 해야 한다.
③ 철학은 인간의 삶을 의미 있게 해준다.
④ 철학을 하지 않으면 삶은 의미가 없다.
⑤ 철학을 제외한 학문은 인간의 삶을 의미 없게 만든다.

※ 다음 명제를 읽고 적절하지 않은 것을 고르시오. [3~4]

03

> • 운동을 좋아하는 사람은 담배를 좋아하지 않는다.
> • 커피를 좋아하는 사람은 담배를 좋아한다.
> • 커피를 좋아하지 않는 사람은 주스를 좋아한다.
> • 과일을 좋아하는 사람은 커피를 좋아하지 않는다.

① 운동을 좋아하는 사람은 커피를 좋아하지 않는다.
② 주스를 좋아하지 않는 사람은 담배를 좋아한다.
③ 과일을 좋아하는 사람은 담배를 좋아한다.
④ 운동을 좋아하는 사람은 주스를 좋아한다.
⑤ 과일을 좋아하는 사람은 주스를 좋아한다.

04

> • 건강한 사람은 건강한 요리를 좋아한다.
> • 건강한 요리를 좋아하면 혈색이 좋다.
> • 건강하지 않은 사람은 나쁜 인상을 갖는다.
> • 건강한 요리를 좋아하는 사람은 그렇지 않은 사람보다 콜레스테롤 수치가 낮다.

① 건강한 사람은 혈색이 좋다.
② 좋은 인상을 가진 사람은 건강한 요리를 좋아한다.
③ 건강한 사람은 그렇지 않은 사람보다 콜레스테롤 수치가 낮다.
④ 좋은 인상을 가진 사람은 그렇지 않은 사람보다 콜레스테롤 수치가 높다.
⑤ 혈색이 좋지 않으면 나쁜 인상을 갖는다.

05 다음 중 창의적 사고 기법에 대한 설명으로 적절한 것은?

① 브레인스토밍은 여러 사람의 아이디어를 합친 후 최적의 대안을 찾는 방법이다.
② 자유연상법은 주제의 본질과 닮은 것을 힌트로 발상하는 방법이다.
③ 비교발상법은 각종 힌트에 강제적으로 연결 지어서 발상하는 방법이다.
④ NM법은 서로 관련이 없어 보이는 것들을 조합하여 새로운 것을 도출하는 방법이다.
⑤ 시네틱스(Synetics)는 대상과 비슷한 것을 찾아내 그것을 힌트로 새로운 아이디어를 생각하는 방법이다.

06 연경, 효진, 다솜, 지민, 지현 5명 중에서 1명이 선생님의 책상에 있는 화병에 꽃을 꽂아 두었다. 이 가운데 두 명의 이야기는 모두 거짓이지만 세 명의 이야기는 모두 참이라고 할 때 선생님 책상에 꽃을 꽂아둔 사람은?

> 연경 : 화병에 꽃을 꽂아두는 것을 나와 지현이만 보았다. 효진이의 말은 모두 맞다.
> 효진 : 화병에 꽃을 꽂아둔 사람은 지민이다. 지민이가 그러는 것을 지현이가 보았다.
> 다솜 : 지민이는 꽃을 꽂아두지 않았다. 지현이의 말은 모두 맞다.
> 지민 : 화병에 꽃을 꽂아두는 것을 세 명이 보았다. 효진이는 꽃을 꽂아두지 않았다.
> 지현 : 나와 연경이는 꽃을 꽂아두지 않았다. 나는 누가 꽃을 꽂는지 보지 못했다.

① 연경   ② 효진
③ 다솜   ④ 지민
⑤ 지현

07 S기업은 사옥 내에 구내식당을 운영하고 있다. 구내식당의 공간이 부족하여 부서별로 순서를 정하여 이용하고 있다. 올해는 A, B, C, D, E부서 순서로 식사를 했으나, 내년에는 모든 부서가 새로운 순서로 식사하기로 했다. 내년에 C부서가 E부서 바로 다음에 식사하기로 하였다면, 다음 중 가장 적절한 것은?

① 총 4가지 방법이 있다.
② B부서는 맨 마지막에 식사할 수 없다.
③ E부서는 맨 마지막 순서를 제외한 나머지 모든 순서에 위치할 수 있다.
④ D부서가 가장 먼저 식사한다면, 바로 그다음에는 반드시 A부서가 식사한다.
⑤ A부서가 맨 마지막에 식사하는 경우는 한 가지 방법뿐이다.

08 S공사의 사보에는 최근 업무를 통해 쉽게 발생할 수 있는 논리적 오류를 조심하자는 의미로 아래와 같이 3가지의 논리적 오류를 소개하였다. 다음의 사례 중 3가지 논리적 오류에 해당하지 않는 것은?

> ▶ 권위에 호소하는 오류
> – 논지와 직접적인 관련이 없는 권위자의 견해를 신뢰하여 발생하는 오류
> ▶ 인신공격의 오류
> – 주장이나 반박을 할 때 관련된 내용을 근거로 제시하지 않고, 성격이나 지적 수준, 사상, 인종 등과 같이 주장과 무관한 내용을 근거로 사용할 때 발생하는 오류
> ▶ 대중에 호소하는 오류
> – 많은 사람들이 생각하거나 선택했다는 이유로 자신의 결론이 옳다고 주장할 때 발생하는 오류

① 우리 회사의 세탁기는 최근 조사 결과, 소비자의 80%가 사용하고 있다는 점에서 성능이 매우 뛰어나다는 것을 알 수 있습니다. 주저하지 마시고 우리 회사 세탁기를 구매해주시기 바랍니다.

② 인사부 최부장님께 의견을 여쭤보았는데, 우리 다음 도서의 디자인은 A안으로 가는 것이 좋겠어.

③ 최근 일본의 예법을 주제로 한 자료를 보면 알 수 있듯이, 일본인들 대부분은 예의가 바르다고 할 수 있습니다. 따라서 우리 회사의 효도상품을 일본 시장에 진출시킬 필요가 있겠습니다.

④ K사원이 제시한 기획서 내용은 잘못되었다고 생각해. K사원은 평소에 이해심이 없기로 유명하거든.

⑤ 최근 많은 사람들이 의학용 대마초가 허용되는 것에 찬성하고 있어. 따라서 우리 회사도 대마초와 관련된 의약개발에 투자를 해야 할 것으로 생각돼.

09 다음 〈조건〉과 2월 날씨를 근거로 판단할 때, 2월 8일과 16일의 실제 날씨로 가능한 것을 바르게 짝지은 것은?

조건

- 날씨 예측 점수는 매일 다음과 같이 부여한다.

실제＼예측	맑음	흐림	눈·비
맑음	10점	6점	0점
흐림	4점	10점	6점
눈·비	0점	2점	10점

- 한 주의 주중(월 ~ 금) 날씨 예측 점수의 평균은 매주 5점 이상이다.
- 2월 1일부터 19일까지 요일별 날씨 예측 점수의 평균은 다음과 같다.

요일	월요일	화요일	수요일	목요일	금요일
날씨 예측 점수 평균	7점 이하	5점 이상	7점 이하	5점 이상	7점 이하

〈2월 날씨〉

요일	월요일	화요일	수요일	목요일	금요일	토요일	일요일
날짜			1	2	3	4	5
예측			맑음	흐림	맑음	눈·비	흐림
실제			맑음	맑음	흐림	흐림	맑음
날짜	6	7	8	9	10	11	12
예측	맑음	흐림	맑음	맑음	맑음	흐림	흐림
실제	흐림	흐림	?	맑음	흐림	눈·비	흐림
날짜	13	14	15	16	17	18	19
예측	눈·비	눈·비	맑음	눈·비	눈·비	흐림	흐림
실제	맑음	맑음	맑음	?	눈·비	흐림	눈·비

※ 위 달력의 같은 줄을 한 주로 한다.

	2월 8일	2월 16일
①	맑음	흐림
②	맑음	눈·비
③	눈·비	흐림
④	눈·비	맑음
⑤	흐림	흐림

10 다음 자료와 〈보기〉를 바탕으로 철수, 영희, 민수, 철호가 상품을 구입한 쇼핑몰을 바르게 연결한 것은?

〈이용약관의 주요내용〉

쇼핑몰	주문 취소	환불	배송비	포인트 적립
A	주문 후 7일 이내 취소 가능	10% 환불수수료+송금수수료 차감	무료	구입 금액의 3%
B	주문 후 10일 이내 취소 가능	환불수수료+송금수수료 차감	20만 원 이상 무료	구입 금액의 5%
C	주문 후 7일 이내 취소 가능	환불수수료+송금수수료 차감	1회 이용 시 1만 원	없음
D	주문 후 당일에만 취소 가능	환불수수료+송금수수료 차감	5만 원 이상 무료	없음
E	취소 불가능	고객 귀책 사유에 의한 환불 시에만 10% 환불수수료	1만 원 이상 무료	구입 금액의 10%
F	취소 불가능	원칙적으로 환불 불가능 (사업자 귀책 사유일 때만 환불 가능)	100g당 2,500원	없음

보기

ㄱ. 철수는 부모님의 선물로 등산용품을 구입하였는데, 판매자의 업무착오로 배송이 지연되어 판매자에게 전화로 환불을 요구하였다. 판매자는 판매금액 그대로를 통장에 입금해주었고 구입 시 발생한 포인트도 유지하여 주었다.

ㄴ. 영희는 옷을 구매할 때 배송료를 고려하여 한 가지씩 여러 번에 나누어 구매하기보다는 가능한 한 한꺼번에 주문하곤 하였다.

ㄷ. 인터넷 사이트에서 영화티켓을 20,000원에 주문한 민수는 다음날 같은 티켓을 18,000원에 파는 가게를 발견하고 전날 주문한 물건을 취소하려 했지만 취소가 되지 않아 곤란을 겪은 적이 있다.

ㄹ. 가방을 10만 원에 구매한 철호는 도착한 물건의 디자인이 마음에 들지 않아 환불 및 송금수수료와 배송료를 감수하는 손해를 보면서도 환불할 수밖에 없었다.

	철수	영희	민수	철호
①	E	B	C	D
②	F	E	D	B
③	E	D	F	C
④	F	C	E	B
⑤	E	C	B	D

11 S공단에서 다음 면접방식으로 면접을 진행할 때, 심층면접을 할 수 있는 최대 인원수와 마지막 심층면접자의 기본면접 종료 시각을 바르게 짝지은 것은?

〈면접방식〉

- 면접은 기본면접과 심층면접으로 구분된다. 기본면접실과 심층면접실은 각 1개이고, 면접대상자는 1명씩 입실한다.
- 기본면접과 심층면접은 모두 개별면접의 방식을 취한다. 기본면접은 심층면접의 진행 상황에 관계없이 10분 단위로 계속되고, 심층면접은 기본면접의 진행 상황에 관계없이 15분 단위로 계속된다.
- 기본면접을 마친 면접대상자는 순서대로 심층면접에 들어간다.
- 첫 번째 기본면접은 오전 9시 정각에 실시되고, 첫 번째 심층면접은 첫 번째 기본면접이 종료된 시각에 시작된다.
- 기본면접과 심층면접 모두 낮 12시부터 오후 1시까지 점심 및 휴식 시간을 가진다.
- 각각의 면접 도중에 점심 및 휴식 시간을 가질 수 없고, 1인을 위한 기본면접 시간이나 심층면접 시간이 확보되지 않으면 새로운 면접을 시작하지 않는다.
- 기본면접과 심층면접 모두 오후 1시에 오후 면접 일정을 시작하고, 기본면접의 일정과 관련 없이 심층면접은 오후 5시 정각에는 종료되어야 한다.

※ 면접대상자의 이동 및 교체 시간 등 다른 조건은 고려하지 않는다.

	인원수	종료 시각
①	27명	오후 2시 30분
②	27명	오후 2시 40분
③	28명	오후 2시 30분
④	28명	오후 2시 40분
⑤	28명	오후 2시 50분

12 다음은 성공적인 문제해결을 위해 일반적으로 거쳐야 하는 문제해결절차이다. 〈보기〉의 ㉠ ~ ㉤을 문제해결절차에 따라 바르게 나열한 것은?

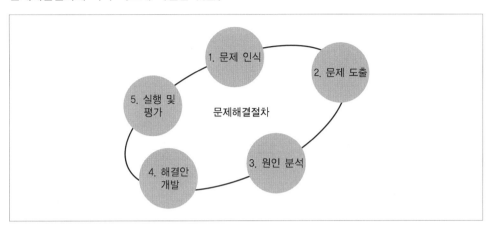

보기
㉠ 해결방안 수립하기
㉡ 목표를 명확히 하기
㉢ 핵심문제 분석하기
㉣ 해결해야 할 것을 명확히 하기
㉤ 문제의 원인들을 제거하기

① ㉡ – ㉣ – ㉢ – ㉠ – ㉤
② ㉣ – ㉡ – ㉢ – ㉠ – ㉤
③ ㉡ – ㉢ – ㉣ – ㉠ – ㉤
④ ㉡ – ㉣ – ㉢ – ㉤ – ㉠
⑤ ㉡ – ㉣ – ㉠ – ㉢ – ㉤

13 S회사는 사무실 리모델링을 하면서 국내영업 1 ~ 3팀과 해외영업 1 ~ 2팀, 홍보팀, 보안팀, 행정팀의 재실 위치를 변경하였다. 다음 〈조건〉을 적용했을 때 변경된 재실 위치에 대한 설명으로 가장 적절한 것은?

1실	2실	3실	4실
복도			
5실	6실	7실	8실

조건
- 국내영업 1팀과 해외영업 2팀은 홀수실이며 복도를 사이에 두고 마주보고 있다.
- 홍보팀은 5실이다.
- 해외영업 2팀과 행정팀은 나란히 있다.
- 보안팀은 홀수실이며 맞은편 대각선으로 가장 먼 곳에는 행정팀이 있다.
- 국내영업 3팀과 2팀은 한 실을 건너 나란히 있고 2팀이 3팀보다 실 번호가 높다.

① 행정팀은 6실에 위치한다.
② 해외영업 2팀과 국내영업 3팀은 같은 라인에 위치한다.
③ 국내영업 1팀은 국내영업 3팀과 2팀 사이에 위치한다.
④ 해외영업 1팀은 7실에 위치한다.
⑤ 홍보팀이 있는 라인에서 가장 높은 번호의 재실에 위치한 팀은 보안팀이다.

14 새롭게 비품관리를 담당하게 된 A사원은 기존에 거래하던 ○○문구와 다른 업체들과의 가격 비교를 위해 △△문구와 □□문구에 견적서를 요청한 뒤 세 곳을 비교하려고 한다. 비품의 성능 차이는 다르지 않으므로 비교 후 가격이 저렴한 곳과 거래할 예정이다. 견적서의 총 합계금액과 최종적으로 거래할 업체를 바르게 짝지은 것은?(단, 배송료는 총주문금액 계산 이후 더하며 백 원 미만은 절사한다)

○○문구	(사업자 702-34-2345 / 전화 02-324-2234)		
품명	수량	단가	공급가액
MLT-D209S[호환]	1	28,000원	32,000원
A4 복사용지 80G(2박스 묶음)	1	18,900원	31,900원
친환경 진행 문서 파일	1	1,500원	2,500원

※ 총주문금액에서 20% 할인 쿠폰 사용
※ 배송료 : 4,000원(10만 원 이상 구매 시 무료 배송)

△△문구	(사업자 702-98-4356 / 전화 02-259-2413)		
품명	수량	단가	공급가액
PGI-909-PINK[호환]	1	20,000원	25,000원
더블비 A4 복사용지 80G(2박스 묶음)	1	17,800원	22,800원
친환경 진행 문서 파일	1	1,200원	1,800원

※ 기업 구매 시 판매가의 7% 할인
※ 배송료 : 2,500원(7만 원 이상 구매 시 무료 배송)

□□문구	(사업자 470-14-0097 / 전화 02-763-9263)		
품명	수량	단가	공급가액
MST-D128S	1	20,100원	24,100원
A4 복사용지 75G(2박스 묶음)	1	18,000원	28,000원
문서 파일	1	1,600원	3,600원

※ 첫 구매 적립금 4,000포인트 사용
※ 50,000원 이상 구매 시 문서 파일 1개 무료 증정
※ 배송료 : 4,500원(6만 원 이상 구매 시 무료 배송)

① ○○문구 - 49,000원
② △△문구 - 46,100원
③ □□문구 - 48,200원
④ △△문구 - 48,600원
⑤ □□문구 - 51,700원

15 A과장은 월요일에 사천연수원에서 진행될 세미나에 참석해야 한다. 세미나는 월요일 오후 12시부터 시작이며, 수요일 오후 6시까지 진행된다. 갈 때는 세미나에 늦지 않게만 도착하면 되지만, 올 때는 목요일 회의 준비를 위해 최대한 일찍 서울로 올라와야 한다. 가능한 적은 비용으로 세미나 참석을 원할 때, 교통비는 얼마가 들겠는가?

〈KTX〉

구분	월요일		수요일		가격
서울 – 사천	08:00 ~ 11:00	09:00 ~ 12:00	08:00 ~ 11:00	09:00 ~ 12:00	65,200원
사천 – 서울	16:00 ~ 19:00	20:00 ~ 23:00	16:00 ~ 19:00	20:00 ~ 23:00	66,200원 (10% 할인 가능)

※ 사천역에서 사천연수원까지 택시비는 22,200원이며, 30분이 걸린다.

〈비행기〉

구분	월요일		수요일		가격
서울 – 사천	08:00 ~ 09:00	09:00 ~ 10:00	08:00 ~ 09:00	09:00 ~ 10:00	105,200원
사천 – 서울	19:00 ~ 20:00	20:00 ~ 21:00	19:00 ~ 20:00	20:00 ~ 21:00	93,200원 (10% 할인 가능)

※ 사천공항에서 사천연수원까지 택시비는 21,500원이며, 30분이 걸린다.

① 168,280원 ② 178,580원
③ 192,780원 ④ 215,380원
⑤ 232,080원

16 다음 중 창의적 사고에 대해 잘못 설명하고 있는 사람을 모두 고르면?

A : 창의적 사고는 아무것도 없는 무에서 유를 만들어 내는 것이다.
B : 창의적 사고는 끊임없이 참신한 아이디어를 산출하는 힘이다.
C : 우리는 매일매일 끊임없이 창의적 사고를 계속하고 있다.
D : 필요한 물건을 싸게 사기 위해서 하는 많은 생각들은 창의적 사고에 해당하지 않는다.
E : 창의적 사고를 대단하게 여기는 사람들의 편견과 달리 창의적 사고는 누구에게나 존재한다.

① A, C ② A, D
③ C, D ④ C, E
⑤ D, E

17 다음 (가) ~ (다)는 일상생활에서 자주 발견되는 논리적 오류에 대한 설명이다. (가) ~ (다)에 해당하는 논리적 오류 유형이 바르게 연결된 것은?

> (가) 상대가 의도하지 않은 것을 강조하거나 허점을 비판하여 자신의 주장을 내세운다. 상대방의 주장과 전혀 상관없는 별개의 논리를 만들어 공격하는 경우도 있다.
>
> (나) 적절한 증거 없이 몇몇 사례만을 토대로 결론을 내린다. 일부를 조사한 통계 자료나 대표성이 없는 불확실한 자료를 사용하기도 한다.
>
> (다) 타당한 논거보다는 많은 사람들이 수용한다는 것을 내세워 어떤 주장을 정당화하려 할 때 발생한다.

	(가)	(나)	(다)
①	인신공격의 오류	애매성의 오류	애매성의 오류
②	인신공격의 오류	성급한 일반화의 오류	과대 해석의 오류
③	허수아비 공격의 오류	성급한 일반화의 오류	대중에 호소하는 오류
④	허수아비 공격의 오류	무지의 오류	대중에 호소하는 오류
⑤	애매성의 오류	무지의 오류	허수아비 공격의 오류

18 올해 리모델링하는 S호텔에서 근무하는 귀하는 호텔 비품 구매를 담당하게 되었다. 제조사별 소파 특징을 알아본 귀하는 이탈리아제의 천, 쿠션재에 패더를 사용한 소파를 구매하기로 하였다. 쿠션재는 패더와 우레탄뿐이며 이 소파는 침대 겸용은 아니지만 리클라이닝이 가능하고 '조립'이라고 표시되어 있었으며, 커버는 교환할 수 없다. 귀하가 구매하려는 소파의 제조사는?

〈제조사별 소파 특징〉

제조사	특징
A사	• 쿠션재에 스프링을 사용하지 않는 경우에는 이탈리아제의 천을 사용하지 않는다. • 국내산 천을 사용하는 경우에는 커버를 교환 가능하게 하지 않는다.
B사	• 쿠션재에 우레탄을 사용하는 경우에는 국내산 천을 사용한다. • 리클라이닝이 가능하지 않으면 이탈리아제 천을 사용하지 않는다.
C사	• 쿠션재에 패더를 사용하지 않는 경우에는 국내산 천을 사용한다. • 침대 겸용 소파의 경우에는 쿠션재에 패더를 사용하지 않는다.
D사	• 쿠션재에 패더를 사용하는 경우에는 이탈리아제의 천을 사용한다. • 조립이라고 표시된 소파의 경우에는 쿠션재에 우레탄을 사용한다.

① A사 또는 B사   ② A사 또는 C사

③ B사 또는 C사   ④ B사 또는 D사

⑤ C사 또는 D사

※ 다음은 국민임대 분양가이드의 일부를 발췌한 것이다. 이어지는 질문에 답하시오. [19~20]

■ 입주자 선정순서 : 순위 → 배점 → 추첨

■ 입주자 선정순위

구분	선정기준
전용면적 50m² 미만	• 제1순위 : 당해 주택이 건설되는 시군자치구에 거주하는 자 • 제2순위 : 당해 주택이 건설되는 시군자치구의 연접 시군자치구 중 사업주체가 지정하는 시군자치구에 거주하는 자 • 제3순위 : 제1, 2순위 이외의 자 ※ 최초 입주자모집 시에는 가구원 수별 가구당 월평균소득의 50% 이하인 세대에게 먼저 공급, 남은 주택이 있을 경우 가구원 수별 가구당 월평균소득의 50% 초과 70% 이하인 세대에게 공급
전용면적 50m² 이상 60m² 이하	• 제1순위 : 청약저축에 가입하여 24회 이상 납입한 자 • 제2순위 : 청약저축에 가입하여 6회 이상 납입한 자 • 제3순위 : 제1, 2순위 이외의 자 ※ 동일순위에서는 당해 주택이 건설되는 시군자치구 거주자에게 우선공급 가능

신혼부부	• 제1순위 : 혼인기간 3년 이내
	• 제2순위 : 혼인기간 3년 초과 5년 이내
	※ 1, 2순위 내 경쟁 시 아래 순서대로 입주자 선정
	  ① 당해 주택건설지역의 거주자
	  ② 자녀 수가 많은 자(재혼 시 공급신청자의 전혼 자녀 포함)
	  ③ 자녀 수도 동일할 경우 추첨으로 입주자 선정
	※ 전용면적 50m² 이상 주택의 경우 청약저축(또는 주택청약종합저축)에 가입하여 6개월이 경과되고 매월 약정납입일에 월납입금을 6회 이상 납부한 자만 신청 가능

■ 동일순위 경쟁 시 배점기준

구분	배점기준
① 세대주(신청인) 나이	• 50세 이상(3점) • 40세 이상(2점) • 30세 이상(1점)
② 부양가족 수(공급신청자 제외, 태아 포함)	• 3인 이상(3점) • 2인(2점) • 1인(1점)
③ 당해 주택건설지역 거주기간	• 5년 이상(3점) • 3년 이상 5년 미만(2점) • 1년 이상 3년 미만(1점)
④ 만 65세 이상 직계존속(배우자의 직계존속 포함) 1년 이상 부양자	• (3점)
⑤ 미성년 자녀 수(태아를 포함한 만 19세 미만 자녀의 수)	• 3자녀 이상(3점) • 2자녀(2점)
⑥ 청약저축 납입횟수	• 60회 이상(3점) • 48회 이상 60회 미만(2점) • 36회 이상 48회 미만(1점)

19 다음 중 자료를 해석한 내용으로 적절하지 않은 것은?

① 전용면적 50m² 이상인 경우 동일순위일 시 당해 주택건설지역에 거주하는 자는 우선순위로 선정된다.

② 부양가족 수가 많을수록, 청약저축 납입회차가 많을수록 선정될 확률이 높다.

③ 동일면적을 신청한 혼인기간이 5년 이내인 신혼부부들은 신청일이 빠를수록 선정될 확률이 높다.

④ 전용면적이 가장 작은 곳의 경우, 최초 입주자모집 시 경제적으로 어려운 사람일수록 선정될 확률이 높다.

⑤ 재혼을 한 신혼부부의 경우 동순위 경쟁 시 전혼 관계의 자녀 수도 고려된다.

20 입주자 선정기준을 근거로 할 때 다음 중 가장 우선순위로 선정될 사람은?(단, 모두 전용면적 50m² 이상 60m² 이하의 주택에 입주 신청을 한다)

① 어려서부터 해당 지역에 거주했으며, 청약을 50회 납입하였고 처음 내 집 마련을 하려는 29세의 미혼인 A씨

② 청약 납입횟수가 38회이며 65세 이상 노부모(1년 이상 부양)와 두 성인 자녀, 전업주부 배우자를 둔 외지 출신 49세 B씨

③ 해당 지역 거주 20년 차이며, 청약저축 가입 기간이 3년, 납입 30회인 70세 이상의 노부부

④ 청약 가입 기간 5년 차이며, 납입 23회인 지방에서 거주하다 해당 지역에 입주 신청을 한 3명의 초등학생을 둔 40세 C씨

⑤ 배점기준 ③, ⑥의 최고점자이며, 배우자와 성인 아들 1명을 부양하는 53세 D씨

CHAPTER 04
대인관계능력

합격 CHEAT KEY

대인관계능력은 직장생활에서 접촉하는 사람들과 원만한 관계를 유지하고 조직구성원들에게 도움을 줄 수 있으며 조직내부 및 외부의 갈등을 원만히 해결하고 고객의 요구를 충족시켜줄 수 있는 능력을 의미한다. 또한, 직장생활을 포함한 일상에서 스스로를 관리하고 개발하는 능력을 말한다.

국가직무능력표준에 따르면 대인관계능력의 세부 유형은 팀워크 능력·갈등관리 능력·협상 능력·고객서비스 능력으로 나눌 수 있다. 대인관계능력은 NCS 기반 채용을 진행한 공사·공단 중 68% 정도가 다루었으며, 문항 수는 전체의 평균 4% 정도로 출제되었다.

01 일반적인 수준에서 판단하라!

일상생활에서의 대인관계를 생각하면서 문제에 접근하면 어렵지 않게 풀 수 있다. 그러나 수험생들 입장에서 직장 속 상황, 특히 역할(직위)에 따른 대인관계를 묻는 문제는 까다롭게 느껴질 수 있고 일상과는 차이가 있을 수 있기 때문에 이런 유형에 대해서는 따로 알아둘 필요가 있다.

02 이론을 먼저 익혀라!

대인관계능력 이론을 접목한 문제가 종종 출제된다. 물론 상식수준에서도 풀 수 있지만 정확하고 신속하게 해결하기 위해서는 이론을 정독한 후 자주 출제되는 부분들은 암기를 필수로 해야 한다. 자주 출제되는 부분은 리더십과 멤버십의 차이, 단계별 협상과정, 고객불만 처리 프로세스 등이 있다.

03 실제 업무에 대한 이해를 높여라!

출제되는 문제의 수는 많지 않으나, 고객과의 접점에 있는 서비스 직군 시험에 출제될 가능성이 높은 영역이다. 특히 상황제시형 문제들이 많이 출제되므로 실제 업무에 대한 이해를 높여야 한다.

04 애매한 유형의 빈출 문제, 선택지를 파악하라!

대인관계능력의 출제 문제들을 보면 이것도 맞고, 저것도 맞는 것 같은 선택지가 많다. 하지만 정답은 하나이다. 출제자들은 대인관계능력이란 공부를 통해 얻는 것이 아닌 본인의 독립적인 성품으로부터 자연스럽게 나오는 것이라고 생각한다. 수험생들이 선택하는 보기로 그 수험생들을 파악한다. 그러므로 대인관계능력은 빈출 유형의 문제와 선택지를 파악하고 가는 것이 애매한 문제들의 정답률을 높이는 데 도움이 될 것이다. 내가 맞다고 생각하는 선택지가 답이 아닐 가능성이 있기 때문이다.

01 | 팀워크능력

다음 두 사례를 보고 팀워크에 대해 적절하지 않게 분석한 사람은?

풀이순서

1) 질문의도
   사례 → 팀워크

2) 지문파악
   팀워크의 주의점 및
   중요점

4) 정답도출

〈A사의 사례〉

A사는 1987년부터 1992년까지 품질과 효율향상은 물론 생산 기간을 50%나 단축시키는 성과를 내었다. 모든 부서에서 품질 향상의 경쟁이 치열했고, 그 어느 때보다 좋은 팀워크가 만들어졌다고 평가되었다. 가장 성과가 우수하였던 부서는 미국의 권위 있는 볼드리지(Baldrige) 품질대상을 수상하기도 하였다. 그런데 이러한 개별 팀의 성과가 회사 전체의 성과나 주주의 가치로 잘 연결되지 못했던 것으로 분석되었다. 시장의 PC 표준 규격을 반영하지 않은 새로운 규격으로 인해 호환성 문제가 대두되었고, 대중의 외면을 받아야만 했다.

〈E병원의 사례〉

가장 정교하고 효과적인 팀워크가 요구되는 의료 분야에서 E병원은 최고의 의료 수준과 서비스로 명성을 얻고 있다. 이 병원의 조직 운영 기본 원칙에는 '우리 지역과 국가, 세계의 환자들의 니즈에 집중하는 최고의 의사, 연구원 및 의료 전문가의 협력을 기반으로 병원을 운영한다.'라고 명시되어 있다고 한다. 팀 간의 협력은 물론 전 세계의 고객을 지향하는 웅대한 가치를 공유하고 있는 것이다.

① 재영 : 개별 팀의 팀워크가 좋다고 해서 반드시 조직의 성과로 이어지는 것은   3) 선택지분석
　　　　　아니군.
② 건우 : 팀워크는 공통된 비전을 공유하고 있어야 해.
③ 수정 : 개인의 특성을 이해하고 개인 간의 차이를 중시해야 해. → 사례에 해당 ✕
④ 유주 : 팀워크를 지나치게 강조하다 보면 외부에 배타적인 자세가 될 수 있어.
⑤ 바위 : 역시 팀워크는 성과를 만드는 데 중요한 역할을 하네.

유형 분석	• 효과적인 팀워크의 특징과 팀워크 저해 요소 및 촉진 방법을 이해하고 있어야 한다. • 팀워크는 조직 내 공동의 목표를 달성하는 데 중요한 만큼 출제빈도가 높은 편이다. 응용문제 : 조직 위기나 구성원 간 갈등 등 팀워크 저해 상황이 제시되고, 위기 극복과 갈등 해결을 위한 팀워크 촉진 방법에 대한 문제가 출제된다.
풀이 전략	각 사례의 중심 내용을 파악하고, 선택지를 읽으며, 사례에 제시되지 않은 내용을 고른다.

02 리더십능력

다음 중 임파워먼트를 통해 나타나는 특징으로 적절하지 않은 것은?

① 구성원들 스스로 일에 대한 흥미를 느끼도록 해준다.

② 구성원들이 자신의 업무가 존중받고 있음을 느끼게 해준다.

③ 구성원들로 하여금 업무에 대해 계속해서 도전하고 성장할 수 있도록 유도할 수 있다.

④ 구성원들 간의 긍정적인 인간관계 형성에 도움을 줄 수 있다.

✔ 구성원들이 현상을 유지하고 조직에 순응하는 모습을 기대할 수 있다.
　　　　　　반 임파워먼트의 특징

풀이순서

1) 질문의도
　임파워먼트의 특징
　이해

2) 선택지분석

3) 정답도출

유형 분석	• 리더십 역량 강화 요인에 대한 이해를 묻는 문제이다.
	• 리더십의 핵심 개념과 특징을 숙지하고 있어야 한다.
	• 리더십은 조직원들의 동기부여 및 업무향상을 위해 필수적이므로, 기업에서 중요시하는 역량이다.
	응용문제 : 리더십의 유형과 특징을 구분하는 문제가 출제되며, 사례형으로 제시될 가능성이 높다.
풀이 전략	질문을 읽고 문제에서 묻는 바를 이해한 뒤 선택지를 하나씩 소거하며 정답을 도출한다.

03 | 갈등관리능력

C사에 근무하는 귀하는 최근 매주 금요일 업무시간이 끝나고 한 번씩 진행해야하는 바닥 청소 당번 문제를 두고 동료인 A사원과 갈등 중에 있다. 둘 중 한명은 매주 바닥 청소를 해야 하는데, 금요일에 일찍 퇴근하기를 원하는 귀하와 A사원 모두 청소 당번에서 빠지고 싶어 하기 때문이다. 이러한 상황에서 귀하가 A사원과 갈등 해결방법 중 하나인 '윈-윈(Win-Win) 관리법'으로 갈등을 해결하고자 할 때, 다음 중 A사원에게 제시할 수 있는 귀하의 제안으로 가장 적절한 것은?

① 우리 둘 다 청소 당번을 피할 수는 없으니, 그냥 공평하게 같이 하죠.
  → 회피형(나도 지고 너도 지는 방법)
② 제가 그냥 A사원 몫까지 매주 청소를 맡아서 할게요.
  → 수용형(나는 지고 너는 이기는 방법)
③ 저와 A사원이 번갈아가면서 청소를 맡도록 하죠.
  → 타협형(서로가 타협적으로 주고받는 방법)
☑ 우선 금요일 업무시간 전에 청소를 할 수 있는지 확인해보도록 하죠.
  → 윈-윈(Win-Win) 관리법 → 통합형(협력형, 나도 이기고 너도 이기는 방법)
  → 모두에게 유리하도록 근본적으로 문제 해결
⑤ 저는 절대 양보할 수 없으니, A사원이 그냥 맡아서 해주세요.
  → 경쟁형(지배형, 나는 이기고 너는 지는 방법)

풀이순서

1) 질문의도
   갈등 해결방법 →
   윈-윈(Win-Win)
   관리법

3) 정답도출

2) 선택지분석
   선택지별 갈등 해결
   방법 유형 판단

유형 분석
- 갈등 해결방법을 실제 사례에 적용하고 활용할 수 있는지 평가하는 문제이다.
- 가장 바람직한 갈등 해결유형인 '윈-윈(Win-Win) 관리법'의 의미와 특징을 이해하고 있어야 한다.
- 갈등관리 문제는 일반적인 상식에 기반하여 해결할 수 있지만, 자의적인 해석이나 판단을 하지 않도록 주의해야 한다.

응용문제 : 갈등 과정 및 해결방법에 대한 문제가 출제되며, '윈-윈(Win-Win) 관리법'에 근거한 갈등 해결 단계에 대해 출제될 가능성이 높다.

풀이 전략
질문을 읽고 상황을 파악한 뒤 문제에서 요구하는 이론에 해당하지 않는 선택지를 하나씩 소거하며 정답을 도출한다.

04 │ 고객서비스능력

다음 자료를 참고하여 아래와 같이 B사원의 고객불만 처리 대응을 볼 때, 고객불만 처리 프로세스 8단계에서 B사원이 빠뜨린 항목은 무엇인가?

풀이순서

1) 질문의도
   상황 → 고객불만 처리 프로세스

2) 지문파악
   고객불만 처리 프로세스 8단계에 따른 고객응대 과정
   경청 → 감사와 공감표시 → 사과 → 해결약속 → 정보파악 → 신속처리 → 처리확인과 사과 → 피드백

4) 정답도출
   처리확인과 사과

3) 선택지분석

> B사원 : 안녕하세요. ○○쇼핑몰입니다. 무엇을 도와드릴까요?
> 고객 : 아 정말, 제가 고른 옷 사이즈랑 다른 사이즈가 왔는데 이거 어떻게 해결할 건가요? 3일 후에 이 옷 입고 소개팅 나가려고 했는데!
> B사원 : 고객님, 주문하신 옷이 잘못 배송되었나보군요. <u>화내시는 점 충분히 이해합니다.</u> ❶ <u>정말 죄송합니다.</u> ❷
> 고객 : 아니, 그래서 어떻게 해결할 건데요.
> B사원 : 네 고객님, 우선 <u>최대한 빠른 시일 내로 교환해드릴 수 있도록 최선을 다하겠습니다.</u> ❸ 우선 제가 고객님의 구매 내역과 재고 확인을 해보고 등록하신 번호로 다시 연락드리겠습니다.
> <u>(구매 내역과 재고를 확인하고 ❹ 10분 후 B사원은 고객에게 다시 전화를 건다)</u>
> 고객 : 여보세요.
> B사원 : 고객님 안녕하세요. ○○쇼핑몰입니다. 재고 확인 결과 다행히 사이즈가 남아있어서 오늘 바로 배송해드릴 예정으로 약속 날짜 전에 옷을 받으실 수 있을 겁니다. 잘못 보내드린 옷은 택배를 받으실 때 반송 처리해주시면 되겠습니다. 정말 죄송합니다.
> 고객 : 다행이네요. 일단 알겠습니다. 앞으로 조심 좀 해주세요.
> (B사원 통화를 끝내고, 배송이 잘못된 원인과 자신의 응대에 잘못이 없었는지 확인한다)

① 감사와 공감표시   ② 사과
③ 해결약속   ④ 정보파악
✅ 처리확인과 사과 → 지문에 제시되지 않은 상황

유형 분석
- 고객불만을 효과적으로 처리하기 위한 과정과 방법에 대한 문제이다.
- 고객불만 처리 프로세스 8단계와 단계별 특징을 숙지하고 있어야 한다.
- 고객서비스는 기업의 생존을 위해 필수적이므로, 서비스 직종뿐 아니라 일반 사업장의 상황도 제시된다.
  응용문제 : 고객들의 불만유형과 이에 대한 대응 방법을 사례로 제시하는 문제가 자주 출제된다.

풀이 전략
선택지에는 8단계의 프로세스 중 5개만 나타나있다. 따라서 5개의 프로세스를 지문에 제시된 상황과 대조하며 하나씩 소거한다.

04 | 기출예상문제

정답 및 해설 p.027

01 프랜차이즈 커피숍에서 바리스타로 근무하고 있는 귀하는 종종 "가격을 깎아달라."는 고객 때문에 고민이 이만저만이 아니다. 이를 본 선배가 귀하에게 도움이 될 만한 몇 가지 조언을 해주었다. 다음 중 선배가 귀하에게 한 조언으로 가장 적절한 것은?

① "절대로 안 된다."고 딱 잘라 거절하는 태도가 필요합니다.

② 이번이 마지막이라고 말하면서 한 번만 깎아주세요.

③ 못 본 체하고 다른 손님의 주문을 받으면 됩니다.

④ 규정상 임의로 깎아줄 수 없다는 점을 상세히 설명해드리세요.

⑤ 다음에 오실 때 깎아드리겠다고 약속드리고 지키면 됩니다.

02 다음 자료는 갈등해결을 위한 6단계 프로세스이다. 3단계에 해당하는 대화의 예로 가장 적절한 것은?

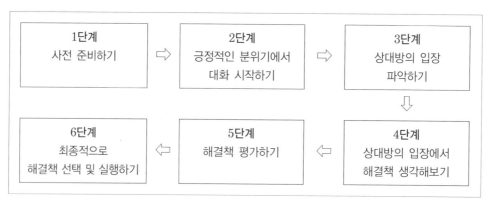

① 그럼 A씨의 생각대로 진행해 보시죠.

② 제 생각은 이런데, A씨의 생각은 어떠신지 말씀해 주시겠어요?

③ 저도 좋아요. 그것으로 결정해요.

④ 저는 모두가 만족하는 해결책을 찾고 싶어요.

⑤ A씨의 말은 아무리 들어도 이해가 안 되는데요.

03 과거에는 한 사람의 출세와 성공에 가장 큰 영향을 주는 것은 학교성적, 즉 공부를 잘하는 것이라고 생각하였다. 그러나 최근의 연구 결과를 보면, 대인관계능력이 높은 사람이 성공하는 경우가 더 많았으며, 학교성적은 성공과 크게 관련이 없다는 것이 밝혀졌다. 대인관계능력이 성공과 밀접한 관련이 있다고 할 경우, 다음 중 직장생활에서 성공하기 어려운 사람을 모두 고르면?

- B가 근무하는 부서에 신입사원 A가 입사하였다. 평소 B는 입사 때 회사선배로부터 일을 제대로 못 배워 동기들보다 승진이 늦어졌다고 생각하여, A에게 일을 제대로 가르친다는 생각으로 잘한 점은 도외시하고 못한 점만 과장하여 지적하여 A가 항상 긴장상태에서 일 처리를 하도록 하였다.
- C의 입사동기이자 업무능력이 뛰어난 동료 D는 회사의 큰 프로젝트를 담당하고 있으며, 이 프로젝트를 성공리에 완수할 경우 올해 말에 C보다 먼저 승진할 가능성이 높았음에도 불구하고, D가 업무 도움을 요청하자 C는 흔쾌히 D의 업무를 도와주었다.
- E는 자기 팀이 작년 연말평가에서 최하 등급을 받아서 팀 내 분위기가 어수선해지자, 팀의 발전이 자신의 발전이라고 생각하여 매일 아침에 모닝커피를 타서 팀원 전체에게 돌리고, 팀 내의 힘들고 궂은일을 솔선수범하여 처리하였다.
- F는 대인관계에서 가장 중요한 것은 인간관계 기법과 테크닉이라고 생각하여, 진심에서 우러나오지 않지만 항상 무엇을 말하느냐, 어떻게 행동하느냐를 중시하였다.

---

① B, C

② B, F

③ C, E

④ E, F

⑤ C, F

04 제시된 내용에서 알 수 있는 잘못된 고객응대 자세를 고르면?

직원 J씨는 규모가 큰 대형 마트에서 육류제품의 유통 업무를 담당하고 있다. 전화벨이 울리고 신속하게 인사와 함께 전화를 받았는데 채소류에 관련된 업무문의로 직원 J씨는 고객에게 자신은 채소류에 관련된 담당자가 아니라고 설명하고, "지금 거신 전화는 육류에 관련된 부서로 연결되어 있습니다. 채소류 관련 부서로 전화를 돌려드릴 테니 잠시만 기다려주십시오."라고 말하고 타부서로 돌렸다.

---

① 신속하게 전화를 받지 않았다.

② 기다려 주신 데 대한 인사를 하지 않았다.

③ 고객의 기다림에 대해 양해를 구하지 않았다.

④ 전화를 다른 부서로 돌려도 괜찮은지 묻지 않았다.

⑤ 자신의 직위를 밝히지 않았다.

05 다음 〈보기〉 중 대인관계능력을 향상시키는 방법을 모두 고르면?

> **보기**
> ㉠ 상대방에 대한 이해심
> ㉡ 사소한 일까지 관심을 두지 않는 것
> ㉢ 약속을 이행하는 것
> ㉣ 처음부터 너무 기대하지 않는 것
> ㉤ 진지하게 사과하는 것

① ㉠, ㉡, ㉣　　　　　　　　　　　　　② ㉠, ㉡, ㉢
③ ㉠, ㉢, ㉤　　　　　　　　　　　　　④ ㉠, ㉢, ㉣, ㉤
⑤ ㉠, ㉡, ㉣, ㉤

06 '감정은행계좌'라는 용어가 있다. 은행에 계좌를 만들어 예입과 인출을 하듯이, 인간관계에서 구축하는 신뢰의 정도를 은행계좌에 빗댄 말이다. 다른 사람의 입장을 이해하고 배려하는 바람직한 인간관계는 감정 예입에 해당하며, 그 반대는 감정 인출에 해당한다. 다음 중 감정은행계좌에 대한 설명으로 적절하지 않은 것은?

> • A는 술만 먹으면 아무것도 아닌 일로 동료들과 언성을 높인다. 그런 일이 있고 난 후에는 그 동료에게 사과하고 음료수나 점심을 사곤 했는데, 어제도 또다시 동료하고 술자리에서 다퉜고, 오늘 아침에 다시 그 동료에게 음료수를 주며 사과하였다.
> • 해외 출장업무를 떠나는 상사가 팀원들에게 '내가 없더라도 맡은 일을 충실히 하라'고 당부하자, B는 "여기 일은 아무 염려 마시고 출장 잘 다녀오십시오."라고 답변하였다. 그 후 상사가 해외 출장업무를 떠나자 B는 몸이 아파 병원에 다녀온다고 나가서는 퇴근시간이 다 되어서야 들어왔다.
> • 원래 비가 내린다는 예보가 없었는데 퇴근시간에 갑자기 비가 쏟아지기 시작하였다. 상사 C는 마침 우산이 2개가 있어서 한 개를 두 여직원 중에서 정장을 입고 온 여직원에게 빌려주었다. 다음 날 우산을 빌려 간 여직원은 밝게 웃으며 업무를 하고 있었지만, 다른 여직원은 아침부터 한마디도 하지 않고 업무만 하고 있었다.
> • D는 자신의 팀이 맡은 프로젝트가 끝나면 크게 회식을 하자고 약속을 해놓고는, 프로젝트가 끝난 지 한 달이 넘도록 아무 말 없이 회식을 하지 않았다.
> • E는 평소 예의 바르기로 소문이 자자한 사람이다. 업무능력도 뛰어나고 동료들과의 마찰도 거의 없다. 하지만 점심을 먹을 때나 회식 자리에서 자리에 없는 동료들에 대해 비난을 쏟아내곤 한다.

① A는 자신의 잘못이 반복될 때마다 매번 사과하였으므로 감정은행계좌 예입 행위에 해당한다.
② B의 행위는 타인의 기대를 저버린 행위이므로 감정은행계좌 인출 행위에 해당한다.
③ C의 행위는 사소한 일에 대한 관심을 소홀히 한 행위이므로 감정은행계좌 인출 행위에 해당한다.
④ D의 행위는 상대방과 한 약속을 지키지 않은 행위이므로 감정은행계좌 인출 행위에 해당한다.
⑤ E의 행위는 자신에 대한 상대방의 기대에 부응하지 않는 행위이므로 감정은행계좌 인출 행위에 해당한다.

07 다음 중 조직 내 갈등에 대한 설명으로 적절하지 않은 것은?

① 갈등상황을 형성하는 구성요소로서는 조직의 목표, 구성원의 특성, 조직의 규모, 분화, 의사전달, 권력구조, 의사결정에의 참여의 정도, 보상제도 등이 있다.

② 갈등은 직무의 명확한 규정, 직위 간 관계의 구체적 규정, 직위에 적합한 인원의 선발 및 훈련 등을 통해서 제거할 수 있다.

③ 갈등은 순기능이 될 수 없으므로 갈등이 없는 상태가 가장 이상적이다.

④ 회피는 갈등을 일으킬 수 있는 의사결정을 보류하거나 갈등상황에 처한 당사자들이 접촉을 피하도록 하는 것이나 갈등행동을 억압하는 것이다.

⑤ 조직 내 갈등은 타협을 통해서도 제거할 수 있다.

08 다음 중 효과적인 팀의 특성으로 가장 적절한 것은?

① 주관적인 결정이 이루어진다.

② 결과에 초점을 맞춘다.

③ 구성원 간의 의존도가 높지 않다.

④ 갈등의 존재를 개방적으로 다루지 않는다.

⑤ 의견의 불일치를 배제한다.

09 다음 중 '고객만족관리'의 필요성에 대한 설명으로 적절하지 않은 것은?

① 고객만족은 기업의 단골 증대로 이어지며 공생의 개념과 관계가 있다.

② 경제성장으로 인해 고객의 욕구는 더욱 진화하였으며, 기대수준 또한 높아졌다.

③ 기업의 제품이나 서비스에 대해 만족한 고객의 구전이 신규고객의 창출로 이어진다.

④ 기업의 제품이나 서비스의 불만족은 고객이탈로 이어지지 않으나 기업 이미지에 큰 영향을 미친다.

⑤ 불만족 고객의 대부분은 회사가 적극적인 자세로 신속하게 해결해 줄 경우 재거래율이 높아진다.

10 S기업 영업부에 근무하는 A사원은 제품에 대한 불만이 있는 고객의 전화를 받았다. 제품에 문제가 있어 담당부서에 고장수리를 요청했으나 연락이 없어 고객이 화가 많이 난 상태였다. 이때 직원으로서 가장 적절한 응대는?

① 고객에게 사과하여 고객의 마음을 진정시키고 전화를 상사에게 연결한다.

② 고객의 불만을 들어준 후, 고객에게 제품수리에 대해 담당부서로 다시 전화할 것을 권한다.

③ 회사를 대표해서 미안하다는 사과를 하고, 고객의 불만을 메모한 후 담당부서에 먼저 연락하여 해결해 줄 것을 의뢰한다.

④ 고객의 불만을 듣고 지금 사장님과 전화연결은 어렵고 다시 연락을 드리겠다고 답한 후, 사장님께 메모를 전한다.

⑤ 화를 가라앉히시라고 말하고 그렇지 않으면 전화응대를 하지 않겠다고 한다.

11 다음은 S기업 총무부에 근무하는 최과장과 S기업에 사무용품을 납품하는 협력업체 정사장의 대화이다. 거래처 관리를 위한 최과장의 업무처리 방식으로 가장 바람직한 것은?

> 정사장 : 과장님, 이번 달 사무용품 주문량이 급격히 감소하여 궁금해 찾아왔습니다. 저희 물품에 무슨 문제라도 있습니까?
> 최과장 : 사장님께서 지난 7년간 계속 납품해 주고 계시는 것에 저희는 정말 만족하고 있습니다. 그런데 아시다시피 요즘 들어 경기가 침체되어 저희 내부에서도 비용절약운동을 하고 있어요. 그래서 개인책상 및 서랍 정리를 통해 사용 가능한 종이와 펜들이 많이 수거되었지요. 아마 이런 이유 때문이 아닐까요?
> 정사장 : 그렇군요. 그런데 얼마 전 저희에게 주문하시던 종이가방을 다른 업체에서도 견적서를 받으신 것을 우연히 알게 되었습니다. 저희 종이가방에 어떤 하자가 있었나요?
> 최과장 : 아, 그러셨군요. 사실 회사의 임원께서 종이가방의 비용이 많이 든다는 지적을 하셨습니다. 그래서 가격비교 차원에서 다른 업체의 견적서를 받아 본 것입니다.

① 유사 서비스를 제공하는 업체는 많으므로 늘 가격 비교 및 서비스 비교를 통해 업체를 자주 변경하는 것이 유리하다.

② 오래된 거래업체라고 해도 가끔 상호관계와 서비스에 대해 교차점검을 하는 것이 좋다.

③ 사내 임원이나 동료의 추천으로 거래처를 소개받았을 경우에는 기존의 거래처에서 변경하는 것이 좋다.

④ 한 번 선정된 업체는 될 수 있는 대로 변경하지 않고 동일 조건으로 계속 거래를 유지하는 것이 가장 바람직하다.

⑤ 거래할 때마다 다른 거래처와 거래를 함으로써 여러 거래처를 아는 것이 좋다.

※ 다음에 제시된 상황을 읽고 이어지는 질문에 답하시오. [12~13]

> 귀하는 새로 추진하고 있는 중요한 프로젝트의 팀장을 맡았다. 그런데 어느 날부턴가 점점 사무실 분위기가 심상치 않다. 귀하는 프로젝트의 원활한 진행을 위해서는 동료 간 화합이 무엇보다 중요하다고 생각하기 때문에, 팀원들의 업무 행태를 관심 있게 지켜보기 시작했다. 그 결과, A사원이 사적인 약속 등을 핑계로 업무를 미루거나 주변의 눈치를 살피며 불성실한 자세로 근무하는 모습을 발견하였다. 또한, 발생한 문제에 대해 변명만 늘어놓는 태도로 일관해 프로젝트를 함께 진행하는 동료 직원들의 불만은 점점 쌓여만 가고 있다.

12 '썩은 사과의 법칙'에 의하면, 팀 내 리더는 팀워크를 무너뜨리는 썩은 사과가 있을 때는 먼저 문제 상황에 대해 대화를 나누어 스스로 변화할 기회를 주어야 한다. 하지만 그 후로도 변화하지 않는다면 결단력을 가지고 썩은 사과를 내보내야 한다. 팀장으로서 취해야 할 귀하의 행동을 '썩은 사과의 법칙'의 관점에서 서술한 내용으로 적절하지 않은 것은?

① '썩은 사과의 법칙'의 관점에서 A사원은 조직의 비전이나 방향은 생각하지 않고 자기중심적으로 행동하며 조직에 방해가 되는 사람이다.
② 귀하는 팀장으로서 먼저 A사원과 문제 상황에 대하여 대화를 나눠야 한다.
③ 직원의 문제에 대해 명확한 지적보다는 간접적으로 인지하게 하여 스스로 변화할 기회를 준다.
④ A사원의 업무 행태가 끝내 변화하지 않을 경우 A사원을 팀에서 내보내야 한다.
⑤ 성실하지 못한 A사원의 행동으로 인해 업무에 상당한 지장이 발생하고 있다고 할지라도 A사원에게 변화할 기회를 주어야 한다.

13 멤버십 유형을 나누는 두 가지 축은 마인드를 나타내는 독립적 사고 축과 행동을 나타내는 적극적 실천 축으로 나누어진다. 이에 따라 멤버십 유형은 수동형·실무형·소외형·순응형·주도형으로 구분된다. 직장 동료와 팀장의 시각으로 볼 때 A사원의 업무 행태가 속하는 멤버십 유형으로 가장 적합한 것은?

① 소외형　　　　　　② 순응형
③ 실무형　　　　　　④ 수동형
⑤ 주도형

14 다음은 팀워크(Teamwork)와 응집력의 정의를 나타난 글이다. 팀워크의 사례로 적절하지 않은 것은?

> 팀워크(Teamwork)란 '팀 구성원이 공동의 목적을 달성하기 위하여 상호관계성을 가지고 협력하여 업무를 수행하는 것'으로 볼 수 있다. 반면 응집력은 '사람들로 하여금 집단에 머물도록 느끼게끔 만들고, 그 집단의 멤버로서 계속 남아 있기를 원하게 만드는 힘'으로 볼 수 있다.

① 다음 주 조별 발표 준비를 위해 같은 조원인 A와 C는 각자 주제를 나누어 조사하기로 했다.
② K사의 S사원과 C사원은 내일 진행될 행사 준비를 위해 함께 야근을 할 예정이다.
③ D고등학교 학생인 A와 B는 내일 있을 시험 준비를 위해 도서관에서 공부하기로 했다.
④ 같은 배에서 활약 중인 D와 E는 곧 있을 조정경기 시합을 위해 열심히 연습하고 있다.
⑤ 연구원 G와 S는 효과적인 의약품을 개발하기 위해 함께 연구하기로 했다.

15 상대방을 설득시키기 위한 전략으로는 여러 가지 전략을 볼 수 있다. 다음에서 설명하고 있는 설득 전략으로 적절한 것은?

> 어떤 과학적인 논리보다도 동료를 비롯한 사람들의 말과 행동으로 상대방을 설득하는 것이 협상과정에서 생기는 갈등을 해결하기가 더 쉽다는 것이다. 즉 사람은 과학적 이론보다 자신의 동료나 이웃의 말이나 행동에 의해서 쉽게 설득된다는 것이다. 예를 들어 광고를 내보내서 고객들로 하여금 자신의 제품을 구매하도록 설득하는 것보다, 소위 '입소문'을 통해서 설득하는 것이 매출에 더 효과적임을 알 수 있다.

① See - Feel - Change 전략   ② 호혜 관계 형성 전략
③ 헌신과 일관성 전략   ④ 사회적 입증 전략
⑤ 희소성 해결 전략

배우기만 하고 생각하지 않으면 얻는 것이 없고,
생각만 하고 배우지 않으면 위태롭다.

공자

CHAPTER 05
기술능력

기술능력은 업무를 수행함에 있어 도구, 장치 등을 포함하여 필요한 기술에 어떠한 것들이 있는지 이해하고, 실제 업무를 수행함에 있어 적절한 기술을 선택하여 적용하는 능력이다. 사무직을 제외한 특수 직렬을 지원하는 수험생이라면 전공을 포함하여 반드시 준비해야 하는 영역이다.

국가직무능력표준에 따르면 기술능력의 세부 유형은 기술이해능력·기술선택능력·기술적용능력으로 나눌 수 있다. 제품설명서나 상황별 매뉴얼을 제시하는 문제 또는 명령어를 제시하고 규칙을 대입할 수 있는지 묻는 문제가 출제되기 때문에 이런 유형들을 공략할 수 있는 전략을 세워야 한다. 기술능력은 NCS 기반 채용을 진행한 기업 중 50% 정도가 채택했으며, 문항 수는 전체에서 평균 2% 정도 출제되었다.

01 긴 지문이 출제될 때는 보기의 내용을 미리 보자!

기술능력에서 자주 출제되는 제품설명서나 상황별 매뉴얼을 제시하는 문제에서는 기술을 이해하고, 상황에 알맞은 원인 및 해결방안을 고르는 문제가 출제된다. 실제 시험장에서 문제를 풀 때는 시간적 여유가 없기 때문에 보기를 먼저 읽고, 그 다음 긴 지문을 보면서 동시에 보기와 일치하는 내용이 나오면 확인해 가면서 푸는 것이 좋다.

02 모듈형에 대비하라!

모듈형 문제의 비중이 늘어나는 추세이므로 공기업을 준비하는 취업준비생이라면 모듈형 문제에 대비해야 한다. 기술능력의 모듈형 이론 부분을 학습하고 모듈형 문제를 풀어보고 여러 번 읽으며 이론을 확실히 익혀두면 실제 시험장에서 이론을 묻는 문제가 나왔을 때 단번에 답을 고를 수 있다.

03 전공 이론도 익혀두자!

지원하는 직렬의 전공 이론이 기술능력으로 출제되는 경우가 많기 때문에 전공 이론을 익혀두는
것이 좋다. 깊이 있는 지식을 묻는 문제가 아니더라도 출제되는 문제의 소재가 전공과 관련된
내용일 가능성이 크기 때문에 최소한 지원하는 직렬의 전공 용어는 확실히 익혀두어야 한다.

04 포기하지 말자!

직업기초능력에서 주요 영역이 아니면 소홀한 경우가 많다. 시험장에서 기술능력을 읽어보지도
않고 포기하는 경우가 많은데 차근차근 읽어보면 지문만 잘 읽어도 풀 수 있는 문제들이 출제되는
경우가 있다. 이론을 모르더라도 풀 수 있는 문제인지 파악해보자.

01 | 기술선택능력

다음은 기술선택을 위한 절차 를 나타낸 것이다. (ㄱ) ~ (ㄹ)에 들어갈 내용을 바르게 짝지은 것은?

풀이순서

1) 질문의도
   기술선택 절차

2) 기술선택 절차 파악

4) 정답도출

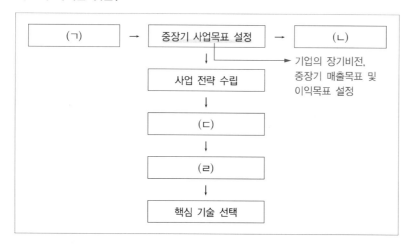

	(ㄱ)	(ㄴ)	(ㄷ)	(ㄹ)
①	내부 역량 분석	외부 환경 분석	요구 기술 분석	기술 전략 수립
②	내부 역량 분석	외부 환경 분석	기술 전략 수립	요구 기술 분석
✔ ③	외부 환경 분석	내부 역량 분석	요구 기술 분석	기술 전략 수립
	수요변화 및 경쟁자 변화, 기술변화 등을 분석	기술능력, 생산능력, 마케팅·영업능력, 재무능력 등	제품 설계·디자인 기술, 제품 생산 공정, 원재료·부품 제조기술에 대한 분석	핵심 기술을 선택하거나, 기술 획득 방법을 결정
④	외부 환경 분석	내부 역량 분석	기술 전략 수립	요구 기술 분석
⑤	외부 환경 분석	기술 전략 수립	내부 역량 분석	요구 기술 분석

3) 선택지분석

유형 분석	• 제시된 지문만으로 해결하기 어려울 수 있으므로, 사전에 관련 개념과 특징을 숙지하고 있어야 한다. • 업무수행에 필요한 기술의 개념·원리·절차, 관련 용어, 긍정적·부정적 영향에 대한 이해를 평가한다.
풀이 전략	질문을 읽고 문제에서 묻는 바를 이해한 뒤 선택지와 지문의 내용을 하나씩 대조하며 정답을 도출한다.

02 | 기술적용능력

E사원은 회사의 기기를 관리하는 업무를 맡고 있다. 어느 날, 동료 사원들로부터 전자레인지를 사용할 때 가끔씩 불꽃이 튀고 음식이 잘 데워지지 않는다는 이야기를 들었다. 서비스를 접수하기 전에 점검할 사항으로 옳지 않은 것은?

풀이순서

1) 질문의도
   원인 → 점검 사항

2) 지문파악
   전자레인지 설명서

4) 정답도출
   사무실, 전자레인지 전압 확인 → 증상에 따른 원인으로 제시되지 않은 사항

증상	원인	조치 방법
전자레인지가 작동하지 않는다.	• 전원 플러그가 콘센트에 바르게 꽂혀 있습니까? • 문이 확실히 닫혀 있습니까? • 배전판 퓨즈나 차단기가 끊어지지 않았습니까? • 조리방법을 제대로 선택하셨습니까?	• 전원 플러그를 바로 꽂아주십시오. • 문을 다시 닫아 주십시오. • 끊어졌으면 교체하고 연결시켜 주십시오. • 취소를 누르고 다시 시작하십시오.
동작 시 불꽃이 튄다.	• ❹ 조리실 내벽에 금속 제품 등이 닿지 않았습니까? • ❷ 금선이나 은선으로 장식된 그릇을 사용하고 계십니까? • ❶ 조리실 내에 찌꺼기가 있습니까?	• 벽에 닿지 않도록 하십시오. • 금선이나 은선으로 장식된 그릇은 사용하지 마십시오. • 깨끗이 청소해 주십시오.
조리 상태가 나쁘다.	• ❺ 조리 순서, 시간 등 사용 방법을 잘 선택하셨습니까?	• 요리책을 다시 확인하고 사용해 주십시오.
회전 접시가 불균일하게 돌거나 돌지 않는다.	• 회전 접시와 회전 링이 바르게 놓여 있습니까?	• 각각을 정확한 위치에 놓아 주십시오.
불의 밝기나 동작 소리가 불균일하다.	• 출력의 변화에 따라 일어난 현상이니 안심하고 사용하셔도 됩니다.	

① 조리실 내 위생 상태 점검
② 사용 가능 용기 확인
✔ 사무실, 전자레인지 전압 확인
④ 조리실 내벽 확인
⑤ 조리 순서, 시간 확인

3) 선택지분석
   주어진 증상에 대한 원인과 조치 방법 확인

유형 분석	• 제품설명서 등을 읽고 제시된 문제 상황에 적절한 해결 방법을 찾는 문제이다. • 직업생활에 필요한 기술은 그대로 적용하고 불필요한 기술은 버릴 수 있는지 평가한다. • 지문의 길이가 길고 복잡하므로, 문제에서 요구하는 정보를 놓치지 않도록 주의해야 한다.
풀이 전략	질문을 읽고 문제 상황을 파악한 뒤 지문에 제시된 선택지를 하나씩 소거하며 정답을 도출한다.

05 | 기출예상문제

정답 및 해설 p.031

01 다음은 산업재해가 발생한 상황에 대해서 예방 대책을 세운 것이다. 재해 예방 대책에서 누락되어 보완되어야 할 사항은?

〈사고 사례〉

(B소속 정비공인 피재자 A가 대형 해상크레인의 와이어로프 교체작업을 위해 고소작업대(차량탑재형 이동식크레인)바스켓에 탑승하여 해상크레인 상부 붐(33m)으로 공구를 올리던 중 해상크레인 붐이 바람과 파도에 의해 흔들려 피재자가 탑승한 바스켓에 충격을 가하였고, 바스켓 연결부(로드셀)가 파손되면서 바스켓과 함께 도크바닥으로 떨어져 사망한 재해임

재해 예방 대책	
1단계	사고 조사, 안전 점검, 현장 분석, 작업자의 제안 및 여론 조사, 관찰 및 보고서 연구 등을 통하여 사실을 발견한다.
2단계	재해의 발생 장소, 재해 형태, 재해 정도, 관련 인원, 직원 감독의 적절성, 공구 장비의 상태 등을 정확히 분석한다.
3단계	원인 분석을 토대로 적절한 시정책, 즉 기술적 개선, 인사 조정 및 교체, 교육, 설득, 공학적 조치 등을 선정한다.
4단계	안전에 대한 교육 및 훈련 시행, 안전시설과 장비의 결함 개선, 안전 감독 실시 등의 선정된 시정책을 적용한다.

① 안전 관리 조직
② 시정책 선정
③ 원인 분석
④ 시정책 적용 및 뒤처리
⑤ 사실의 발견

02 기술시스템의 발전 단계에 따른 빈칸에 들어갈 내용으로 가장 적절한 것은?

발전 단계	특징	Key man
발명·개발·혁신의 단계	기술시스템이 탄생하고 성장	기술자
↓		
㉠	성공적인 기술이 다른 지역으로 이동	기술자
↓		
㉡	기술시스템 사이의 경쟁	㉢
↓		
기술 공고화 단계	경쟁에서 승리한 기술시스템의 관성화	㉣

	㉠	㉡	㉢	㉣
①	기술 이전의 단계	기술 경쟁의 단계	기업가	자문 엔지니어
②	기술 경쟁의 단계	기술 이전의 단계	금융전문가	자문 엔지니어
③	기술 이전의 단계	기술 경쟁의 단계	기업가	기술자
④	기술 경쟁의 단계	기술 이전의 단계	금융전문가	기업가
⑤	기술 이전의 단계	기술 경쟁의 단계	금융전문가	기술자

03 ㉠사와 ㉡사가 활용한 벤치마킹에 대한 종류로 알맞은 것은?

㉠사는 기존 신용카드사가 시도하지 않았던 새로운 분야를 개척하며 성장했다. ㉠사만의 독특한 문화와 경영방식 중 상당 부분은 회사 바깥에서 얻었다. 이런 작업의 기폭제가 바로 'Insight Tour'이다. ㉠사 직원들은 업종을 불문하고 새로운 마케팅으로 주목받는 곳을 방문한다. 심지어 혁신적인 미술관이나 자동차 회사까지 찾아간다. 금융회사는 가급적 가지 않는다. 카드사는 고객이 결제하는 카드만 취급하는 것이 아니라 회사의 고객 라이프 스타일까지 디자인하는 곳이라는 게 ㉠사의 시각이다. ㉠사의 브랜드 실장은 "카드사는 생활과 밀접한 분야에서 통찰을 얻어야 한다. 'Insight Tour'는 고객의 삶을 업그레이드시키는 데 역점을 둔다."고 강조했다.

㉡사의 첫 벤치마킹 대상은 선반이 높은 창고형 매장을 운영한 월마트였다. 하지만 한국 문화에 맞지 않았다. 3년 후 일본 할인점인 이토요카토로 벤치마킹 대상을 바꿨다. 신선식품에 주력하고 시식행사도 마련하였고, 결과는 성공이었다. 또한 자체브랜드(PL ; Private Label) 전략도 벤치마킹을 통해 가다듬었다. 기존 ㉡사의 PL은 저가 이미지가 강했지만, 이를 극복하기 위해 ㉡사는 'PL 종주국' 유럽을 벤치마킹했다. 유럽의 기업인 테스코는 PL 브랜드를 세분화해서 '테스코 파이니스트 - 테스코 노멀 - 테스코 벨류'란 브랜드를 달았다. 이와 유사하게 B사도 '베스트 - 벨류 - 세이브' 등의 브랜드로 개편했다.

	㉠사	㉡사
①	경쟁적 벤치마킹	비경쟁적 벤치마킹
②	간접적 벤치마킹	글로벌 벤치마킹
③	비경쟁적 벤치마킹	글로벌 벤치마킹
④	직접적 벤치마킹	경쟁적 벤치마킹
⑤	비경쟁적 벤치마킹	경쟁적 벤치마킹

04 다음은 S은행의 ARS 서비스 기능을 설명하고 있다. A씨가 누른 코드로 적절하지 않은 것은?

〈코드별 ARS 서비스 기능〉

코드	서비스
1	보이스 피싱 및 분실 신고
2	S카드 연결
3	잔액 조회
4	S은행 송금
5	타 은행 송금
6	거래내역 조회
7	다시 듣기
0	상담사 연결

〈사례〉

A씨는 잔액 조회를 해보고 생각보다 돈이 적게 남아 있다는 사실에 놀라 거래 내역을 조회해 보았다. 조회 결과, 타 은행으로 거액이 송금되어 있는 내역을 확인했고, 9일 전 보험 회사의 전화를 받아 개인 정보를 알려준 것을 기억해냈다. 상담사에게 상황에 대해 물어보니 보이스 피싱 의심이 된다고 신고를 하라고 하였고, 그 즉시 보이스 피싱 피해 신고를 접수하였다.

① 1
② 3
③ 5
④ 6
⑤ 0

05 다음 글은 무엇에 대한 설명인가?

농부는 농기계와 화학비료를 써서 밀을 재배하고 수확한다. 이렇게 생산된 밀은 보관업자, 운송업자, 제분회사, 제빵 공장을 거쳐 시장으로 판매된다. 보다 높은 생산성을 위해 화학비료를 연구하고, 공장을 가동하기 위해 공작기계와 전기를 생산한다. 보다 빠른 운송을 위해서 트럭이나 기차, 배가 개발되었고, 보다 효과적인 운송수단과 농기계를 운용하기 위해 증기기관에서 석유에너지로 발전하였다. 이렇듯 우리의 식탁에 올라오는 빵은 여러 기술이 네트워크로 결합하여 시너지를 내고 있다.

① 기술시스템
② 기술혁신
③ 기술경영
④ 기술이전
⑤ 기술경쟁

06 다음 글에서 설명하는 것은?

기술 혁신은 신기술이 발생, 발전, 채택되고, 다른 기술에 의해 사라질 때까지의 일정한 패턴을 가지고 있다. 기술의 발달은 처음에는 서서히 시작되다가 성과를 낼 수 있는 힘이 축적되면 급속한 진전을 보인다. 그리고 기술의 한계가 오면 성과는 점차 줄어들게 되고, 한계가 온 기술은 다시 성과를 내는 단계로 상승할 수 없으며, 여기에 혁신적인 새로운 기술이 출현한다. 혁신적인 새로운 기술은 기존의 기술이 한계에 도달하기 전에 출현하는 경우가 많으며, 기존에 존재하는 시장의 요구를 만족시키면서 전혀 새로운 지식을 기반으로 하는 기술이다. 이러한 기술의 예로 필름 카메라에서 디지털카메라로, 콤팩트디스크(Compact Disk)에서 엠피쓰리플레이어(MP3 Player)로의 전환 등을 들 수 있다.

① 바그너 법칙
② 기술의 S곡선
③ 빅3 법칙
④ 생산비의 법칙
⑤ 기술경영

07 다음 사례의 재해를 예방하기 위한 대책으로 적절하지 않은 것은?

〈재해 개요〉
S기업에 설치된 소각로 하부에서 피해자가 소각재 및 이물질을 하부 배출구로 밀어주는 4번 푸셔가 정상 작동되지 않아 경고판을 무시한 채 전원부의 차단 없이, 에어건을 사용하여 정비 작업 중, 갑자기 작동된 4번 푸셔에 상체가 끼어 사망한 재해임

① 근로자 상호 간에 불안전한 행동을 지적하여 안전에 대한 이해를 증진시킨다.
② 설비의 정비, 청소 등의 작업 시 근로자가 위험해질 우려가 있는 경우 설비를 정지시킨다.
③ 설비의 운전을 정지하였을 때, 타인이 설비를 운전하는 것을 방지한다.
④ 끼임에 대한 위험성이 있는 장소에는 방호울이나 방책을 설치한다.
⑤ 기계가 양호한 상태로 작동되도록 유지 관리를 한다.

08 다음 〈보기〉 중 기록물 관리 방법에 대한 설명으로 적절하지 않은 것을 모두 고르면?

제3장 기록물의 관리

제7조(기록물의 생산)

① 기록관장은 ○○기관 및 소속기관에서 수행하는 모든 업무의 과정 및 결과가 기록물로 생산·등록될 수 있도록 하여야 한다.

② 기록관장은 공공기록물법 시행령 제17조 내지 제19조에 따른 조사·연구·검토서, 회의록 및 시청각 기록물에 대한 생산등록·관리 기준을 작성·관리하여야 한다.

제8조(기록물의 등록)

① 모든 기록물은 생산·접수한 때에 그 기관의 전자기록생산시스템으로 생산 또는 접수 등록번호가 부여되어 등록되도록 하여야 한다.

② 기록관에서 직접 수집한 기록물은 기록관의 기록관리시스템에 등록하여 관리하여야 하며 비전자기록물에 대하여는 전자화 방안에 따라 전자화하여 관리되도록 하여야 한다.

제9조(기록물의 정리)

① 기록관의 장은 ○○기관 및 소속기관의 처리과에서 생산 완결한 기록물의 정리를 위하여 매년 2월 말까지 공개여부·접근권한 재분류, 분류·편철·확정 등에 관한 교육을 실시하여야 한다.

② 처리과의 장은 제1항에 따라 전년도에 생산 완결한 기록물을 정리하여 그 결과를 3월 31일까지 기록관의 장에게 전자기록생산시스템을 통하여 통보하여야 한다.

③ 기록관의 장은 ○○기관 및 소속기관 처리과의 생산현황 결과를 취합하여 매년 5월 31일까지 관할 영구 기록물관리기관의 장에게 통보하여야 한다.

제10조(기록물의 이관)

① 기록관은 처리과에서 생산 완결한 기록물을 보존기간 기산일부터 2년의 범위 안에서 이관 받아야 한다. 다만, 처리과에서 업무참고 등의 필요가 있는 기록물의 경우에는 사전에 이관연기신청서를 기록관에 제출하여야 한다.

② 제1항 단서에 따라 이관연기가 결정된 기록물은 보존기간 기산일부터 10년의 범위 안에 처리과에서 업무참고로 활용할 수 있으며, 업무참고 활용의 목적이 달성된 경우에는 지체 없이 기록관으로 해당 기록물을 이관하여야 한다.

③ 직제개편, 한시조직의 해산 등의 경우에 기록관장은 업무를 인계인수하는 부서 간에 기록물 인계인수서를 작성하여 관리하도록 하여야 하며 업무승계부서가 없는 경우에는 해당 기록물을 기록관에서 이관 받아 관리하여야 한다.

> **보기**
>
> ㉠ 모든 기록물은 전자기록생산시스템으로 생산 또는 접수 등록번호가 부여되어 등록되도록 하여야 한다.
> ㉡ 기록관장은 공공기록물법 시행령에 따라 조사·연구·검토서, 회의록 및 시청각 기록물에 대한 생산등록·관리 기준을 작성·관리하여야 한다.
> ㉢ 한시조직의 해산 시 업무승계부서가 없는 경우에는 기록물을 파기하도록 한다.
> ㉣ 처리과의 장은 ○○기관 및 소속기관 처리과의 생산현황 결과를 취합하여 매년 5월 31일까지 관할 영구 기록물관리기관의 장에게 통보하여야 한다.

① ㉠, ㉡   ② ㉡, ㉢
③ ㉢, ㉣   ④ ㉠, ㉢
⑤ ㉡, ㉣

※ 사내 의무실 체온계의 고장으로 새로운 체온계를 구입하였다. 이어지는 질문에 답하시오. [9~10]

■ 사용방법
1) 체온을 측정하기 전 새 렌즈필터를 부착하여 주세요.
2) 〈ON〉 버튼을 눌러 액정화면이 켜지면 귓속에 체온계를 삽입합니다.
3) 〈START〉 버튼을 눌러 체온을 측정합니다.
4) 측정이 잘 이루어졌으면 '삐' 소리와 함께 측정 결과가 액정화면에 표시됩니다.
5) 60초 이상 사용하지 않으면 자동으로 전원이 꺼집니다.

■ 체온 측정을 위한 주의사항
- 오른쪽 귀에서 측정한 체온은 왼쪽 귀에서 측정한 체온과 다를 수 있습니다. 그러므로 항상 같은 귀에서 체온을 측정하십시오.
- 체온을 측정할 때는 정확한 측정을 위해 과다한 귀지가 없도록 하십시오.
- 한쪽 귀를 바닥에 대고 누워 있었을 때, 매우 춥거나 더운 곳에 노출되어 있는 경우, 목욕을 한 직후 등은 외부적 요인에 의해 귀 체온측정에 영향을 미칠 수 있으므로 이런 경우에는 30분 정도 기다리신 후 측정하십시오.

■ 문제해결

상태	해결방법	에러 메시지
렌즈필터가 부착되어 있지 않음	렌즈필터를 끼우세요.	━ ━
체온계가 렌즈의 정확한 위치를 감지할 수 없어 정확한 측정이 어려움	〈ON〉 버튼을 3초간 길게 눌러 화면을 지운 다음 정확한 위치에 체온계를 넣어 측정합니다.	POE
측정체온이 정상범위(34℃ ~ 42.2℃)를 벗어난 경우 - HI : 매우 높음 - LO : 매우 낮음	온도가 10℃와 40℃ 사이인 장소에서 체온계를 30분간 보관한 다음 다시 측정하세요.	HI℃ LO℃
건전지 수명이 다하여 체온 측정이 불가능한 상태	새로운 건전지(1.5V AA타입 2개)로 교체하십시오.	━ ━ ━

09 근무 중 몸이 좋지 않아 의무실을 내원한 A사원의 체온을 측정하려고 한다. 다음 중 체온 측정 과정으로 가장 적절한 것은?

① 렌즈필터가 깨끗하여 새것으로 교체하지 않고 체온을 측정하였다.

② 오른쪽 귀의 체온이 38℃로 측정되어 다시 왼쪽 귀의 체온을 측정하였다.

③ 정확한 측정을 위해 귓속의 귀지를 제거한 다음 체온을 측정하였다.

④ 정확한 측정을 위해 영점조정을 맞춘 뒤 체온을 측정하였다.

⑤ 구비되어 있는 렌즈필터가 없어 렌즈를 알코올 솜으로 닦은 후 측정하였다.

10 체온계 사용 중 'POE'의 에러 메시지가 떴다. 에러 메시지 확인 후 해결방법으로 가장 적절한 것은?

① 〈ON〉 버튼을 3초간 길게 눌러 화면을 지운 뒤, 정확한 위치에서 다시 측정한다.

② 렌즈필터가 부착되어 있지 않으므로 깨끗한 새 렌즈필터를 끼운다.

③ 1분간 그대로 둬서 전원을 끈 다음 〈ON〉 버튼을 눌러 다시 액정화면을 켠다.

④ 건전지 삽입구를 열어 1.5V AA타입 2개의 새 건전지로 교체한다.

⑤ 온도가 10℃와 40℃ 사이인 장소에서 체온계를 30분간 보관한 다음 다시 측정한다.

※ 기획전략팀에서는 사무실을 간편히 청소할 수 있는 새로운 청소기를 구매하였다. 기획전략팀의 B대리는 새 청소기를 사용하기 전에 제품 설명서를 참고하였다. 다음 설명서를 읽고 이어지는 질문에 답하시오. [11~13]

〈사용 설명서〉

1. 충전

- 충전 시 작동 스위치 2곳을 반드시 꺼주십시오.
- 타 제품의 충전기를 사용할 경우 고장의 원인이 되오니 반드시 전용 충전기를 사용하십시오.
- 충전 시 충전기에 열이 느껴지는 것은 고장이 아닙니다.
- 본 제품에는 배터리 보호를 위하여 과충전 보호회로가 내장되어 있어 적정 충전시간을 초과하여도 배터리는 심한 손상이 없습니다.
- 충전기의 줄을 잡고 뽑을 경우 감전, 쇼트, 발화 및 고장의 원인이 됩니다.
- 충전하지 않을 때는 전원 콘센트에서 충전기를 뽑아 주십시오. 절연 열화에 따른 화재, 감전 및 고장의 원인이 됩니다.

2. 이상발생 시 점검 방법

증상	확인사항	해결 방법
스위치를 켜도 청소기가 작동하지 않는다면?	• 청소기가 충전잭에 꽂혀 있는지 확인하세요. • 충전이 되어 있는지 확인하세요. • 본체에 핸디 청소기가 정확히 결합되었는지 확인하세요. • 접점부(핸디, 본체)를 부드러운 면으로 깨끗이 닦아주세요.	청소기에서 충전잭을 뽑아주세요.
사용 중 갑자기 흡입력이 떨어진다면?	• 흡입구를 커다란 이물질이 막고 있는지 확인하세요. • 먼지 필터가 막혀 있는지 확인하세요. • 먼지통 내에 오물이 가득 차 있는지 확인하세요.	이물질을 없애고 다시 사용하세요.
청소기가 멈추지 않는다면?	• 스틱 손잡이/핸디 손잡이 스위치 2곳 모두 꺼져 있는지 확인하세요. • 청소기 본체에서 핸디 청소기를 분리하세요.	–
사용시간이 짧다고 느껴진다면?	• 10시간 이상 충전하신 후 사용하세요.	–
라이트 불이 켜지지 않는다면?	• 청소기 작동 스위치를 ON으로 하셨는지 확인하세요. • 라이트 스위치를 ON으로 하셨는지 확인하세요.	–
파워브러쉬가 작동하지 않는다면?	• 머리카락이나 실 등 이물질이 감겨있는지 확인하세요.	청소기 전원을 끄고 이물질 제거 후 전원을 켜면 파워브러쉬가 재작동하며 평상시에도 파워브러쉬가 멈추었을 때는 전원 스위치를 껐다 켜시면 브러쉬가 재작동합니다.

11 사용 중 충전으로 인한 고장이 발생한 경우, 그 원인에 해당하지 않는 것은?

① 충전 시 작동 스위치 2곳을 모두 끄지 않은 경우

② 충전기를 뽑을 때 줄을 잡고 뽑은 경우

③ 충전하지 않을 때 충전기를 계속 꽂아 둔 경우

④ 적정 충전시간을 초과하여 충전한 경우

⑤ 타 제품의 충전기를 사용한 경우

12 B대리는 청소기의 전원을 껐다 켬으로써 청소기의 작동 불량을 해결하였다. 어떤 작동 불량이 발생하였는가?

① 청소기가 멈추지 않았다.

② 사용시간이 짧게 느껴졌다.

③ 파워브러쉬가 작동되지 않았다.

④ 사용 중 흡입력이 떨어졌다.

⑤ 라이트 불이 켜지지 않았다.

13 청소기에 이물질이 많이 들어 있을 때 나타날 수 있는 증상은?

① 사용시간이 짧아진다.

② 라이트 불이 켜지지 않는다.

③ 스위치를 켜도 청소기가 작동하지 않는다.

④ 사용 중 갑자기 흡입력이 떨어진다.

⑤ 충전 시 충전기에서 열이 난다.

※ 귀하는 이번달 내로 모든 사무실의 복합기를 ★★복합기로 교체하라는 지시를 받았다. 모든 사무실의 복합기를 교체하였지만, 추후 문제가 생길 것을 대비해 신형 복합기의 문제 해결법을 인트라넷에 게시하였다. 이어지는 질문에 답하시오. [14~15]

〈문제 해결법〉

Q. 복합기가 비정상적으로 종료됩니다.

A. 제품의 전원 어댑터가 전원 콘센트에 정상적으로 연결되었는지 확인하십시오.

Q. 제품에서 예기치 못한 소음이 발생됩니다.

A. 복합기의 자동 서비스 기능으로 프린트 헤드의 수명을 관리할 때에 제품에서 예기치 못한 소음이 발생할 수 있습니다.
   ▲ 참고
   • 프린트 헤드의 손상을 방지하려면, 복합기에서 인쇄하는 동안에는 복합기를 끄지 마십시오.
   • 복합기의 전원을 끌 때에는 반드시 전원 버튼을 사용하고, 복합기가 정지할 때까지 기다린 후 전원을 끄십시오.
   • 잉크 카트리지를 모두 올바르게 장착했는지 확인합니다.
   • 잉크 카트리지가 하나라도 없을 경우, 복합기는 프린트 헤드를 보호하기 위해 자동으로 서비스 기능을 수행할 수 있습니다.

Q. 복합기가 응답하지 않습니다(인쇄되지 않음).

A. 1. 인쇄 대기열에 걸려 있는 인쇄 작업이 있는지 확인하십시오.
      • 인쇄 대기열을 열어 모든 문서 작업을 취소한 다음 PC를 재부팅합니다.
      • PC를 재부팅한 후 인쇄를 다시 시작합니다.
   2. ★★소프트웨어 설치를 확인하십시오.
      • 인쇄 도중 복합기가 꺼지면 PC 화면에 경고 메시지가 나타납니다.
      • 메시지가 나타나지 않을 경우 ★★소프트웨어가 제대로 설치되지 않았을 수 있습니다.
      • ★★소프트웨어를 완전히 제거한 다음 다시 설치합니다. 자세한 내용은 [프린터 소프트웨어 삭제하기]를 참고하십시오.
   3. 케이블 및 연결 상태를 확인하십시오.
      ① USB 케이블이 복합기와 PC에 제대로 연결되었는지 확인합니다.
      ② 복합기가 무선 네트워크에 연결되어 있을 경우 복합기와 PC의 네트워크 연결 상태를 확인합니다.
      ③ PC에 개인 방화벽 소프트웨어가 설치되어 있는지 확인합니다.
      ④ 개인 소프트웨어 방화벽은 외부 침입으로부터 PC를 보호하는 보안 프로그램입니다.
      ⑤ 방화벽으로 인해 PC와 복합기의 통신이 차단될 수 있습니다.
      ⑥ 복합기와 통신이 문제가 될 경우에는 방화벽을 일시적으로 해제하십시오. 해제 후에도 문제가 발생하면 방화벽에 의한 문제가 아닙니다. 방화벽을 다시 실행하십시오.

Q. 인쇄 속도가 느립니다.

A. 1. 인쇄 품질 설정을 확인하십시오.
   - 인쇄 품질(해상도)이 최상 및 최대 DPI로 설정되었을 경우 인쇄 품질이 향상되나 인쇄 속도가 느려질 수 있습니다.
   2. 잉크 카트리지의 잉크 잔량을 확인하십시오.
   - 잉크 카트리지에 남아 있는 예상 잉크량을 확인합니다.
   - 잉크 카트리지가 소모된 상태에서 인쇄를 할 경우 인쇄 속도가 느려질 수 있습니다.
   - 위와 같은 방법으로 해결되지 않을 경우 복합기에 문제가 있을 수 있으므로, ★★서비스 센터에 서비스를 요청하십시오.

14 A사원은 ★★복합기에서 소음이 발생하자 문제 해결법을 통해 복합기의 자동 서비스 기능으로 프린트 헤드의 수명을 관리할 때 소음이 발생할 수 있다는 것을 알았다. A사원이 숙지할 수 있는 참고 사항이 아닌 것은?

① 프린트 헤드의 손상을 방지하려면, 복합기에서 인쇄하는 동안에는 복합기를 끄지 않는다.

② 복합기의 전원을 끌 때에는 반드시 전원 버튼을 사용하고, 복합기가 정지할 때까지 기다린 후 전원을 끈다.

③ 잉크 카트리지를 모두 올바르게 장착했는지 확인한다.

④ 프린트 헤드 정렬 및 청소를 불필요하게 실시하면 많은 양의 잉크가 소모된다.

⑤ 잉크 카트리지가 하나라도 없을 경우, 복합기는 프린트 헤드를 보호하기 위해 자동으로 서비스 기능을 수행하게 된다.

15 팀장에게 보고서를 제출하기 위해 인쇄를 하려던 Z사원은 보고서가 인쇄되지 않는다는 것을 알았다. Z사원이 복합기 문제를 해결할 수 있는 방안이 아닌 것은?

① 인쇄 작업이 대기 중인 문서가 있는지 확인한다.

② 복합기 소프트웨어를 완전히 제거한 다음 다시 설치한다.

③ USB 케이블이 복합기와 PC에 연결이 되어 있는지 확인한다.

④ 잉크 카트리지에 남아 있는 예상 잉크량을 확인한다.

⑤ 대기 문서를 취소한 후 PC를 재부팅한다.

CHAPTER 06
직업윤리

합격 CHEAT KEY

직업윤리는 업무를 수행함에 있어 원만한 직업생활을 위해 필요한 태도, 매너, 올바른 직업관이다. 직업윤리는 필기시험뿐만 아니라 서류를 제출하면서 자기소개서를 작성할 때와 면접을 시행할 때도 포함되는 항목으로 들어가지 않는 곳이 없을 정도로 필수 능력으로 꼽힌다.

국가직무능력표준에 따르면 직업윤리의 세부능력은 근로 윤리·공동체 윤리로 나눌 수 있다. 구체적인 문제 상황을 제시하여 해결하기 위해 어떤 대안을 선택해야 할지에 관한 문제들이 출제된다.

직업윤리는 NCS 기반 채용을 진행하는 곳 중 74% 정도가 다뤘으며, 문항 수는 전체에서 평균 6% 정도로 상대적으로 적게 출제되었다.

01 오답을 통해 대비하라!

이론을 따로 정리하는 것보다는, 문제에서 본인이 생각하는 모범답안을 선택하고 틀렸을 경우 그 이유를 정리하는 방식으로 학습하는 것이 효율적이다. 암기하기보다는 이해에 중점을 두고 자신의 상식으로 문제를 푸는 것이 아니라 해당 문제가 어느 영역 어떤 하위능력의 문제인지 파악하는 훈련을 한다면 답이 보일 것이다.

02 직업윤리와 일반윤리를 구분하라!

일반윤리와 구분되는 직업윤리의 특징을 이해해야 한다. 통념상 비윤리적이라고 일컬어지는 행동도 특정한 직업에서는 허용되는 경우가 있다. 그러므로 문제에서 주어진 상황을 판단할 때는 우선 직업의 특성을 고려해야 한다.

03 직업윤리의 하위능력을 파악해두자!

직업윤리의 경우 직장생활 경험이 없는 수험생들은 조직에서 일어날 수 있는 구체적인 직업윤리와 관련된 내용에 흥미가 없고 이를 이해하는 데 어려움이 있을 수 있다. 그러나 문제에서는 구체적인 상황·사례를 제시하는 문제가 나오기 때문에 직장에서의 예절을 정리하고 문제 상황에서 적절한 대처를 선택하는 연습을 하는 것이 중요하다.

04 면접에서도 유리하다!

많은 공사·공단에서 면접 시 직업윤리에 관련된 질문을 하는 경우가 많다. 직업윤리 이론 학습을 미리 해두면 본인의 가치관을 세우는 데 도움이 되고 이는 곧 기업의 인재상과도 연결되기 때문에 미리 준비해두면 필기시험에서 합격하고 면접을 준비할 때도 수월할 것이다.

01 | 윤리·근면

다음 사례에서 B사원에게 [결여된 덕목]과 그에 따른 A부장의 [조언]으로 가장 적절한 것은?

풀이순서

1) 질문의도
   비윤리적 행위 및 대처법

2) 상황분석
   잦은 지각에 대한 적절한 조언

3) 정답도출

> 평소 지각이 잦은 편인 B사원은 어제 퇴근 후 참석한 모임에서 무리하게 술을 마셨고, 결국 오늘도 지각을 하였다. 그동안 B사원의 지각을 눈감아 주었던 A부장도 오늘은 B사원에게 꼭 한마디를 해야겠다고 생각했다.

① 정직 : 근무 시간에 거짓말을 하고 개인적인 용무를 보지 않아야 합니다.
　　　　→ 결여된 덕목이 아님
② 정직 : 비록 실수를 하였더라도 정직하게 밝혀야 합니다.
　　　　→ 결여된 덕목이 아님
✔ 근면 : 출근 시간을 엄수하고, 술자리를 적당히 절제하여야 합니다.
④ 근면 : 나에게 이익이 되는 일보다는 옳은 일을 해야 합니다.
　　　　→ 적절한 조언이 아님
⑤ 책임 : 내가 해야 할 일이라면 개인적인 일을 포기하고 먼저 해야 합니다.
　　　　→ 결여된 덕목이 아님

유형 분석	• 주어진 제시문 속의 비윤리적인 상황에 대하여 원인이나 대처법을 고르는 문제이다. 응용문제 : 근면한 자세의 사례를 고르는 문제 또한 종종 출제된다.
풀이 전략	근로윤리는 우리 사회가 요구하는 도덕성에 기초하고 있다는 점을 유념하고, 다양한 사례를 익혀 문제에 적응한다.

02 | 봉사와 책임의식

K사는 1년에 2번씩 사원들에게 봉사의식을 심어주기 위해 자원봉사 활동을 진행하고 있다. 자원봉사 활동 전에 사원들에게 봉사에 대한 마음가짐을 설명하고자 할 때, 적절하지 않은 것은?

① 봉사는 개인의 의지에 따라 이루어져야 한다.
② 봉사는 의도적이고 계획된 활동이 되어야 한다.
③ 봉사는 함께하는 공동체 의식에 바탕을 두어야 한다.
✔ 봉사는 적절한 보상에 맞춰 참여해야 한다.
　　　봉사는 보상이나 대가를 바라지 않고,
　　　사회의 공익과 행복을 위해서 하는 일
⑤ 봉사는 상대방의 입장에서 생각하고 행동해야 한다.

풀이순서

1) 질문의도
　봉사의 개념 이해

2) 선택지분석
　봉사의 의미를 바탕으로 적절하지 않은 선택지 선택

3) 정답도출

PART 1

유형 분석	• 개인이 가져야 하는 책임의식과 기업의 사회적 책임으로 양분되는 문제이다.
	응용문제 : 제시문에서 나타나는 봉사의 의미와 개념을 묻는 문제가 종종 출제된다.
풀이 전략	직업인으로서 요구되는 봉사정신과 책임의식에 대해 숙지하도록 한다.

06 | 기출예상문제

01 다음 중 올바른 인사 예절에 대한 설명으로 적절하지 않은 것은?

① 상대에게 맞는 인사를 전한다.

② 인사는 내가 먼저 한다.

③ 상대의 입을 바라보고 하는 것이 원칙이다.

④ 인사말을 크게 소리 내어 전한다.

⑤ 기분에 따라 인사의 자세가 다르면 안 된다.

02 다음 중 악수 예절에 대한 설명으로 적절하지 않은 것은?

① 악수는 왼손으로 하는 것이 원칙이다.

② 상대의 눈을 보지 않고 하는 악수는 실례이다.

③ 손끝만 내밀어 악수하지 않는다.

④ 상대가 악수를 청할 경우, 남성은 반드시 일어서서 받는다.

⑤ 악수할 때 여성의 경우 장갑을 벗지 않아도 된다.

03 다음 중 직장에서의 전화 예절로 적절하지 않은 것은?

① 목소리에 미소를 띠고 말한다.

② 말을 할 때 상대방의 이름을 함께 사용한다.

③ 주위의 소음을 최소화한다.

④ 내가 누구인지 밝히기 전에 상대방이 누구인지 확인한다.

⑤ 용건을 간결하고 정확하게 전달한다.

04 다음 중 전화응대의 기본예절로 적절하지 않은 것은?

① 인사나 필요한 농담이라도 길어지지 않도록 한다.

② 상대가 누구이건 차별하지 말고 높임말을 쓰도록 한다.

③ 업무에 방해되지 않도록 출근 직후나 퇴근 직전에 전화한다.

④ 상대가 이해하지 못할 전문용어나 틀리기 쉬운 단어는 사용하지 않는다.

⑤ 전화하기 전 상대의 전화번호, 소속, 성명 등을 다시 한번 확인한다.

05 이메일(E-mail)에서의 에티켓을 잘못 설명한 것은?

① 내용을 보낼 때는 용건을 간단히 하여 보낸다.

② 용량이 큰 파일은 압축하여 첨부한다.

③ 주소가 정확한지 다시 확인하고 발송하도록 한다.

④ SNS에서 사용되는 함축어나 이모티콘 등을 활용한다.

⑤ 내용을 쉽게 알 수 있도록 적당한 제목을 붙인다.

06 최근 사회적으로 자주 등장하는 직장 내 문제로는 성희롱이 있다. 성희롱으로 생각하기 어려운 문장은?

① "예쁘고 일도 잘해서 귀여워 해줬는데?"

② "같이 일하는 사이라서 친밀감의 표시로 무심코 했는데 법정에까지 간다면 무서워서 어떻게 일을 하나?"

③ "그런 것은 아무래도 여자가 해야 어울리지, 남자들만 있는 곳에서 한 번 분위기 좀 살려줄 수 있잖아?"

④ "집에 애가 있으니 일찍 집에 가봐야지."

⑤ "오늘따라 치마가 짧고 좋은데?"

07 기업 간 거래 관계에서 요구되는 윤리적 기초에 대한 설명으로 적절하지 않은 것은?

① 힘이 강한 소매상이 힘이 약한 납품업체에 구매가격 인하를 요구하는 것은 거래의 평등성을 위배하는 행위이다.

② 이해할 만한 거래상대방의 설명 등 쌍방 간 의사소통이 원활하면 분배 공정성이 달성된다.

③ 약속의 성실한 이행은 거래를 지속시키며, 갈등을 해소하는 토대가 된다.

④ 의무의 도덕성이란 불가조항을 일일이 열거하는 것을 말한다.

⑤ 배려의 도덕성은 의무이행을 위해 보상과 격려, 관용과 존경을 강조한다.

08 직장에서는 지위체계에 따라 상사가 있고, 더욱 지위가 높은 임원급이 있는가 하면, 같은 시기에 직장에 들어온 동료가 있다. 또한 부하직원도 있고, 협력회사 및 고객도 있다. 직장 내 다양한 인간관계 속에서 직업인이 지켜야 할 예절로서 적절하지 않은 것은?

① 외부 인사와 첫인사로 악수를 할 때는 서로의 이름을 말하고 간단한 인사 몇 마디를 주고받는 정도의 시간 안에 끝내야 한다.

② 비즈니스상의 소개를 할 때는 직장 내에서의 서열과 나이, 성별을 고려해야 한다.

③ 명함을 교환할 때는 하위에 있는 사람이 먼저 꺼내는데 상위자에 대해서는 왼손으로 가볍게 받쳐 내는 것이 예의이며, 동위자·하위자에게는 오른손으로만 쥐고 건넨다.

④ 전화를 받을 때는 전화벨이 3∼4번 울리기 전에 받고 자신이 누구인지를 즉시 말한다.

⑤ 휴대폰 이용 시 지나친 SNS의 사용은 업무에 지장을 주므로 휴식시간을 이용한다.

09 업무상의 이유로 상대방 회사에 전화를 걸었을 때의 대응 태도로 가장 적절한 것은?

① 전화를 걸고 인사 후에는 용건을 결론부터 이야기하고 나서 부연설명을 한다.

② 전화를 건 후 상대방에게 먼저 "○○회사, ○○님 맞습니까?"라고 상대방을 먼저 확인한 후 자신의 신분을 밝힌다.

③ 전화통화 도중 필요한 자료를 찾기 위해 "잠시만요."라고 양해를 구하고 자료를 찾는다.

④ 다른 회사의 상사와 직접 통화를 한 후 끝날 때 먼저 수화기를 공손히 내려놓는다.

⑤ 상대방이 신원을 밝히지 않는 경우에는 상대가 누구인지 물어보아서는 안 된다.

10 최근 직장에서는 성희롱과 같은 문제가 이슈화되고 있다. 성예절을 지키기 위한 자세로서 적절하지 않은 것은?

① 여성의 직업참가율이 비약적으로 높아졌기 때문에 남성이 대등한 동반자 관계로 동등한 역할과 능력 발휘를 한다는 인식을 가질 필요가 있다.

② 직장 내에서 여성이 남성과 동등한 지위를 보장받기 위해서 그만한 책임과 역할을 다해야 하며, 조직은 그에 상응하는 여건을 조성해야 한다.

③ 우리 사회에는 뿌리 깊은 남성 위주의 가부장적 문화와 성역할에 대한 과거의 잘못된 인식이 아직도 남아 있기 때문에 남녀 공존의 직장문화를 정착하는 데 남다른 노력을 기울여야 한다.

④ 실정법을 준수하여 회사의 명예와 본인의 품위를 지켜야 하며, 사회적 또는 윤리적으로 비난받을 행위를 하지 않아야 한다.

⑤ 성희롱 문제는 개인적인 일이기 때문에 당사자들끼리 해결해야 한다.

PART 2

최종점검 모의고사

제1회
최종점검 모의고사

※ 한국승강기안전공단 최종점검 모의고사는 채용공고를 기준으로 구성한 것으로
　실제 시험과 다를 수 있습니다.

■ 취약영역 분석

번호	O/×	영역	번호	O/×	영역	번호	O/×	영역
01		의사소통능력	16		수리능력	31		의사소통능력
02		수리능력	17		대인관계능력	32		수리능력
03			18		문제해결능력	33		문제해결능력
04		직업윤리	19		수리능력	34		
05		대인관계능력	20		의사소통능력	35		
06		수리능력	21		직업윤리	36		대인관계능력
07		직업윤리	22		의사소통능력	37		의사소통능력
08		기술능력	23			38		
09		수리능력	24		수리능력	39		대인관계능력
10		의사소통능력	25		문제해결능력	40		
11		기술능력	26		대인관계능력			
12			27		직업윤리			
13		직업윤리	28					
14		의사소통능력	29		의사소통능력			
15		문제해결능력	30		수리능력			

평가문항	40문항	평가시간	60분
시작시간	:	종료시간	:
취약영역			

01 다음 글을 읽고 바르게 이해하지 못한 것은?

폐자원 에너지화, 환경을 지키는 신기술

사람들이 살아가기 위해서는 물, 토양, 나무 등 수많은 자원을 소비해야 한다. 산업이 발전하면서 소비되는 자원들의 종류와 양도 급격히 늘어났다. 그만큼 폐기물도 꾸준히 발생했고, 자원고갈과 폐기물 처리는 인간의 지속 가능한 삶을 위해 중요한 문제로 떠올랐다. 우리나라에서 하루 평균 발생하는 폐기물은 약 40만 5천 톤으로 추정된다. 건설폐기물, 사업장폐기물, 생활폐기물 등 종류도 다양하다. 과거에는 폐기물을 소각하거나 매립했지만 이로 인해 또 다른 환경오염이 추가로 발생해 사람들의 삶을 위협하는 수준까지 이르렀다.

폐자원 에너지화(Waste to Energy)는 폐기물을 이용해 다시 에너지로 만드는 친환경적인 방법이다. 고형연료 제조, 열분해, 바이오가스, 소각열 회수 등 다양한 폐기물 에너지화 기술이 대표적이다. 화석연료 등 한정된 자원의 사용빈도를 줄이고 폐기물을 최대한 재이용 또는 재활용함으로써 폐기물의 부피를 줄이는 장점이 있다. 또한, 폐기물 처리 비용이 획기적으로 줄어들어 폐자원 에너지화는 환경을 지키는 대안으로 주목받고 있다. 하지만 우리나라는 이와 관련한 대부분 핵심기술을 해외에 의지하고 있다. 전문 인력의 수도 적어 날로 발전하는 환경기술 개발과 현장 대응에 어려움을 겪는 상황이다.

---

① 폐기물 소각 시 또 다른 환경오염이 발생한다.

② 폐기물을 다시 에너지화하여 재활용한다면 폐기물 처리 비용이 줄어들 수 있다.

③ 하루 평균 약 40만 5천 톤의 폐기물이 발생하는데, 여기에는 건설폐기물, 사업장폐기물, 생활폐기물 등이 있다.

④ 우리나라는 폐자원 에너지화에 대한 기술과 인력이 부족해 현재 시행하지 않고 있다.

⑤ 우리나라는 폐자원 에너지화에 긍정적인 생각을 하고 있으나, 해외에 의존하고 있다.

02 다음은 우리나라 부패인식지수(CPI) 연도별 변동 추이에 대한 자료이다. 이에 대한 설명으로 옳지 않은 것은?

〈우리나라 부패인식지수(CPI) 연도별 변동 추이〉

구 분		2016년	2017년	2018년	2019년	2020년	2021년	2022년
CPI	점수	4.5	5.0	5.1	5.1	5.6	5.5	5.4
	조사대상국	146	159	163	180	180	180	178
	순위	47	40	42	43	40	39	39
	백분율	32.2	25.2	25.8	23.9	22.2	21.6	21.9
OECD	회원국	30	30	30	30	30	30	30
	순위	24	22	23	25	22	22	22

※ CPI 0 ~ 10점 : 점수가 높을수록 청렴

① CPI를 확인해 볼 때, 우리나라는 다른 해에 비해 2020년도에 가장 청렴했다고 볼 수 있다.
② CPI 순위는 2021년에 처음으로 30위권에 진입했다.
③ 청렴도가 가장 낮은 해와 2022년도의 청렴도 점수의 차이는 0.9점이다.
④ 우리나라의 OECD 순위는 2016부터 현재까지 상위권이라 볼 수 있다.
⑤ CPI 조사대상국은 2019년까지 증가하고 이후 2021년까지 유지되었다.

03 다음 빈칸에 들어갈 숫자로 옳지 않은 것은?(단, 총인구는 만의 자리에서, 뇌사 장기기증자 수는 소수점 첫째 자리에서, 인구 백만 명당 기증자 수는 소수점 셋째 자리에서 각각 반올림한다)

〈각국 인구대비 뇌사자 장기기증 비교 현황〉

구분	한국	스페인	미국	영국	이탈리아
총인구(백만 명)	49.0	②	310.4	63.5	60.6
뇌사 장기기증자 수(명)	416	1,655	③	④	1,321
인구 백만 명당 기증자 수(명)	①	35.98	26.63	20.83	⑤

① 8.49
② 46.0
③ 8,266
④ 1,540
⑤ 21.80

04 다음 중 바람직한 소개 예절로 적절하지 않은 것은?

① 나이 어린 사람을 연장자에게 먼저 소개한다.

② 내가 속해 있는 회사의 관계자를 타 회사의 관계자에게 먼저 소개한다.

③ 부장님을 신입사원에게 먼저 소개한다.

④ 한 사람을 여러 사람에게 소개할 때는 한 사람을 먼저 소개하고 그 후 각각을 소개한다.

⑤ 소개할 때는 소속, 성과 이름, 직책명 등을 포함한다.

05 다음은 헤밍웨이의 일화를 소개한 내용이다. 위스키 회사 간부가 헤밍웨이와 협상을 실패한 이유로 적절한 것은?

> 어느 날 미국의 한 위스키 회사 간부가 헤밍웨이를 찾아왔다. 헤밍웨이의 비서를 따라 들어온 간부는 헤밍웨이의 턱수염을 보고서 매우 감탄하며 말했다.
> "선생님은 세상에서 가장 멋진 턱수염을 가지셨군요! 우리 회사에서 선생님의 얼굴과 이름을 빌려 광고하는 조건으로 4천 달러와 평생 마실 수 있는 술을 제공하려는데 허락해주시겠습니까?"
> 그 말을 들은 헤밍웨이는 잠시 생각에 잠겼다. 그 정도 조건이면 훌륭하다고 판단했던 간부는 기다리기 지루한 듯 대답을 재촉했다.
> "무얼 그리 망설이십니까? 얼굴과 이름만 빌려주면 그만인데…"
> 그러자 헤밍웨이는 무뚝뚝하게 말했다.
> "유감이지만 그럴 수 없으니 그만 당신의 회사로 돌아가 주시기 바랍니다."
> 헤밍웨이의 완강한 말에 간부는 당황해하며 돌아가버렸다. 그가 돌아가자 비서는 헤밍웨이에게 왜 허락하지 않았는지를 물었고, 헤밍웨이는 대답했다.
> "그의 무책임한 말을 믿을 수 없었지. 얼굴과 이름을 대수롭지 않게 생각하는 회사에 내 얼굴과 이름을 빌려준다면 어떤 꼴이 되겠나?"

① 잘못된 사람과 협상을 진행하였다.

② 자신의 특정 입장만을 고집하였다.

③ 상대방에 대해 너무 많은 염려를 하였다.

④ 협상의 통제권을 갖지 못하였다.

⑤ 협상의 대상을 분석하지 못하였다.

06 아시안 게임에 참가한 어느 종목의 선수들을 A ~ C등급으로 분류하여 전체 4,500만 원의 포상금을 지급하려고 한다. A등급인 선수는 B등급보다 2배, B등급은 C등급보다 $\frac{3}{2}$ 배의 포상금을 지급하려고 한다. A등급은 5명, B등급은 10명, C등급은 15명이라면, A등급을 받은 선수 한 명에게 지급될 금액은?

① 300만 원
② 400만 원
③ 450만 원
④ 500만 원
⑤ 550만 원

07 (가)의 입장에서 (나)의 문제점을 해결하기 위해 제시할 수 있는 자세를 〈보기〉에서 모두 고르면?

> (가) 모든 사회구성원이 공정하게 대우받는 정의로운 공동체를 만들기 위해서는 부패 행위를 방지해야 한다. 우리 조상들은 전통적으로 청렴 의식을 중요하게 여겨, 청렴 의식을 강조하는 전통 윤리를 지켜왔다.
>
> (나) 부패 인식 지수는 공무원과 정치인이 얼마나 부패해 있는지에 대한 정도를 비교하여 국가별로 순위를 매긴 것이다. 100점 만점을 기준으로 점수가 높을수록 청렴하다. 2014년에 조사한 결과 우리나라의 부패 인식 지수는 55로 조사대상국 175개국 중 43위를 기록했다.

보기
> ㉠ 공동체와 국가의 공사(公事)를 넘어서 개인의 일을 우선하는 정신을 기른다.
> ㉡ 공직자들은 개인적 이익과 출세만을 추구하지 않고 바른 마음과 정신을 가진다.
> ㉢ 부당한 방법으로 공익을 추구하려 하지 않고 개인의 이익을 가장 중요하게 여긴다.
> ㉣ 공직자들은 청빈한 생활 태도를 유지하면서 국가의 일에 충심을 다하려는 정신을 지닌다.

① ㉠, ㉡
② ㉠, ㉢
③ ㉡, ㉢
④ ㉡, ㉣
⑤ ㉢, ㉣

08 전자파와 관련한 고객의 상담내용 중 적절하지 않은 것끼리 짝지은 것은?

〈가전제품 전자파 절감 가이드라인〉

오늘날 전자파는 우리 생활을 풍요롭고 편리하게 해주는 떼려야 뗄 수 없는 존재가 되었습니다. 일상생활에서 사용하는 가전제품의 전자파 세기는 매우 미약하며 안전하지만 여전히 걱정이 된다구요? 그렇다면 일상생활에서 전자파를 줄이는 가전제품 사용 가이드라인에 대해 알려드리겠습니다.

1. 생활가전제품 사용 시에는 가급적 30cm 이상 거리를 유지하세요.
   - 가전제품의 전자파는 30cm 거리를 유지하면 밀착하여 사용할 때보다 1/10로 줄어듭니다.
2. 전기장판은 담요를 깔고, 온도는 낮게, 온도 조절기는 멀리 하세요.
   - 전기장판의 자기장은 3 ~ 5cm 두께의 담요나 이불을 깔고 사용하면 밀착 시에 비해 50% 정도 줄어듭니다.
   - 전기장판의 자기장은 저온(취침모드)으로 낮추면 고온으로 사용할 때에 비해 50% 줄어듭니다.
   - 온도조절기와 전원접속부는 전기장판보다 전자파가 많이 발생하니 가급적 멀리 두고 사용하세요.
3. 전자레인지 동작 중에는 가까운 거리에서 들여다보지 마세요.
   - 사람의 눈은 민감하고 약한 부위에 해당하므로 전자레인지 동작 중에는 가까운 거리에서 내부를 들여다보는 것을 삼가는 것이 좋습니다.
4. 헤어드라이기를 사용할 때는 커버를 분리하지 마세요.
   - 커버가 없을 경우 사용부위(머리)와 가까워져 전자파에 2배 정도 더 노출됩니다.
5. 가전제품은 필요한 시간만 사용하고 사용 후에는 항상 전원을 뽑으세요.
   - 가전제품을 사용한 후 전원을 뽑으면 불필요한 전자파를 줄일 수 있습니다.
6. 시중에서 판매되고 있는 전자파 차단 필터는 효과가 없습니다.
7. 숯, 선인장 등은 전자파를 줄이거나 차단하는 효과가 없습니다.

상담원 : 안녕하십니까, 고객상담팀 김○○입니다.
고객　 : 안녕하세요, 문의할 게 있어서 전화했습니다. 이번에 전기장판을 사용하는데 윙윙거리는 전자파 소리가 들려서 도저히 불안해서 사용할 수가 없네요. 전기장판에서 발생하는 전자파는 어느 정도인가요?
상담원 : ㉠ 일상생활에서 사용하는 모든 가전제품에서는 전자파가 나오지만 그 세기는 매우 미약하고 안전하니 걱정하지 않으셔도 됩니다.
고객　 : 하지만 괜히 몸도 피곤하고 전기장판에서 자면 개운하지 않은 것 같아서요.
상담원 : ㉡ 혹시 온도조절기가 몸과 가까이 있지 않나요? 온도조절기와 전원접속부는 전기장판보다 전자파가 더 많이 발생하니 멀리 두고 사용하면 전자파를 줄일 수 있습니다.
고객　 : 네, 온도조절기가 머리 가까이 있었는데 위치를 바꿔야겠네요.
상담원 : ㉢ 또한 전기장판은 저온으로 장시간 이용하는 것보다 고온으로 온도를 올리고 있다가 저온으로 낮춰 사용하는 것이 전자파 절감에 더 효과가 있습니다.

고객 : 그럼 혹시 핸드폰에서 발생하는 전자파를 절감할 수 있는 방법도 있나요?

상담원 : ⓔ 핸드폰의 경우 시중에 판매하는 전차파 차단 필터를 사용하시면 50% 이상의 차단 효과를 보실 수 있습니다.

① ㉠, ㉡
② ㉠, ㉢
③ ㉡, ㉢
④ ㉢, ⓔ
⑤ ㉡, ⓔ

09 주머니에 1부터 10까지의 숫자가 적힌 카드 10장이 들어 있다. 주머니에서 카드를 세 번 뽑는다고 할 때, 1, 2, 3이 적힌 카드 중 하나 이상을 뽑을 확률은?(단, 꺼낸 카드는 다시 넣지 않는다)

① $\dfrac{5}{8}$

② $\dfrac{17}{24}$

③ $\dfrac{7}{24}$

④ $\dfrac{7}{8}$

⑤ $\dfrac{5}{6}$

10 다음 ㉠ ~ ⓔ의 빈칸에 들어갈 말을 순서대로 바르게 나열한 것은?

오늘날의 민주주의는 자본주의가 성숙함에 따라 함께 성장한 것이라고 볼 수 있다. ㉠ 자본주의가 발달함에 따라 민주주의가 함께 발달한 것이다. ㉡ 이러한 자본주의의 성숙을 긍정적으로만 해석할 수는 없다. ㉢ 자본주의의 성숙이 민주주의와 그 성장에 부정적 영향을 끼칠 수도 있기 때문이다. 자본주의가 발달하면 돈 많은 사람이 그렇지 않은 사람보다 더 많은 권리 내지는 권력을 갖게 된다. ⓔ 시장에서의 권리나 권력뿐만 아니라 정치 영역에서도 그럴 수 있다는 것이 문제다.

① 즉 – 그러나 – 왜냐하면 – 비단
② 그러나 – 즉 – 비단 – 왜냐하면
③ 비단 – 즉 – 그러나 – 왜냐하면
④ 즉 – 그러나 – 비단 – 왜냐하면
⑤ 왜냐하면 – 즉 – 그러나 – 비단

※ S제조기업에서는 다음과 같은 사망재해 예방자료를 제작하여 작업현장에 배부하고자 한다. 자료를 읽고 이어지는 질문에 답하시오. **[11~12]**

〈주요 사망재해 5대 유형〉

① **끼임** : 제조업 전체의 28% 점유
  ★ 사망재해는 이렇게 발생합니다.
   끼임으로 인한 사망재해는 방호장치가 미설치된 기계설비의 작업점, 기어·롤러의 말림점, 벨트·체인 등 동력전달부와 회전체 취급 작업 시 면장갑 착용 등으로 인해 발생합니다. 또한 기계설비의 정비·수리 등의 작업 시 기계를 정지하지 않거나, 타 근로자의 기동스위치 오조작으로 인해 발생합니다.
  ★ 사망재해 예방 대책
   ① 기계설비의 작업점에는 센서, 덮개 등 방호장치 설치
   ② 기어, 롤러의 말림점에는 방호덮개 설치
   ③ 벨트, 체인 등 동력전달부에는 방호덮개 설치
   ④ 회전체 취급 작업 시 면장갑 착용금지 및 적절한 작업복 착용
   ⑤ 정비·수리 등의 작업 시에는 반드시 기계를 정지한 후 작업을 실시하고, 조작부에는 잠금장치 및 표지판 설치

② **떨어짐** : 제조업 전체의 20% 점유
  ★ 사망재해는 이렇게 발생합니다.
   떨어짐으로 인한 사망재해는 사다리의 파손·미끄러짐, 지붕 위에서 보수작업 중 선라이트 등 약한 부위 파손, 화물자동차의 적재·포장작업 및 대형설비나 제품 위에서의 작업 중에 주로 발생합니다.
  ★ 사망재해 예방 대책
   ① 사다리는 파손되지 않는 견고한 것을 사용, 작업자는 안전모를 착용하고, 전도방지 조치를 실시한 후 사용
   ② 지붕 위 작업 시에는 30cm 이상의 작업발판을 설치하고, 하부에 안전방호망 설치
   ③ 트럭 적재함과 높이가 같은 전용 입·출하장에서 작업하고, 작업 시에는 안전모 착용
   ④ 대형설비나 제품 위에서의 작업 시에는 고소작업대 등 전용승강설비 사용 및 안전발판 설치

③ **부딪힘** : 제조업 전체의 9% 점유
  ★ 사망재해는 이렇게 발생합니다.
   부딪힘으로 인한 사망재해는 작업장 내에서 지게차의 운반작업, 화물자동차의 운행, 백호(Back Hoe) 붐대의 회전, 크레인으로 중량물 운반 시에 주로 발생합니다.
  ★ 사망재해 예방 대책
   ① 지게차 운행 시에는 운전자 시야를 확보할 수 있도록 적재하고, 제한속도를 지정하여 과속하지 않도록 조치
   ② 사업장 내 화물자동차 운행 시 유도자를 배치하고, 운전자는 유도자의 신호에 따라 운행
   ③ 백호 붐의 작업반경 내에서는 동시 작업 금지
   ④ 크레인으로 중량물 인양 시에는 편심이 되지 않도록 수직으로 인양하고, 무선리모컨 사용 등 작업자가 근접하지 않도록 조치

④ **물체에 맞음** : 제조업 전체의 8% 점유

★ 사망재해는 이렇게 발생합니다.

맞음으로 인해 발생하는 사망재해는 과도한 높이로 불안정하게 적재된 적재물, 적절한 포장이 없는 중량물을 지게차로 운반, 크레인의 와이어로프 파손 및 달기기구 이탈, 고속회전체인 숫돌 파손 등으로 인해 주로 발생합니다.

★ 사망재해 예방 대책

① 지게차 운전자는 유자격자로 하고, 운전자 시야 확보 및 제한속도 지정 등으로 사업장 내 과속 금지

② 지게차 포크에 화물 적재 시 편하중 금지 및 전용 팰릿(Pallet) 사용

③ 경사면에서의 급선회 금지, 지게차에 좌석안전띠 설치 및 착용

④ 지게차 전용 운행통로 확보 및 근로자 출입금지 조치 시행

⑤ **화재/폭발·파열** : 제조업 전체의 5% 점유

★ 사망재해는 이렇게 발생합니다.

화재/폭발·파열/누출로 인한 사망재해는 화학설비에서 인화성 물질의 누출, 용접 작업 중 불티의 비산, 인화성 물질이 잔류한 폐드럼 절단, 환기가 충분하지 않은 탱크 내부 등에서의 화기작업으로 인해 주로 발생합니다.

★ 사망재해 예방 대책

① 인화성 물질 등을 취급하는 설비, 탱크 등은 누출이 없도록 조치(가스검지기 등 경보장치설치)

② 용접작업 시 불받이포 등 불티 비산방지 조치 및 소화기 비치

③ 폐드럼 절단 작업은 잔류 인화성 물질 제거 후 실시

④ 밀폐공간은 인화성 액체나 증기가 남아 있지 않도록 환기 등의 조치 후 화기작업 실시

11 작업장 내에서 사망재해를 줄이고자 위 자료를 포스터로 제작하여 현장에 부착하고자 한다. 귀하의 상사는 주요 사고가 어떻게 발생하는지를 한눈에 알아볼 수 있도록 그림을 함께 삽입하라고 지시하였다. 귀하는 '떨어짐' 유형에 대해 다음과 같은 삽화를 제작하였다. 그러나 상사가 적절하지 못한 그림이 있다고 한다. 다음 중 적절하지 못한 그림은 무엇인가?

①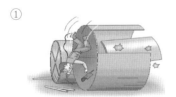

②

③

④

⑤

12 상사의 지시대로 유형마다 그림을 추가하여 포스터 제작을 마무리하였다. 포스터 인쇄 전 최종 검토하는 과정에서 예방 대책이 사망재해 유형과 어울리지 않는 부분이 있는 것을 찾았다. 귀하가 찾은 것은 어느 부분에 있는가?

① 끼임
② 떨어짐
③ 부딪힘
④ 물체에 맞음
⑤ 화재/폭발·파열

13 명함은 현대에 와서는 비즈니스맨에게 없어서는 안 될 업무상 소도구의 하나라고 할 수 있다. 다음 중 명함을 교환하는 예절에 대한 설명으로 가장 적절한 것은?

① 명함은 한 손으로 건네도 예의에 어긋나지 않는다.
② 명함은 고객이 바로 볼 수 있도록 건넨다.
③ 이름의 한자 발음을 물어보는 것은 실례다.
④ 명함을 동시에 주고받을 때는 왼손으로 주고 오른손으로 받는다.
⑤ 정중하게 인사를 하고 나서 명함을 내밀 때는 회사명과 이름을 밝히지 않아도 된다.

14 밑줄 친 단어와 같은 의미로 쓰인 것이 아닌 것은?

고대 그리스의 조각 작품들을 살펴보면, 조각 전체의 자세 및 동작이 기하학적 균형을 바탕으로 나타나있음을 알 수 있다. 세부적인 묘사에 치중된 (가) <u>기교</u>보다는 기하학을 바탕으로 한 전체적인 균형과 (나) <u>절제</u>된 표현이 고려된 것이다. 그런데 헬레니즘기의 조각으로 넘어가면서 초기의 (다) <u>근엄</u>하고 정적인 모습이나 기하학적인 균형을 중시하던 입장에서 후퇴하는 현상들이 보이게 된다. 형태들을 보다 더 (라) <u>완숙</u>한 모습으로 나타내기 위해 사실적인 묘사나 장식적인 측면들에 주목하게 된 것이라 할 수 있다. 하지만 그 안에서도 여전히 기하학적인 균형을 찾아볼 수 있으며 개별적인 것들을 포괄하는 보편적인 질서인 이데아를 (마) <u>구현</u>하고자 하는 고대 그리스 사람들의 생각을 엿볼 수 있다.

① (가) : 그는 당대의 쟁쟁한 바이올리니스트 중에서도 <u>기교</u>가 뛰어나기로 유명하다.
② (나) : 수도사들은 욕망을 <u>절제</u>하고 청빈한 삶을 산다.
③ (다) : 방에 들어서니 할아버지가 <u>근엄</u>한 표정으로 앉아 계셨다.
④ (라) : 몇 년 사이에 아주 어른이 되어 예전의 <u>완숙</u>한 모습은 찾아볼 수가 없다.
⑤ (마) : 그는 정의 <u>구현</u>을 위해 판사가 되기로 마음먹었다.

15 S공단의 총무팀 4명은 해외출장을 계획하고 있다. 총무팀은 출장지에서의 이동수단 한 가지를 결정하려고 한다. 다음 〈조건〉을 통해 이동수단을 선택할 때, 총무팀이 최종적으로 선택하게 될 이동수단의 종류와 그 비용을 바르게 짝지은 것은?

- 이동수단은 경제성, 용이성, 안전성의 총 3가지 요소를 고려하여 최종점수가 가장 높은 이동수단을 선택한다.
- 각 고려요소의 평가결과 '상' 등급을 받으면 3점을, '중' 등급을 받으면 2점을, '하' 등급을 받으면 1점을 부여한다. 단, 안전성을 중시하여 안전성 점수는 2배로 계산한다.
- 경제성은 이동수단별 최소비용이 적은 것부터 상, 중, 하로 평가한다.
- 각 고려요소의 평가점수를 합하여 최종점수를 구한다.

〈이동수단별 평가표〉

이동수단	경제성	용이성	안전성
렌터카	?	상	하
택시	?	중	중
대중교통	?	하	중

〈이동수단별 비용계산식〉

이동수단	비용계산식	용이성	안전성
렌터카	[(렌트비)+(유류비)]×(이용 일수) • 1일 렌트비 : $50(4인승 차량) • 1일 유류비 : $10(4인승 차량)	상	하
택시	[거리당 가격($1/마일)]×[이동거리(마일)] ※ 최대 4명까지 탑승가능	중	중
대중교통	[대중교통패스 3일권($40/인)]×(인원수)	하	중

〈해외출장 일정〉

출장 일정	이동거리(마일)
11월 1일	100
11월 2일	50
11월 3일	50

	이동수단	비용
①	렌터카	$180
②	택시	$200
③	택시	$400
④	대중교통	$140
⑤	대중교통	$160

16 어떤 콘텐츠에 대한 네티즌 평가를 하였다. 1,000명이 참여한 A사이트에서는 평균 평점이 5.0이었으며, 500명이 참여한 B사이트에서는 평균 평점이 8.0이었다. 이 콘텐츠에 대한 두 사이트 전체 참여자의 평균 평점은 얼마인가?

① 4.0점
② 5.5점
③ 6.0점
④ 7.5점
⑤ 8.0점

17 K사원은 현재 S공단에서 고객응대 업무를 맡고 있다. 아래와 같이 고객의 민원에 답변하였을 때, 고객 전화 응대법과 관련하여 적절하지 않은 답변은?

> 고객 : 저기요. 제가 너무 답답해서 이렇게 전화했습니다.
> K사원 : 안녕하세요. 고객님. 상담사 ○○○입니다. 무슨 문제로 전화해주셨나요? … ①
>
> 고객 : 아니, 아직 납부기한이 지나지도 않았는데, 홈페이지에 왜 '납부하지 않은 보험료'로 나오는 건가요? 일 처리를 왜 이렇게 하는 건가요?
> K사원 : 고객님, 이건 저희 실수가 아니라 고객님이 잘못 이해하신 부분 같습니다. … ②
>
> 고객 : 무슨 소리예요? 내가 지금 홈페이지에서 확인하고 왔는데.
> K사원 : 네 고객님. 홈페이지 '납부하지 않은 보험료'로 표시되는 경우에는 고객님께서 다음 달 10일까지 납부하셔야 할 당월분 보험료라고 이해하시면 됩니다. … ③
>
> 고객 : 정말이에요? 나 참 왜 이렇게 헷갈리게 만든 건가요?
> K사원 : 죄송합니다. 고객님. 참고로 이미 보험료를 납부했는데도 '납부하지 않은 보험료'로 표시되는 경우에는 보험료 납부내역이 공단 전산에 반영되는 기준일이 '납부 후 최장 4일 경과한 시점'이기 때문임을 유의해주시기 바랍니다. … ④
>
> 고객 : 알겠습니다. 수고하세요.
> K사원 : 감사합니다. 고객님 좋은 하루 보내세요. 상담사 ○○○이었습니다. … ⑤

18 S전자는 3일 동안 진행되는 국제 전자제품 박람회에 참가하여 휴대폰, 가전, PC 총 3개의 부스를 마련하였다. 〈조건〉에 따라 근무한다고 할 때, 다음 중 적절하지 않은 것은?

> **조건**
>
> • 마케팅팀 K과장, T대리, Y사원, P사원과 개발팀 S과장, D대리, O대리, C사원이 부스에 들어갈 수 있다.
> • 부스에는 마케팅팀 1명과 개발팀 1명이 들어가는데, 각 부스 근무자는 매일 바뀐다.
> • 모든 직원은 3일 중 2일을 근무해야 한다.
> • 같은 직급끼리 한 부스에 근무하지 않으며, 한번 근무한 부스는 다시 근무하지 않는다.
> • T대리는 1일 차에 가전 부스에서 근무한다.
> • S과장은 2일 차에 휴대폰 부스에서 근무한다.
> • PC 부스는 2일 차와 3일 차 연속으로 개발팀 근무자가 대리이다.
> • 3일 차에 과장들은 출장을 가기 때문에 어느 부스에서도 근무하지 않는다.
> • 휴대폰 부스는 장비 문제로 1일 차에는 운영하지 않는다.

① 1일 차에 근무하는 마케팅팀 사원은 없다.
② 개발팀 대리들은 휴대폰 부스에 근무하지 않는다.
③ 3일 차에 P사원이 가전 부스에 근무하면 Y사원은 PC 부스에 근무한다.
④ PC 부스는 과장이 근무하지 않는다.
⑤ 가전 부스는 마케팅팀 과장과 개발팀 과장이 모두 근무한다.

19 갑과 을의 현재 나이의 비는 3 : 1이고, 11년 후 나이의 비는 10 : 7이 된다고 한다. 갑과 을의 현재 나이는 몇 세인가?

	갑	을
①	9세	3세
②	6세	2세
③	3세	9세
④	2세	6세
⑤	1세	3세

20 제시된 단락을 읽고, 이어질 내용을 논리적 순서대로 바르게 나열한 것은?

'낙수 이론(Trickle down theory)'은 '낙수 효과(Trickle down effect)'에 의해서 경제 상황이 개선될 수 있다는 것을 골자로 하는 이론이다. 이 이론은 경제적 상위계층의 생산 혹은 소비 등의 전반적 경제활동에 따라 경제적 하위계층에게도 그 혜택이 돌아간다는 모델에 기반을 두고 있다.

(가) 한국에서 이 낙수 이론에 의한 경제구조의 변화를 실증적으로 나타내는 것이 바로 70년대 경제발전기의 경제 발전 방식과 그 결과물이다. 한국은 대기업 중심의 경제 발전을 통해서 경제의 규모를 키웠고, 이는 기대 수명 증가 등 긍정적 결과로 나타났다.

(나) 그러나 낙수 이론에 기댄 경제정책이 실증적인 효과를 낸 전력이 있음에도 불구하고, 낙수 이론에 의한 경제발전모델이 과연 전체의 효용을 바람직하게 증가시켰는지에 대해서는 비판들이 있다.

(다) 사회적 측면에서는 계층 간 위화감 조성이라는 문제점 또한 제기된다. 결국 상류층이 돈을 푸는 것으로 인하여 하류층의 경제적 상황에 도움이 되는 것이므로, 상류층과 하류층의 소비력의 차이가 여실히 드러나고, 이는 사회적으로 위화감을 조성시킨다는 것이다.

(라) 제일 많이 제기되는 비판은 경제적 상류계층이 경제활동을 할 때까지 기다려야 한다는 낙수 효과의 본질적인 문제점에서 연유한다. 결국 낙수 효과는 상류계층의 경제활동에 의해 이루어지는 것이므로, 당사자가 움직이지 않는다면 발생하지 않기 때문이다.

① (가) – (라) – (나) – (다)   ② (가) – (다) – (라) – (나)

③ (다) – (가) – (라) – (나)   ④ (가) – (나) – (라) – (다)

⑤ (가) – (나) – (다) – (라)

21 성희롱 예방을 위한 상사의 태도로 적절하지 않은 것은?

① 부하직원을 칭찬하거나 쓰다듬는 행위는 부하직원에 대한 애정으로 받아들일 수 있다.

② 중재, 경고, 징계 등의 조치 이후 가해자가 보복이나 앙갚음을 하지 않도록 주시한다.

③ 성희롱을 당하면서도 거부하지 못하는 피해자가 있다는 것을 알면 중지시켜야 한다.

④ 자신이 관리하는 영역에서 성희롱이 일어나지 않도록 예방에 힘쓰며, 일단 성희롱이 발생하면 그 행동을 중지시켜야 한다.

⑤ 직급과 성별을 불문하고 상호 간 존칭을 사용하며, 서로 존중하는 문화를 만든다.

※ S공단의 홍보팀에서 일하는 A사원은 S공단의 주요 기술에 관해 설명하는 홍보책자를 제작하려고 한다. 이어지는 질문에 답하시오. **[22~23]**

〈배전자동화시스템〉

배전자동화시스템이란?

배전자동화시스템은 첨단IT기술을 접목하여 계발된 배전자동화용 단말장치(FRTU)에서 배전설비와 선로의 현장 정보(상태 정보, 전류/전압, 고장 유무 등)를 취득하여 통신장치를 통해 주장치에 재공함으로써 배전계통 운전 상황을 실시간으로 모니터링 한다. 특히 고장 구간을 신속히 파악함과 동시에 원격제어를 통해 정전시간을 단축하고 고장 구간을 축소하여 안정적인 전력을 공급하는 시스템이다.

㉠	㉡	㉢
• 배전선로 개폐기의 원격제어 • 개폐기 상태 감시 및 고장 구간 표시 • 배전기기 및 선로의 품질진단 • 배전선로 운전 정보 수집(전압/전류 등) • 고장 분석 및 보고서 출력	• 고품질 전력의 안정적 공급 수요증대 (인터넷 증권, 반도체 공장 등) • 신속한 고장 위치 파악 • 고장 구간 분리로 정전 시간 단축 • 신뢰도 높은 배전선로 설비 요구 • 복잡한 배전계통에 대한 효율적인 운전	• 배전자동화를 통한 경제적, 효율적 배전계통 운영 가능 • 배전계통 최적화 운전을 통한 손실 최소화 기대 • 안정적인 고품질의 전력 공급 서비스로 국민 생활 불편 최소화 및 다양한 전력 관련 정보 제공 가능

22 다음 중 ㉠ ~ ㉢에 들어갈 말이 순서대로 짝지어진 것은?

	㉠	㉡	㉢
①	기대효과	필요성	기능
②	기능	기대효과	필요성
③	기능	필요성	기대효과
④	필요성	기대효과	기능
⑤	필요성	기능	기대효과

23 다음 중 윗글에서 틀린 단어의 개수는?

① 없음   ② 1개
③ 2개   ④ 3개
⑤ 4개

24 민수가 아이들에게 노트를 나눠주려고 하는데 남는 노트가 없이 나눠주려고 한다. 7권씩 나눠주면 13명이 노트를 못 받고, 마지막으로 노트를 받은 아이는 2권밖에 받지 못해서 6권씩 나눠주었더니 10명이 노트를 못 받고, 마지막으로 노트를 받은 아이는 2권밖에 받지 못했다. 그렇다면 몇 권씩 나눠주어야 노트가 남지 않으면서 공평하게 나눠줄 수 있겠는가?

① 1권   ② 2권
③ 3권   ④ 4권
⑤ 5권

25 마지막 명제가 참일 때, 다음 빈칸에 들어갈 명제로 가장 적절한 것은?

- 허리통증이 심하면 나쁜 자세로 공부했다는 것이다.
- 공부를 오래 하면 성적이 올라간다.
- _____
- 성적이 떨어졌다는 것은 나쁜 자세로 공부했다는 것이다.
---

① 성적이 올라갔다는 것은 좋은 자세로 공부했다는 것이다.
② 좋은 자세로 공부한다고 해도 허리의 통증은 그대로이다.
③ 성적이 떨어졌다는 것은 공부를 별로 하지 않았다는 증거다.
④ 좋은 자세로 공부한다고 해도 공부를 오래 하긴 힘들다.
⑤ 허리통증이 심하지 않으면 공부를 오래 할 수 있다.

26 최근 S은행에 입사한 Y행원은 며칠 전 민원상담을 진행하는 데 어려움을 겪었다고 선임인 귀하에게 토로하였다. 귀하는 Y행원이 민원상담을 잘 수행할 수 있도록 민원처리 매뉴얼에 대해 설명하고자 한다. 다음 중 귀하의 발언으로 적절하지 않은 것은?

① 고객이 민원을 제기할 때에는 주장하는 내용을 정확하게 파악할 수 있도록 경청하는 것이 중요해. 만약 부정확한 내용이 있다면 반드시 다시 확인해야 해.
② 사실을 확인한 민원에 대해서는 적절한 해결책이 무엇인지 모색하여야 하는데, 만약 은행의 과실에 대한 것이라면 이를 인정하고 먼저 사과해야 해.
③ 적절한 해결책이 있다면 고객에게 제시하여 해결하도록 하고, 향후 반복적인 문제가 발생하지 않도록 개인 업무노트에 기록해 두고 수시로 확인하는 것이 중요해.
④ 민원처리 결과에 대하여 고객의 의견 및 만족 여부를 확인하여 은행의 신뢰를 조성하도록 노력해야 해.
⑤ 민원처리 시 감정이 상한 고객이 있다면 먼저 공감하는 자세로 고객의 마음을 헤아리도록 노력해야 해.

27 다음 직장생활에 나타나는 대화 사례 중 호칭에 대한 예절로 적절하지 않은 것은?

(A) 이부장 : 김대리, 내가 말한 기획서는 완성되었나?
    김대리 : 네 부장님, 아침회의 때 바로 보고 드리겠습니다.

(B) 김사원 : 과장님, 김대리님이 이 자료를 전달하라고 했습니다.
    이과장 : 그런가? 이리 갖고와보게.

(C) (김대리와 최대리는 동급자이다.)
    김대리 : 최대리, 다음 주에 회식 어때?
    최대리 : 미안하지만 선약이 있어.

(D) 박대리 : 최○○씨, 제가 부탁한 자료 준비되었나요?
    최사원 : 네 대리님, 준비되었습니다.

(E) 김부장 : 다음으로 회장님 말씀이 있겠습니다.

---

① (A)   ② (B)
③ (C)   ④ (D)
⑤ (E)

PART 2

28 스마트 폰은 일상적인 비즈니스 거래를 유지하고, 도움이 필요한 사람에게 재빨리 연락을 취할 수 있으며, 인터넷에 접속하여 간단한 업무도 처리할 수 있어 직장인의 필수품이 되어가고 있다. 다음 중 직장 내에서 스마트 폰 사용에 대한 유의사항으로 적절하지 않은 것은?

① 사무실에서 벨소리, 메시지와 같은 알림 기능은 무음으로 설정하는 것이 좋다.
② 중요한 대화일 경우 문자보다는 음성 통화를 이용하도록 한다.
③ 외근으로 인해 운전할 때 스마트 폰은 한 손으로 조심히 사용한다.
④ 타인과 면전에서 대화할 경우 스마트 폰 사용을 자제한다.
⑤ SNS 사용은 휴식시간에 이용하도록 한다.

29 S일보에 근무 중인 A기자는 나들이가 많은 요즘 자동차 사고를 예방하고자 아래와 같은 기사를 작성하였다. 기사의 제목으로 적절한 것은?

예전에 비해 많은 사람이 안전띠를 착용하지만, 우리나라 안전띠 착용률은 여전히 매우 낮다. 2013년 일본과 독일에서 조사한 승용차 앞좌석 안전띠 착용률은 각각 98%와 97%를 기록했다. 하지만 같은 해 우리나라는 84.4%에 머물렀다. 특히 뒷좌석 안전띠 착용률은 19.4%로 OECD 국가 중 최하위에 머물렀다.

지난 4월 13일, S공단은 경기도 화성에 있는 자동차안전연구원에서 '부적절한 안전띠 착용 위험성 실차 충돌시험'을 실시했다. 국내에서 처음 시행한 이번 시험은 안전띠 착용 상태에서 안전띠를 느슨하게 풀어주는 장치 사용(성인, 운전석), 안전띠 미착용 상태에서 안전띠를 느슨하게 풀어주는 장치 사용(성인, 운전석), 안전띠 미착용 상태에서 안전띠 버클에 경고음 차단 클립 사용(성인, 보조석), 뒷좌석에 놀이방 매트 설치 및 안전띠와 카시트 모두 미착용(어린이, 뒷좌석) 총 세 가지 상황으로 실시했다.

성인 인체모형 2조와 3세 어린이 인체모형 1조를 활용해 승용 자동차가 시속 56km로 고정 벽에 정면충돌하도록 했다. 충돌시험 결과 놀랍게도 안전띠의 부적절한 사용은 중상 가능성이 최대 99.9%로 안전띠를 제대로 착용했을 때보다 최대 9배 높게 나타났다.

세 가지 상황별로 살펴보자. 먼저 안전띠를 느슨하게 풀어주는 장치를 사용할 경우다. 중상 가능성은 49.7%로, 올바른 안전띠 착용보다 약 5배 높게 나타났다. 느슨해진 안전띠로 인해 차량 충돌 시 탑승객을 효과적으로 구속하지 못하기 때문이다. 그리고 안전띠 경고음 차단 클립을 사용한 경우에는 중상 가능성이 80.3%로 더욱 높아졌다.

에어백이 충격 일부를 흡수하기는 하지만 머리는 앞면 창유리에, 가슴은 크래시 패드에 심하게 부딪친 결과다. 마지막으로 뒷좌석 놀이방 매트 위에 있던 3세 어린이 인체 모형은 중상 가능성이 99.9%로 생명에 치명적 위험을 초래하는 것으로 나타났다. 어린이 인체모형은 자동차 충격 때문에 튕겨 나가 앞좌석 등받이와 심하게 부딪쳤고, 안전띠와 카시트를 착용한 경우보다 머리 중상 가능성이 99.9%, 가슴 중상 가능성이 93.9% 이상 높았다.

또 안전띠를 제대로 착용하지 않으면 에어백의 효과도 줄어든다는 사실을 알 수 있었다. 안전띠를 정상적으로 착용하지 않으면, 자동차 충돌 시 탑승자가 앞으로 튕겨 나가려는 힘을 안전띠가 효과적으로 막아주지 못한다. 이러한 상황에서 탑승자가 에어백과 부딪치면 에어백의 흡수 가능 충격량을 초과한 힘이 탑승자에게 가해져 상해율이 높아지는 것이다.

① 안전띠! 제대로 맵시다.
② 우리나라 안전띠 착용률 OCED 국가 중 최하위!
③ 안전띠 경고음 차단 클립의 위험성을 경고한다.
④ 어린이는 차량 뒷좌석에 앉히세요~
⑤ 우리 가족 안전수호대, 에어백과 안전띠의 특급 콜라보레이션!

30 원우는 자신을 포함한 8명의 친구와 부산에 놀러 가기 위해 일정한 금액을 걷었다. 원우가 경비를 계산해보니, 총금액의 30%는 숙박비에 사용하고, 숙박비 사용 금액의 40%는 외식비로 사용한다. 그리고 남은 경비가 92,800원이라면, 각자 얼마씩 돈을 냈는가?

① 15,000원

② 18,000원

③ 20,000원

④ 22,000원

⑤ 24,000원

31 다음 제시된 단락을 읽고, 이어질 단락을 논리적 순서대로 바르게 나열한 것은?

> PTSD(Post Traumatic Stress Disorder)는 '외상 후 스트레스 장애'로서, 외부로부터 피해를 당한 사람에게서 나타나는 일종의 정신질환이다. 성폭행 피해자, 화재를 진압한 소방관, 참전 군인 등에게 상대적으로 많이 발생한다고 한다.

> (가) 현대에 와서야 PTSD를 겁쟁이로 보지 않고 일종의 정신질환으로 보기 시작했다. 가장 가까운 시기로는 이라크 전쟁에 파병되었다가 온 병사들의 사례가 있다. 이들은 PTSD 때문에 매일 약을 먹으며 살고 있다고 한다.
>
> (나) 사실 과거에 PTSD는 정신질환으로 인정되지 않았다. 잔혹한 임무수행을 해야 하는 군대에서 그러한 경우가 많이 나타나는데, PTSD에 걸린 병사를 정신질환자가 아니라 겁쟁이로 생각했다.
>
> (다) 이렇게 충동억제장애 등으로 나타나는 PTSD가 다른 정신질환보다 더 문제가 되는 것은 전쟁에 의한 PTSD 질환자들이 건장한 병사 출신으로서, 정신이상 상태로 타인에게 큰 피해를 줄 수 있다는 점도 한몫을 할 것이다.
>
> (라) 전술한 것처럼 PTSD는 약을 먹어야만 하는 질환이다. PTSD가 발병하였을 때 적절한 치료가 이루어지지 않는다면, 일반적으로 생각되는 정신질환이 발생하게 되며 그 종류도 다양하다. 보통 PTSD는 분노조절장애, 충동억제장애 등의 양상을 보이며, 이외에 우울증이나 공황장애와 함께 발병한다.

① (가) - (나) - (라) - (다)

② (가) - (나) - (다) - (라)

③ (나) - (가) - (다) - (라)

④ (나) - (가) - (라) - (다)

⑤ (나) - (다) - (가) - (라)

32 전교생이 1,000명이고 이 중 남학생이 여학생보다 200명이 많은 어느 학교에서 안경 낀 학생 수를 조사하였다. 안경 낀 학생은 안경을 끼지 않은 학생보다 300명이 적었다. 안경 낀 남학생은 안경 낀 여학생의 1.5배였다면 안경 낀 여학생은 몇 명인가?

① 120명

② 140명

③ 160명

④ 180명

⑤ 200명

※ 다음은 S시 가구의 형광등을 LED 전구로 교체할 경우 기대효과를 분석한 자료이다. 이를 참고하여 이어지는 질문에 답하시오. [33~34]

A시의 가구 수 (세대)	적용 비율 (%)	가구당 교체개수(개)	필요한 LED 전구 수(천 개)	교체비용 (백만 원)	연간 절감 전력량 (만kWh)	연간 절감 전기요금 (백만 원)
600,000	30	3	540	16,200	3,942	3,942
		4	720	21,600	5,256	5,256
		5	900	27,000	6,570	6,570
	50	3	900	27,000	6,570	6,570
		4	1,200	36,000	8,760	8,760
		5	1,500	45,000	10,950	10,950
	80	3	1,440	43,200	10,512	10,512
		4	1,920	56,600	14,016	14,016
		5	2,400	72,000	17,520	17,520

※ (1kWh당 전기요금)=(연간 절감 전기요금)÷(연간 절감 전력량)

33 S시의 80% 가구가 형광등 5개를 LED 전구로 교체할 때와 50% 가구가 형광등 5개를 LED 전구로 교체할 때의 3년 후 절감액의 차는 얼마인가?

① 18,910백만 원
② 19,420백만 원
③ 19,710백만 원
④ 19,850백만 원
⑤ 20,140백만 원

34 〈보기〉의 내용 중 옳은 것을 모두 고르면?

> **보기**
>
> ㄱ. S시의 50%의 가구가 형광등 3개를 LED 전구로 교체한다면 교체비용은 270억 원이 소요된다.
> ㄴ. S시의 30%의 가구가 형광등 5개를 LED 전구로 교체했을 때의 연간 절감 전기요금은 50% 가구의 형광등 3개를 LED 전구로 교체한 것과 같다.
> ㄷ. S시에 적용된 전기요금은 1kWh당 100원이다.
> ㄹ. S시의 모든 가구가 형광등 5개를 LED 전구로 교체하려면 LED 전구 240만 개가 필요하다.

① ㄱ, ㄴ
② ㄴ, ㄷ
③ ㄷ, ㄹ
④ ㄱ, ㄹ
⑤ ㄱ, ㄴ, ㄷ

35 다음은 ㈜S섬유에 대한 SWOT 분석 자료이다. 다음 〈보기〉에서 분석에 따른 대응 전략으로 적절한 것을 모두 고르면?

• 첨단 신소재 관련 특허 다수 보유	• 신규 생산 설비 투자 미흡
	• 브랜드의 인지도 부족
S 강점	**W 약점**
O 기회	**T 위협**
• 고기능성 제품에 대한 수요 증가	• 중저가 의류용 제품의 공급 과잉
• 정부 주도의 문화 콘텐츠 사업 지원	• 저임금의 개발도상국과 경쟁 심화

보기

ㄱ. SO전략으로 첨단 신소재를 적용한 고기능성 제품을 개발한다.
ㄴ. ST전략으로 첨단 신소재 관련 특허를 개발도상국의 경쟁업체에 무상 이전한다.
ㄷ. WO전략으로 문화 콘텐츠와 디자인을 접목한 신규 브랜드 개발을 통해 적극적 마케팅을 한다.
ㄹ. WT전략으로 기존 설비에 대한 재투자를 통해 대량생산 체제로 전환한다.

① ㄱ, ㄷ   ② ㄱ, ㄹ
③ ㄴ, ㄷ   ④ ㄷ, ㄹ
⑤ ㄴ, ㄹ

36 (가), (나)의 사례에 대한 상대방 설득방법으로 적절하지 않은 것은?

(가) A사의 제품은 현재 매출 1위이며 소비자들의 긍정적인 평판을 받고 있다. A사는 이 점을 내세워 B사와 다음 신제품과 관련하여 계약을 맺고 싶어 하지만 B사는 A사의 주장을 믿지 않아 계약이 보류된 상황이다. A사는 최근 신제품에 필요한 기술을 확보하고 있는 B사가 꼭 필요한 협력업체이기 때문에 고심하고 있다.

(나) 플라스틱을 제조하는 C사는 최근 테니스 라켓, 욕조, 배의 선체 등 다양한 곳에 사용되는 탄소섬유강화플라스틱 사업의 전망이 밝다고 생각하여 탄소섬유를 다루는 D사와 함께 사업하길 원하고 있다. 하지만 D사는 C사의 사업 전망에 대해 믿지 못하고 있는 상황이어서 사업은 보류된 상태이다.

① (가)의 경우 매출 1위와 관련된 데이터를 시각화하여 B사가 직접 보고 느끼게 해주는 게 좋을 것 같아.
② (나)의 경우 호혜관계를 설명하면서 D사가 얻을 수 있는 혜택도 설명해 주는 게 좋겠어.
③ (가)의 경우 A사 제품을 사용한 소비자들의 긍정적인 후기를 B사에게 보여주는 것은 어때?
④ (가)의 경우 B사에게 대기업인 점을 앞세워서 공격적으로 설득하는 것이 좋겠어.
⑤ (나)의 경우 D사에게 탄소섬유강화플라스틱의 효과에 대해 공동 평가할 수 있는 기회를 주는 것은 어때?

※ 불법개조 자동차로 인한 피해가 늘어남에 따라 S공사에서는 불법자동차 연중 상시 단속을 시행하고 있다. 이를 설명하는 글이 아래와 같을 때, 이어지는 질문에 답하시오. **[37~38]**

(가) 자동차를 타고 도로를 운행하다 보면 귀에 거슬릴 정도의 배기소음소리, 차 실내의 시끄러운 음악소리, 야간 운전 시 마주 오는 차량의 시야확보를 곤란하게 하는 밝은 전조등, 정지를 알리는 빨간색의 제동등을 검게 코팅을 하거나 푸른색 등화를 장착해서 앞차의 급정차를 미처 알지 못해 후방 추돌 사고의 위험을 초래하는 자동차, 방향지시등의 색상을 바꾸어 혼란을 주는 행위, 자동차 사고 시 인체 또는 상대방 차량에 심각한 손상을 줄 수 있는 철제 범퍼 설치, 자동차의 차체 옆으로 타이어 또는 휠이 튀어나와 보행자에게 피해를 줄 수 있는 자동차, 자동차등록번호판이 훼손되거나 봉인이 없이 운행되어 자동차관리 및 불법에 이용될 소지가 있는 자동차, 화물자동차의 적재장치를 임의변경하여 화물을 과다하게 적재하고 다니는 자동차 등 우리 주변에서 불법개조 자동차를 심심찮게 접할 수 있다.

(나) 현재 우리나라 자동차문화지수(*교통문화본부 자료 : 한국 78.9점, 일본 160.7점, 스웨덴 124.9점)는 국민 1인당 차량보유대수와는 무관하게 선진국보다 못 미치는 것이 사실이다. 이는 급속한 경제발전과 발맞춘 자동차관리, 교통법규준수 등 교통문화정착에 대한 국가차원의 홍보부족 및 자동차소유자들의 무관심에 기인한 것으로 보인다. 실제 우리나라 차량소유자들은 자동차 사용에 따른 의무나 타인에 대한 배려, 환경오염에 따른 피해 등에 관련된 사항보다는 '어떤 자동차를 운행하는가?'를 더 중요하게 생각하고 있는 실정이다.

(다) 하지만 지금까지 불법자동차에 대한 단속이 체계적으로 이루어지지 않아 법령위반 자동차가 급증하는 추세이며, 선량한 일반 자동차소유자를 자극하여 모방사례가 확산되는 실정이다. 이에 따라 2004년 국정감사 시에도 교통사고 발생 및 환경오염 유발 등 불법자동차 운행으로 발생하는 문제점에 대하여 논의된 바가 있다. 이러한 문제점을 해결하기 위해 정부에서는 자동차검사 전문기관인 S공단이 주관이되어 법령위반 자동차의 연중 수시단속을 시행하게 되었다. 이번 불법자동차 연중 상시 단속은 S공단에서 위법차량 적발 시 증거를 확보하여 관할 관청에 통보하고, 해당 지방자치단체는 임시검사명령 등의 행정조치를 하고 자동차소유자는 적발된 위반사항에 대하여 원상복구 등의 조치를 하여야 한다.

37 문단을 논리적 순서대로 바르게 나열한 것은?

① (가) − (나) − (다)　　　　　② (가) − (다) − (나)
③ (나) − (가) − (다)　　　　　④ (나) − (다) − (가)
⑤ (다) − (가) − (나)

38 S공사의 단속 대상에 해당하지 않는 자동차는?

① 화물자동차 물품적재장치 높이를 임의로 개조한 자동차
② 제동등과 방향지시등의 색을 파랗게 바꾼 자동차
③ 철제 범퍼를 착용한 자동차
④ 스피커를 개조하여 음악을 크게 틀어놓은 자동차
⑤ 자동차를 새로 구입하여 등록 전 임시번호판을 달아놓은 자동차

39 협상과정을 '협상시작 – 상호이해 – 실질이해 – 해결대안 – 합의문서'의 5단계로 구분할 경우, 다음 〈보기〉의 내용들을 협상순서에 따라 바르게 나열한 것은?

ㄱ. 적극적으로 경청하고 자기 주장을 제시한다.
ㄴ. 합의문을 작성한다.
ㄷ. 분할과 통합 기법을 활용하여 이해관계를 분석한다.
ㄹ. 간접적인 방법으로 협상의사를 전달한다.
ㅁ. 협상 안건마다 대안들을 평가한다.

① ㄱ → ㄷ → ㄹ → ㅁ → ㄴ
② ㄱ → ㄹ → ㄷ → ㄴ → ㅁ
③ ㄹ → ㄱ → ㄴ → ㄷ → ㅁ
④ ㄹ → ㄱ → ㄷ → ㅁ → ㄴ
⑤ ㄹ → ㄱ → ㅁ → ㄷ → ㄴ

40 다음의 사례에서 나타나는 협상전략으로 가장 적절한 것은?

사람들은 합리적인 의사결정보다 감성적인 의사결정을 하곤 한다. 소비에 있어서 이와 같은 현상을 쉽게 발견할 수 있는데, 사람들은 물건을 살 때 제품의 기능이나 가격보다는 다른 사람들의 판단에 기대어 결정하거나 브랜드의 위치를 따르는 소비를 하는 경우를 쉽게 볼 수 있는 것이다. 명품에 대한 소비나 1위 브랜드 제품을 선호하는 것 모두 이러한 현상 때문으로 볼 수 있다.

① 상대방 이해 전략
② 권위 전략
③ 희소성 해결 전략
④ 호혜관계 형성 전략
⑤ 사회적 입증 전략

제2회
최종점검 모의고사

※ 한국승강기안전공단 최종점검 모의고사는 채용공고를 기준으로 구성한 것으로 실제 시험과 다를 수 있습니다.

■ 취약영역 분석

번호	O/×	영역	번호	O/×	영역	번호	O/×	영역
01		의사소통능력	16		의사소통능력	31		기술능력
02		수리능력	17		의사소통능력	32		기술능력
03		수리능력	18			33		의사소통능력
04		직업윤리	19		수리능력	34		의사소통능력
05		대인관계능력	20		수리능력	35		수리능력
06		문제해결능력	21		직업윤리	36		수리능력
07		문제해결능력	22		문제해결능력	37		대인관계능력
08		수리능력	23		문제해결능력	38		대인관계능력
09		의사소통능력	24			39		문제해결능력
10		의사소통능력	25		기술능력	40		문제해결능력
11		기술능력	26		대인관계능력			
12		의사소통능력	27		의사소통능력			
13		직업윤리	28		수리능력			
14		대인관계능력	29		수리능력			
15		수리능력	30		직업윤리			

평가문항	40문항	평가시간	60분
시작시간	:	종료시간	:
취약영역			

01　S공사 기관사 체험안내문을 보고 다섯 사람이 대화를 나누었다. 다음 중 잘못 말한 사람은?

〈S공사 기관사 체험안내〉

1. 기관사 체험 일정
   2023년 2월 24일(금) 13:00 ~ 16:40

2. 신청기간 및 방법
   • 신청기간 : 2023년 3월 1일(수) ~ 2월 5일(일)
   • 신청방법 : S공사 홈페이지에서 신청

3. 신청대상
   • 초등학생 및 청소년, 일반인

4. 체험인원 및 선정방법
   • 체험인원 : 30명
   • 선정방법 : 신청인원이 체험인원보다 많을 경우 신청자 중에서 전산 추첨

5. 선정자 발표 : 2월 7일(화) ~ 2월 10일(금)
   ※ 개인정보 제공 미동의 시 선정자에서 배제되며, 동의하신 개인정보는 여행자보험 가입 시 이용, 체험행사
   　종료 시 개인정보는 파기됩니다.
   ※ 개별적으로 전화연락은 드리지 않으니 홈페이지에서 꼭 확인해주세요.

6. 체험프로그램 구성

진행시간	프로그램	장소
13:00 ~ 13:30	• 환영인사 • 행사일정 소개 및 안전교육 • 조별 담당자 소개	승무사업소 교양실
13:30 ~ 15:00	• 승무보고, 종료보고 체험 • 운전연습기 체험 • VR 체험	승무사업소 운용실 및 운전연습기실
15:00 ~ 15:08	• 임시열차 승차를 위해 이동	대림역 내선 승강장
15:08 ~ 16:40	• 기관사 및 차장칸 운전실 조별 승차 　- 전부운전실 및 터널 체험 　- 후부운전실 방송 체험 • 기념품 증정 및 기념촬영 • 종료인사	2호선 임시열차

---

① 정혁 : 이번에 유치원에 입학한 조카가 지하철을 참 좋아하는데, 신청하지 못할 것 같아서 아쉽네요.

② 민우 : 신청자가 40명이면 전산 추첨 후 10명이 떨어지겠네요.

③ 동완 : 체험프로그램은 총 3시간 40분 동안 진행되네요.

④ 혜성 : 선정자는 문자로 개별연락이 온다고 하니 발표기간에 잘 체크해야겠어요.

⑤ 선호 : 가장 궁금했던 지하철 방송을 체험할 수 있는 시간도 있으니 꼭 신청해야겠어요.

PART 2

02 KTX와 새마을호가 서로 마주 보며 오고 있다. 속도는 7 : 5의 비로 운행하고 있으며 현재 두 열차 사이의 거리는 6km이다. 두 열차가 서로 만났을 때 KTX가 이동한 거리는?

① 2km　　　　　　　　　　　② 2.5km

③ 3km　　　　　　　　　　　④ 3.5km

⑤ 4km

03 농도를 알 수 없는 설탕물 500g에 3%의 설탕물 200g을 온전히 섞었더니 섞은 설탕물의 농도는 7%가 되었다. 처음 500g의 설탕물에 녹아있던 설탕은 몇 g인가?

① 40g　　　　　　　　　　　② 41g

③ 42g　　　　　　　　　　　④ 43g

⑤ 44g

04 다음 직장 내의 인사 예절 중 밑줄 친 부분을 수정한 내용으로 적절하지 않은 것은?

- ⊙ 연장자를 나이 어린 사람에게 먼저 소개한다.
- ⓒ 내가 속해 있는 회사의 관계자를 타 회사의 관계자에게 먼저 소개한다.
- 신참자를 고참자에게 먼저 소개한다.
- ⓒ 고객, 손님을 동료임원에게 먼저 소개한다.
- 비임원을 임원에게 먼저 소개한다.
- 소개받는 사람의 별칭은 그 이름이 비즈니스에서 사용되는 것이 아니라면 사용하지 않는다.
- ⓔ 성을 제외하고 이름만 말한다.
- 상대방이 항상 사용하는 경우라면, Dr. 또는 Ph.D. 등의 칭호를 함께 언급한다.
- ⓜ 정부 고관의 직급명은 퇴직한 경우 사용하지 않는다.
- 천천히 그리고 명확하게 말한다.
- 각각의 관심사와 최근의 성과에 대하여 간단한 언급을 한다.

① ⊙ : '나이 어린 사람을 연장자에게 먼저 소개한다.'라고 수정해야 해.
② ⓒ : '타 회사의 관계자를 내가 속해 있는 회사의 관계자에게 먼저 소개한다.'라고 수정해야 해.
③ ⓒ : '동료임원을 고객, 손님에게 먼저 소개한다.'라고 수정해야 해.
④ ⓔ : '반드시 성과 이름을 함께 말한다.'라고 수정해야 해.
⑤ ⓜ : '정부 고관의 직급명은 퇴직한 경우라도 항상 사용한다.'라고 수정해야 해.

05 다음은 고객 불만 처리 프로세스 8단계를 나타낸 것이다. 밑줄 친 (A) ~ (E)에 대한 설명으로 적절하지 않은 것은?

〈고객 불만 처리 프로세스〉

경청 → (A) 감사와 공감표시 → (B) 사과 → (C) 해결약속
↓
(E) 피드백 ← 처리확인과 사과 ← 신속처리 ← (D) 정보파악

① (A)의 경우 고객이 일부러 시간을 내서 해결의 기회를 준 것에 대한 감사를 표시한다.
② (B)의 경우 고객의 이야기를 듣고 문제점에 대한 인정과 잘못된 부분에 대해 사과한다.
③ (C)의 경우 고객이 납득할 수 있도록 신중하고 천천히 문제를 해결할 것임을 약속한다.
④ (D)의 경우 문제해결을 위해 꼭 필요한 질문만 하여 정보를 얻는다.
⑤ (E)의 경우 고객 불만 사례를 회사 및 전 직원에게 알려 다시는 동일한 문제가 발생하지 않도록 한다.

06 5명의 취업준비생 갑 ~ 무가 S기업에 지원하여 그중 1명이 합격하였다. 취업준비생들은 다음과 같이 이야기하였고, 그중 1명이 거짓말을 하였다. 합격한 학생은 누구인가?

> 갑 : 을은 합격하지 않았다.
> 을 : 합격한 사람은 정이다.
> 병 : 내가 합격하였다.
> 정 : 을의 말은 거짓말이다.
> 무 : 나는 합격하지 않았다.

① 갑   ② 을
③ 병   ④ 정
⑤ 무

PART 2

07 창의적으로 사고하기 위해서는 다양한 사실이나 아이디어를 창출할 수 있는 발산적 사고가 필요하다. 이러한 발산적 사고에는 대표적인 방법으로 자유연상법, 강제연상법, 비교발상법 등이 있다. 〈보기〉에서 강제연상법에 해당되는 내용을 모두 고르면?

> **보기**
> ㄱ. 생각나는 대로 자유롭게 발상함으로써 다양한 아이디어를 창출한다.
> ㄴ. 각종 힌트를 통해 사고 방향을 미리 정하고, 그와 연결 지어 아이디어를 발상한다.
> ㄷ. 주제의 본질과 닮은 것을 힌트로 하여 아이디어를 발상한다
> ㄹ. 대상과 비슷한 것을 찾아내어 그것을 힌트로 새로운 아이디어를 창출한다.
> ㅁ. 실제로는 관련이 없어 보이는 것들을 조합하여 새로운 아이디어를 도출한다.
> ㅂ. 집단의 효과를 통해 아이디어의 연쇄반응을 일으켜 다양한 아이디어를 창출한다.
> ㅅ. 찾고자 하는 내용을 표로 정리해 차례대로 그와 관련된 아이디어를 도출한다.

① ㄱ, ㅂ   ② ㄴ, ㅅ
③ ㄴ, ㅁ, ㅅ   ④ ㄱ, ㅂ, ㅅ
⑤ ㄷ, ㄹ, ㅁ

08 출장을 가는 K사원은 오후 2시에 출발하는 KTX를 타기 위해 오후 12시 30분에 역에 도착하였다. K사원은 남은 시간을 이용하여 음식을 미리 포장해온 다음 열차가 출발하면 식사를 하려고 한다. 역에서 음식점까지의 거리는 아래와 같으며, 음식을 포장하는 데 15분이 걸린다고 한다. K사원이 시속 3km로 걸어서 갔다 올 때, 구입할 수 있는 음식의 종류를 바르게 나열한 것은?

음식점	G김밥	P빵집	N버거	M만두	B도시락
거리	2km	1.9km	1.8km	1.95km	1.7km

① 김밥, 빵
② 김밥, 햄버거
③ 빵, 만두
④ 만두, 도시락
⑤ 햄버거, 도시락

09 다음 글의 흐름으로 보아 ㉠에 들어갈 내용으로 가장 적절한 것은?

동물들은 홍채에 있는 근육의 수축과 이완을 통해 눈동자를 크게 혹은 작게 만들어 눈으로 들어오는 빛의 양을 조절하므로 눈동자 모양이 원형인 것이 가장 무난하다. 그런데 고양이와 늑대와 같은 육식동물은 세로로, 양이나 염소와 같은 초식동물은 가로로 눈동자 모양이 길쭉하다. 특별한 이유가 있는 것일까?

육상동물 중 모든 육식동물의 눈동자가 세로로 길쭉한 것은 아니다. 주로 매복형 육식동물의 눈동자가 세로로 길쭉하다. 이는 숨어서 기습을 하는 사냥 방식과 밀접한 관련이 있는데, 세로로 길쭉한 눈동자가 _____㉠_____ 일반적으로 매복형 육식동물은 양쪽 눈으로 초점을 맞춰 대상을 보는 양안시로, 각 눈으로부터 얻는 영상의 차이인 양안시차를 하나의 입체 영상으로 재구성하면서 물체와의 거리를 파악한다. 그런데 이러한 양안시차뿐만 아니라 거리지각에 대한 정보를 주는 요소로 심도 역시 중요하다. 심도란 초점이 맞는 공간의 범위를 말하며, 심도는 눈동자의 크기에 따라 결정된다. 즉 눈동자의 크기가 커져 빛이 많이 들어오게 되면, 커지기 전보다 초점이 맞는 범위가 좁아진다. 이렇게 초점의 범위가 좁아진 경우를 '심도가 얕다.'고 하며, 반대인 경우를 '심도가 깊다.'고 한다.

① 사냥감의 주변 동태를 정확히 파악하는 데 효과적이기 때문이다.
② 사냥감의 움직임을 정확히 파악하는 데 효과적이기 때문이다.
③ 사냥감의 위치를 정확히 파악하는 데 효과적이기 때문이다.
④ 사냥감과의 거리를 정확히 파악하는 데 효과적이기 때문이다.
⑤ 사냥감과의 경로를 정확히 파악하는 데 효과적이기 때문이다.

10 직장생활에서 필요한 의사소통능력은 문서적인 의사소통능력으로서의 문서이해능력과 문서작성능력, 언어적인 의사소통능력으로서의 경청능력, 의사표현력으로 구분할 수 있다. 다음 사례에 필요한 의사소통능력을 종류에 따라 바르게 구분한 것은?

> 출판사에 근무하는 K대리는 오늘 아침 출근하자마자 오늘의 주요 업무를 다음과 같이 정리하였다.
>
> 〈주요 업무〉
>
> ㉠ 입사 지원 이력서 메일 확인
> ㉡ 팀 회의 – 팀원 담당 업무 지시
> ㉢ 금일 출간 도서 발주서 작성
> ㉣ 유선 연락을 통한 채용 면접 일정 안내
> ㉤ 퇴근 전 업무 일지 작성

	문서적인 의사소통	언어적인 의사소통
①	㉠, ㉤	㉡, ㉢, ㉣
②	㉠, ㉢, ㉣	㉡, ㉤
③	㉠, ㉢, ㉤	㉡, ㉣
④	㉡, ㉢, ㉤	㉠, ㉣
⑤	㉡, ㉣, ㉤	㉠, ㉢

11 다음은 기술선택을 위한 절차를 나타낸 것이다. (ㄱ) ~ (ㄹ)에 들어갈 내용을 바르게 짝지은 것은?

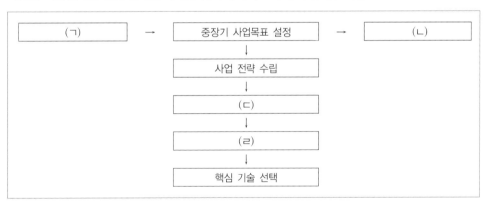

	(ㄱ)	(ㄴ)	(ㄷ)	(ㄹ)
①	내부 역량 분석	외부 환경 분석	요구 기술 분석	기술 전략 수립
②	내부 역량 분석	외부 환경 분석	기술 전략 수립	요구 기술 분석
③	외부 환경 분석	내부 역량 분석	요구 기술 분석	기술 전략 수립
④	외부 환경 분석	내부 역량 분석	기술 전략 수립	요구 기술 분석
⑤	외부 환경 분석	기술 전략 수립	내부 역량 분석	요구 기술 분석

12 다음 글의 내용으로 적절하지 않은 것은?

> '갑'이라는 사람이 있다고 하자. 이때 사회가 갑에게 강제적 힘을 행사하는 것이 정당화되는 근거는 무엇일까? 그것은 갑이 다른 사람에게 미치는 해악을 방지하려는 데에 있다. 특정 행위가 갑에게 도움이 될 것이라든가, 이 행위가 갑을 더욱 행복하게 할 것이라든가 또는 이 행위가 현명하다든가 혹은 옳은 것이라든가 하는 이유를 들면서 갑에게 이 행위를 강제하는 것은 정당하지 않다. 이러한 이유는 갑에게 권고하거나 이치를 이해시키거나 무엇인가를 간청하거나 할 때는 충분한 이유가 된다. 그러나 갑에게 강제를 가하는 이유 혹은 어떤 처벌을 가할 이유는 되지 않는다. 이와 같은 사회적 간섭이 정당화되기 위해서는 갑이 행하려는 행위가 다른 어떤 이에게 해악을 끼칠 것이라는 점이 충분히 예측되어야 한다. 한 사람이 행하고자 하는 행위 중에서 그가 사회에 대해서 책임을 져야 할 유일한 부분은 다른 사람에게 관계되는 부분이다.

① 개인에 대한 사회의 간섭은 어떤 조건이 필요하다.
② 행위 수행 혹은 행위 금지의 도덕적 이유와 법적 이유는 구분된다.
③ 한 사람의 행위는 타인에 대한 행위와 자신에 대한 행위로 구분된다.
④ 사회는 개인의 해악에 관해서는 관심이 있지만, 그 해악을 방지할 강제성의 근거는 가지고 있지 않다.
⑤ 타인과 관계되는 행위는 사회적 책임이 따른다.

13 다음 중 직장 내 성희롱의 범위에 대한 설명으로 가장 적절한 것은?

① 직장이라는 공간에서 일어나는 일만 해당된다.
② 재직자 외 취업의사가 있는 사람은 해당되지 않는다.
③ 업무시간 외에는 해당되지 않는다.
④ 외부용역 근로자도 포함되지 않는다.
⑤ 성희롱 행위자에는 사업주, 상급자, 근로자가 모두 해당된다.

14 다음 사례에서 알 수 있는 효과적인 팀의 특징으로 가장 적절한 것은?

> A, B, C가 운영 중인 커피전문점은 현재 매출이 꾸준히 상승하고 있다. 매출 상승의 원인을 살펴보면 우선, A, B, C는 각자 자신이 해야할 일이 무엇인지 정확하게 알고 있다. A는 커피를 제조하고 있으며, B는 디저트를 담당하고 있다. 그리고 C는 계산 및 매장관리를 전반적으로 맡고 있다. A는 고객들이 다시 생각나게 할 수 있는 독창적인 커피 맛을 위해 커피 블렌딩을 연구하고 있으며, B는 커피와 적합하고, 고객들의 연령에 맞는 다양한 디저트를 개발 중이다. 그리고 C는 A와 B가 자신의 업무에 집중할 수 있도록 적극적으로 지원하고 있다. 이처럼 A, B, C는 서로의 업무를 이해하면서 즐겁게 일하고 있으며, 이것이 매출 상승의 원인으로 작용하고 있는 것이다.

① 의견의 불일치를 건설적으로 해결한다.
② 창조적으로 운영된다.
③ 결과에 초점을 맞춘다.
④ 역할을 명확하게 규정한다.
⑤ 개인의 강점을 활용한다.

15 피자 가게에서 부가세를 정가의 15%로 잘못 알아 피자 가격을 부가세 포함 20,700원으로 책정하였다. 부가세를 정가의 10%로 계산하여 부가세를 포함한 피자 가격을 다시 책정한다면 얼마인가?

① 16,800원   ② 17,600원
③ 18,000원   ④ 18,400원
⑤ 19,800원

16 다음 중 공문서 작성법으로 적절하지 않은 것은?

① 연도와 월일을 함께 기입한다.
② 주로 구어체로 작성한다.
③ 목적이 드러나도록 작성한다.
④ 마지막에 끝자로 마무리한다.
⑤ 부정문이나 의문문의 형식은 피한다.

17 다음 글의 흐름상 필요 없는 문장은?

가을을 맞아 기획바우처 행사가 전국 곳곳에서 마련된다. (가) 기획바우처는 문화소외계층을 상대로 '모셔오거나 찾아가는' 맞춤형 예술 체험 프로그램이다. (나) 서울 지역의 '함께 하는 역사 탐방'은 독거노인을 모셔 와서 역사 현장을 찾아 연극을 관람하고 체험하는 프로그램이다. (다) 경기도에서도 가족과 함께 낭만과 여유를 즐길 수 있는 다양한 문화행사를 준비하고 있다. (라) 강원도 강릉과 영월에서는 저소득층 자녀를 대상으로 박물관 관람 프로그램을 준비하고 있다. (마) 부산 지역의 '어울림'은 방문 공연 서비스로서 지역예술가들이 가난한 동네를 돌아다니며 직접 국악, 클래식, 미술 등 재능을 기부한다.

① (가)
② (나)
③ (다)
④ (라)
⑤ (마)

18 밑줄 친 단어의 표기가 올바르지 않은 것은?

① 그는 쥐꼬리만 한 수입으로 <u>근근히</u> 살아간다.
② 우리는 <u>익히</u> 알고 지내는 사이다.
③ <u>어차피</u> 죽을 바엔 밥이라도 배불리 먹고 싶다.
④ 그들은 모두 배가 고팠던 터라 자장면을 <u>곱빼기</u>로 시켜 먹었다.
⑤ <u>널빤지</u>로 궤짝을 짰다.

19 집에서 할아버지 댁까지는 총 50km라고 한다. 10km/h의 속력으로 25km를 갔더니 도착하기로 한 시간이 얼마 남지 않아서 15km/h의 속력으로 뛰어가 오후 4시에 할아버지 댁에 도착할 수 있었다. 집에서 나온 시각은 언제인가?

① 오전 11시 50분
② 오후 12시 10분
③ 오후 12시 50분
④ 오후 1시 10분
⑤ 오후 1시 50분

20 다음은 2022년 1호선 지하역사 공기질 측정결과에 대한 자료이다. 〈보기〉 중 옳지 않은 설명을 모두 고르면?

<2022년 1호선 지하역사 공기질 측정결과>

역사명	측정항목 및 기준								
	PM-10	CO_2	HCHO	CO	NO_2	Rn	석면	O_3	TVOC
	$\mu g/m^3$	ppm	$\mu g/m^3$	ppm	ppm	Bq/m^3	이하/cc	ppm	$\mu g/m^3$
기준치	140	1,000	100	9	0.05	148	0.01	0.06	500
1호선 평균	91.4	562	8.4	0.5	0.026	30.6	0.01 미만	0.017	117.7
서울역	86.9	676	8.5	0.6	0.031	25.7	0.01 미만	0.009	56.9
시청	102.0	535	7.9	0.5	0.019	33.7	0.01 미만	0.022	44.4
종각	79.4	562	9.5	0.6	0.032	35.0	0.01 미만	0.016	154.4
종각3가	87.7	495	6.4	0.6	0.036	32.0	0.01 미만	0.008	65.8
종로5가	90.1	591	10.4	0.4	0.020	29.7	0.01 미만	0.031	158.6
동대문	89.4	566	9.2	0.7	0.033	28.5	0.01 미만	0.016	97.7
동묘앞	93.6	606	8.3	0.5	0.018	32.0	0.01 미만	0.023	180.4
신설동	97.1	564	4.8	0.4	0.015	44.5	0.01 미만	0.010	232.1
제기동	98.7	518	8.0	0.5	0.024	12.0	0.01 미만	0.016	98.7
청량리	89.5	503	11.4	0.6	0.032	32.5	0.01 미만	0.014	87.5

보기
㉠ CO가 1호선 평균보다 낮게 측정된 역사는 종로5가와 신설동이다.
㉡ HCHO가 가장 높게 측정된 역과 가장 낮게 측정된 역의 평균은 1호선 평균 HCHO 수치보다 높다.
㉢ 시청역은 PM-10이 가장 높게 측정됐지만, TVOC는 가장 낮게 측정되었다.
㉣ 청량리역은 3가지 항목에서 1호선 평균이 넘는 수치가 측정됐다.

① ㉠, ㉡
② ㉠, ㉢
③ ㉡, ㉢
④ ㉡, ㉣
⑤ ㉢, ㉣

21 다음 중 잘못된 직업관을 가지고 있는 사람은?

① 항공사에서 근무하고 있는 A는 자신의 직업에 대해 긍지와 자부심을 갖고 있다.

② IT 회사에서 개발 업무를 담당하는 B는 업계 최고 전문가가 되기 위해 항상 노력한다.

③ 극장에서 근무 중인 C는 언제나 다른 사람에게 봉사한다는 마음을 가지고 즐겁게 일한다.

④ 화장품 회사에 입사한 신입사원 D는 입사 동기들보다 빠르게 승진하는 것을 목표로 삼았다.

⑤ 회계팀에서 일하는 E는 회사의 규정을 준수하며, 공정하고 투명하게 업무를 처리하려고 노력한다.

22 아래의 〈조건〉을 바탕으로 추론한 내용 중 가장 적절한 것은?

> **조건**
> • 분야별 인원 구성
> – A분야 : a(남자), b(남자), c(여자)
> – B분야 : 가(남자), 나(여자)
> – C분야 : 갑(남자), 을(여자), 병(여자)
> • 4명씩 나누어 총 2팀(1팀, 2팀)으로 구성한다.
> • 같은 분야의 같은 성별인 사람은 같은 팀에 들어갈 수 없다.
> • 각 팀에는 분야별로 적어도 한 명 이상이 들어가야 한다.
> • 한 분야의 모든 사람이 한 팀에 들어갈 수 없다.

① 갑과 을이 한 팀이 된다면 가와 나도 한 팀이 될 수 있다.

② 4명으로 나뉜 두 팀에는 남녀가 각각 2명씩 들어간다.

③ a가 1팀으로 간다면 c는 2팀으로 가야 한다.

④ 가와 나는 한 팀이 될 수 없다.

⑤ c와 갑은 한 팀이 될 수 있다.

23 같은 해에 입사한 동기 A ~ E는 모두 S기업 소속으로 서로 다른 부서에서 일하고 있다. 이들이 근무하는 부서와 해당 부서의 성과급은 다음과 같다. 부서배치에 대한 조건, 휴가에 대한 조건을 참고했을 때 다음 중 항상 옳은 것은?

〈부서별 성과급〉

비서실	영업부	인사부	총무부	홍보부
60만 원	20만 원	40만 원	60만 원	60만 원

※ 각 사원은 모두 각 부서의 성과급을 동일하게 받는다.

〈부서배치 조건〉

• A는 성과급이 평균보다 적은 부서에서 일한다.
• B와 D의 성과급을 더하면 나머지 세 명의 성과급 합과 같다.
• C의 성과급은 총무부보다는 적지만 A보다는 많다.
• C와 D 중 한 사람은 비서실에서 일한다.
• E는 홍보부에서 일한다.

〈휴가 조건〉

• 영업부 직원은 비서실 직원보다 휴가를 더 늦게 가야 한다.
• 인사부 직원은 첫 번째 또는 제일 마지막으로 휴가를 가야 한다.
• B의 휴가 순서는 이들 중 세 번째이다.
• E는 휴가를 반납하고 성과급을 두 배로 받는다.

① A의 3개월 치 성과급은 C의 2개월 치 성과급보다 많다.
② C가 맨 먼저 휴가를 갈 경우, B가 맨 마지막으로 휴가를 가게 된다.
③ D가 C보다 성과급이 많다.
④ 휴가철이 끝난 직후, 급여명세서에 D와 E의 성과급 차이는 세 배이다.
⑤ B는 A보다 휴가를 먼저 출발한다.

24 자동차 회사에 근무하고 있는 P대리는 중국 공장에 점검차 방문하기 위해 교통편을 알아보고 있다. 내일 새벽 비행기를 타기 위한 여러 가지 방법 중 가장 적은 비용으로 공항에 도착하는 방법은?

〈숙박요금〉

구분	공항 근처 모텔	공항 픽업 호텔	회사 근처 모텔
요금	80,000원	100,000원	40,000원

〈대중교통 요금 및 소요시간〉

구분	버스	택시
회사 → 공항 근처 모텔	20,000원 / 3시간	40,000원 / 1시간 30분
회사 → 공항 픽업 호텔	10,000원 / 1시간	20,000원 / 30분
회사 → 회사 근처 모텔	근거리이므로 무료	
공항 픽업 호텔 → 공항	픽업으로 무료	
공항 근처 모텔 → 공항		
회사 근처 모텔 → 공항	20,000원 / 3시간	40,000원 / 1시간 30분

※ 소요시간도 금액으로 계산한다(시간당 10,000원).

① 공항 근처 모텔로 버스 타고 이동 후 숙박
② 공항 픽업 호텔로 버스 타고 이동 후 숙박
③ 공항 픽업 호텔로 택시 타고 이동 후 숙박
④ 회사 근처 모텔에서 숙박 후 버스 타고 공항 이동
⑤ 회사 근처 모텔에서 숙박 후 택시 타고 공항 이동

25 다음 중 산업재해에 대한 원인으로 적절하지 않은 것은?

전선 제조 사업장에서 고장난 변압기 교체를 위해 K전력 작업자가 변전실에서 작업 준비하던 중 특고압 배전반 내 충전부 COS 1차 홀더에 접촉 감전되어 치료 도중 사망하였다. 증언에 따르면 변전실 TR-5 패널의 내부는 협소하고, 피재해자의 키에 비하여 경첩의 높이가 높아 문턱 위에 서서 불안전한 작업자세로 작업을 실시하였다고 한다. 또한 피재해자는 전기 관련 자격이 없었으며, 복장은 일반 안전화, 면장갑, 패딩점퍼를 착용한 상태였다.

① 불안전한 행동　　　　　　② 불안전한 상태
③ 작업 관리상 원인　　　　　④ 기술적 원인
⑤ 작업 준비 불충분

26 다음을 읽고 팀장 K에게 조언할 수 있는 내용으로 적절하지 않은 것은?

> 팀장 K는 팀으로 하여금 기존의 틀에 박힌 업무 방식에서 벗어나게 하고, 변화를 통해 효과적인 업무 방식을 도입하고자 한다. 하지만 변화에 대한 팀원들의 걱정이 염려스럽다. 변화가 일어나면 모든 팀원들이 눈치를 채기 마련이며, 변화에 대한 소문이 돌거나 변화 내용에 대한 설명도 하기도 전에 그것을 알아차림으로써 불확실하고 의심스러운 분위기가 조성될 수 있기 때문이다. 이로 인해 직원들은 두려움과 스트레스에 시달리며, 사기는 땅으로 떨어질 수 있다.

① 주관적인 자세를 유지한다.
② 개방적인 분위기를 조성한다.
③ 변화의 긍정적인 면을 강조한다.
④ 직원들의 감정을 세심하게 살핀다.
⑤ 변화에 적응할 시간을 준다.

27 다음 중 굴뚝 원격감시 체계에 대한 설명으로 가장 적절한 것은?

> 대기오염 중 27%는 공업단지와 같은 산업시설에서 발생하는 굴뚝 매연이다. 따라서 굴뚝 매연을 효과적으로 관리한다면 대기오염을 상당 부분 줄일 수 있다. 굴뚝 매연을 감시하려는 노력은 계속해서 이어져 왔다. 그러나 종전에는 사람이 매번 사업장을 방문해 검사해야 하는 등 여러 불편이 따랐다. 1988년 도입된 Clean SYS(굴뚝 원격감시 체계)는 사업장 굴뚝에 자동측정기기를 설치해 배출되는 대기 오염물질 농도를 24시간 원격으로 감시할 수 있는 시스템이다. 측정기기를 통해 먼지, 암모니아, 염화수소 등의 오염물질을 5분, 30분 단위로 측정해서 자료를 수집한다. S공단은 수집된 자료를 통해 사업장의 대기 오염물질 배출현황을 상시 감독하며, 자료를 분석하여 관련 기관에 제공한다. 환경부, 지자체 등 관련 기관은 이를 토대로 오염물질 배출 부과금 도입, 대기오염 정책 개선 등에 나서고 있다. 2015년 자료에 따르면 578개 사업장의 1,531개 굴뚝에 시스템이 운영되고 있으며 앞으로도 계속해서 설치 지역 및 사업장은 늘어날 예정이다. Clean SYS는 사업장이 오염물질 배출 허용기준을 초과할 것으로 우려될 경우 자동으로 통보하는 '예·경보 시스템'을 갖추고 있다. 또한, 원격제어 시스템을 통해 측정기기에 표준가스를 주입함으로써 사업장에 방문하지 않아도 측정기의 정상작동 여부를 확인할 수 있다. 첨단 기술을 도입한 덕분에 더욱 효과적으로 굴뚝의 오염물질 배출 여부를 파악하고 대기오염을 예방하고 있다.

① 굴뚝에 자동측정기기를 설치해 배출되는 대기 오염물질 농도를 12시간 주기로 감시하는 시스템이다.
② S공단은 수집된 자료를 분석하여 대기오염 정책 개선에 노력한다.
③ 측정기기를 통해 오염물질을 1시간 단위로 측정해서 자료를 수집한다.
④ 예·경보 시스템을 통해 측정기기에 표준가스를 주입함으로써, 측정기의 정상작동 여부를 알 수 있다.
⑤ 사업장이 오염물질 배출 허용기준을 초과할 것으로 우려될 경우 예·경보 시스템이 작동한다.

28 다음은 지역별 마약류 단속에 대한 자료이다. 이에 대한 설명으로 옳은 것은?

〈지역별 마약류 단속 건수〉

(단위 : 건, %)

구분	대마	코카인	향정신성 의약품	합계	비중
서울	49	18	323	390	22.1
인천 · 경기	55	24	552	631	35.8
부산	6	6	166	178	10.1
울산 · 경남	13	4	129	146	8.3
대구 · 경북	8	1	138	147	8.3
대전 · 충남	20	4	101	125	7.1
강원	13	0	35	48	2.7
전북	1	4	25	30	1.7
광주 · 전남	2	4	38	44	2.5
충북	0	0	21	21	1.2
제주	0	0	4	4	0.2
전체	167	65	1,532	1,764	100.0

※ 수도권은 서울과 인천 · 경기를 합한 지역임
※ 마약류는 대마, 코카인, 향정신성의약품으로만 구성됨

① 대마 단속 전체 건수는 코카인 단속 전체 건수의 3배 이상이다.
② 수도권의 마약류 단속 건수는 마약류 단속 전체 건수의 50% 이상이다.
③ 코카인 단속 건수가 없는 지역은 5곳이다.
④ 향정신성의약품 단속 건수는 대구 · 경북 지역이 광주 · 전남 지역의 4배 이상이다.
⑤ 강원 지역은 향정신성의약품 단속 건수가 대마 단속 건수의 3배 이상이다.

29 한 직선 위에서 시속 1km의 속도로 오른쪽으로 등속 운동하는 두 물체가 있다. 이 직선상에서 두 물체의 왼쪽에 있는 한 점 P로부터 두 물체까지의 거리의 비는 현재 4 : 1이다. 13시간 후 P로부터의 거리의 비가 7 : 5가 된다면 현재 P로부터 두 물체까지의 거리는 각각 몇 km인가?

① 6km, 2km
② 8km, 2km
③ 12km, 3km
④ 18km, 32km
⑤ 12km, 18km

30 다음 글을 읽고 직장생활에 가장 바르게 적용한 사람은?

> 정의는 선행이나 호의를 베푸는 것과 아주 밀접한 관련이 있다. 그러나 선행이나 호의에도 몇 가지 주의할 점이 있다. 첫째, 받는 자에게 피해가 되지 않도록 주의하고 둘째, 베푸는 자는 자신이 감당할 수 있는 능력 내에서 베풀어야 하며 셋째, 각자 받을 만한 가치에 따라서 베풀어야 한다.
>
> – 키케로 『의무론』
>
> 공자께서 말씀하시기를 "윗사람으로서 아랫사람을 너그럽게 관용할 줄 모르고, 예도를 행함에 있어 공경심이 없으며, 사람이 죽어 장례를 치르는 문상자리에서도 애도할 줄 모른다면 그런 인간을 어찌 더 이상 볼 가치가 있다 하겠느냐?"라고 하였다.
>
> – 『논어』 팔일 3-26

① A사원 : 며칠 후에 우리 부장님 생신이라 비상금을 털어서 고급 손목시계 하나 해 드리려고.
② B과장 : 출근해서 사원들과 즐겁게 아침인사를 나누었어. 내가 먼저 반갑게 아침인사를 건네면 기분이 좋아져 좋은 하루를 보낼 수 있거든.
③ C사원 : 내가 준 김밥을 먹고 배탈이 났다고? 냉장보관을 안 하긴 했는데….
④ D부장 : G사원이 어제 회식자리에서 내 옷에 김칫국물을 흘렸으니 세탁비를 받아야겠어.
⑤ E사원 : 지난주에 장례식장에 갔는데 육개장이 그렇게 맛있더라고.

※ S병원에서는 환자들의 휴식 시간을 위해 병실마다 벽걸이 TV를 설치하고자 한다. 이어지는 질문에 답하시오. [31~32]

■ 설치 시 주의사항
  - 반드시 제공하는 구성품 및 부품을 사용해주세요.
  - 수직 벽면 이외의 장소에는 설치하지 마세요.
  - 진동이나 충격이 가해질 염려가 있는 곳은 제품이 떨어질 수 있으므로 피하세요.
  - 제품의 열을 감지하고 스프링클러가 작동할 수 있으므로 스프링클러 감지기 옆에는 설치하지 마세요.
  - 고압 케이블의 간섭을 받아 화면이 제대로 나오지 않을 수 있으므로 고압 케이블 근처에는 설치하지 마세요.
  - 난방기기 주변은 과열되어 고장의 염려가 있으므로 피하십시오.
  - 벽면의 안정성을 확인하세요.
  - 설치한 후 벽면과 제품 사이의 거리는 최소 15mm 이상 유지하세요.
  - 제품 주변으로 10cm 이상의 공간을 두어 통풍이 잘되도록 하세요. 제품 내부 온도의 상승은 화재 및 제품 고장의 원인이 될 수 있습니다.

■ 문제해결

고장	해결
전원이 켜지지 않아요.	• 전원코드가 잘 연결되어 있는지 확인하세요. • 안테나 케이블 연결이 제대로 되어 있는지 확인하세요. • 케이블 방송 수신기의 연결이 제대로 되어 있는지 확인하세요.
전원이 갑자기 꺼져요.	• 에너지 절약을 위한 '취침예약'이 설정되어 있는지 확인하세요. • 에너지 절약을 위한 '자동전원끄기' 기능이 설정되어 있는지 확인하세요.
제품에서 뚝뚝 소리가 나요.	• TV외관의 기구적 수축이나 팽창 때문에 나타날 수 있는 현상이므로 안심하고 사용하세요.
제품이 뜨거워요.	• 제품 특성상 장시간 시청 시 패널에서 열이 발생하므로 열이 발생하는 것은 결함이나 동작 사용상의 문제가 되는 것이 아니므로 안심하고 사용하세요.
리모컨 동작이 안 돼요.	• 새 건전지로 교체해보세요.

※ 문제가 해결되지 않는다면 가까운 서비스센터로 문의하세요.

31 다음 중 벽걸이 TV를 설치하기 위한 장소 선정 시 고려해야 할 사항으로 적절하지 않은 것은?

① 전동안마기가 비치되어 있는 병실을 확인한다.
② 스프링클러 감지기가 설치되어 있는 곳을 확인한다.
③ 냉방기가 설치되어 있는 곳을 확인한다.
④ 도면으로 고압 케이블이 설치되어 있는 위치를 확인한다.
⑤ 벽면 강도가 약한 경우 벽면을 보강할 수 있는지 확인한다.

32 TV가 제대로 작동되지 않아 A/S를 요청하기 전 간단하게 문제를 해결해 보고자 한다. 다음 중 문제를 해결하기 위한 방법으로 가장 적절한 것은?

① 전원이 켜지지 않아 전원코드 및 안테나 케이블, 위성 리시버가 잘 연결되어 있는지 확인했다.

② 전원이 갑자기 꺼져 전력 소모를 줄일 수 있는 기능들이 설정되어 있는지 확인했다.

③ 제품에서 뚝뚝 소리가 나서 TV의 전원을 끄고 다시 켰다.

④ 제품이 뜨거워서 분무기로 물을 뿌리고, 마른 천으로 물기를 깨끗이 닦았다.

⑤ 리모컨이 작동하지 않아 분해 후 녹이 슬어 있는 곳이 있는지 확인했다.

PART 2

33 다음 기사에 나타난 직장생활에서의 원만한 의사소통을 저해하는 요인으로 가장 적절한 것은?

> 한 취업 포털에서 20 ~ 30대 남녀 직장인 350명에게 설문 조사한 결과 어떤 상사와 대화할 때 가장 답답함을 느끼는지 묻는 질문에 직장 내에서 막내에 해당하는 사원급 직장인들은 '주구장창 자기 할 말만 하는 상사(27.3%)'와 대화하기 가장 어렵다고 호소했다. 또 직장 내에서 부하 직원과 상사 간, 그리고 직원들 간에 대화가 잘 이뤄지지 않는 이유에 대해 '일방적으로 상사만 말을 하는 대화방식 및 문화(34.3%)'가 가장 큰 원인이라고 답했다.
> 직장 내 상사와 부하 직원 간의 대화가 원활해지려면 지시나 명령하는 말투가 아닌 의견을 묻는 대화법 사용하기(34.9%), 서로를 존대하는 말투와 호칭 사용하기(31.4%) 등의 기본 대화 예절을 지켜야 한다고 답했다.

① 평가적이며 판단적인 태도　　　② 선입견과 고정관념

③ 잠재적 의도　　　　　　　　　④ 미숙한 의사소통 기법

⑤ 과거의 경험

34 다음은 중소기업 방송광고 활성화(제작비) 지원사업 절차이다. 이에 대한 설명으로 적절하지 않은 것은?

〈중소기업 방송광고 활성화(제작비) 지원사업 절차〉

사업 시행 공고 (한국방송광고진흥공사)	3월, 7월	• 홈페이지 등에 공고

⇩

지원 신청(해당 기업)	3월, 7월	• 신청자격 : 이노비즈 등 인증 중소기업으로 접수 마감일 기준 최근 1년 이내 지상파(전국) 또는 종합편성방송사에 방송광고 집행 실적이 없는 기업 • 신청 접수 : (1차) 3월 21일 ~ 4월 1일, (2차) 7월 18일 ~ 7월 29일

⇩

지원대상 선정 (지원협의회)	4월, 8월	• 예비심사(필요 시 시행) • 본심사

⇩

사업수행 협약 체결 (지원대상기업, 한국방송광고진흥공사)	4월, 8월	• 선정 통보 후 5일 이내 협약 체결

⇩

사업 수행 (지원대상기업)	협약 후 3개월 이내	• 방송광고 제작 계약서 제출(협약 후 45일 이내) • 방송광고 제작 • 방송광고 청약

⇩

사업 수행 완료 후기금 지원 신청 (지원대상기업 → 한국방송광고진흥공사)	협약 후 3개월 이내	• 완성된 방송광고물 • 완성된 방송광고물의 제작비 상세 명세서 • 완성된 방송광고물의 방송광고 심의 소재 등록증 • 방송광고 청약서 등과 함께 기금 지원 신청서 제출

⇩

검증 및 기금 지원 결정 (지원협의회)	기금 지원 신청 익월	• 기금 지원 신청 금액 및 완성된 방송광고물의 검증 • 지원협의회 최종 승인 및 지급

① 3월에 사업 시행 공고를 보고 4월 1일 이전에 신청 접수를 하면 된다.

② 4월과 8월에 지원협의회에서 지원대상을 선정하는데 모두 예비심사와 본심사를 받아야 한다.

③ 지원대상 선정과 같은 달에 사업수행 협약을 체결한다.

④ 협약 후 45일 이내에 방송광고 제작 계약서를 제출하고, 3개월 이내에 방송광고물을 제작한다.

⑤ 이노비즈 등 인증 중소기업이어야 지원 신청이 가능하다.

35 S사에서 파견 근무를 나갈 10명을 뽑아 팀을 구성하려 한다. 새로운 팀 내에서 팀장 한 명과 회계 담당 2명을 뽑으려고 하는데, 이 인원을 뽑는 경우는 몇 가지인가?

① 300가지　　　　　　　　　　　② 320가지

③ 348가지　　　　　　　　　　　④ 360가지

⑤ 396가지

36 다음은 2022년 S시 5개 구 주민의 돼지고기 소비량에 관한 자료이다. 〈조건〉을 이용하여 변동계수가 3번째로 큰 구를 올바르게 구한 것은?

〈5개 구 주민의 돼지고기 소비량 통계〉

(단위 : kg)

구분	평균(1인당 소비량)	표준편차
A	( )	5.0
B	( )	4.0
C	30.0	6.0
D	12.0	4.0
E	( )	8.0

※ (변동계수)$= \dfrac{(표준편차)}{(평균)} \times 100$

조건

- A구의 1인당 소비량과 B구의 1인당 소비량을 합하면 C구의 1인당 소비량과 같다.
- A구의 1인당 소비량과 D구의 1인당 소비량을 합하면 E구 1인당 소비량의 2배와 같다.
- E구의 1인당 소비량은 B구의 1인당 소비량보다 6.0kg 더 많다.

① A구　　　　　　　　　　　② B구

③ C구　　　　　　　　　　　④ D구

⑤ E구

37 다음은 리더십의 유형 중 한 유형의 특징을 나타낸 것이다. 다음 특징에 해당하는 리더십 유형으로 가장 적절한 것은?

> • 리더는 조직 구성원들 중 한 명일 뿐이다. 그는 물론 다른 조직 구성원들보다 경험이 더 풍부하겠지만 다른 구성원들보다 더 비중 있게 대우받아서는 안 된다.
> • 집단의 모든 구성원들은 의사결정 및 팀의 방향을 설정하는데 참여한다.
> • 집단의 모든 구성원들은 집단의 행동의 성과 및 결과에 대해 책임을 공유한다.

① 독재자 유형
② 민주주의에 근접한 유형
③ 파트너십 유형
④ 변혁적 유형
⑤ 자유방임적 유형

38 다음 〈보기〉 중 팀워크를 통한 조직목표 달성의 효과성 개선 노력으로 적절한 것을 모두 고르면?

> **보기**
> ㄱ. A부서는 외부 조직과의 협업에서 문제가 발생할 경우를 대비하여 절차상의 하자 제거를 최우선시 함으로써 책임소재를 명확히 한다.
> ㄴ. B부서는 추진사업 선정에 있어 부서 내 의견이 불일치하는 경우, 부서장의 의견에 따라 사안을 결정한다.
> ㄷ. C부서는 사업 계획단계에서 평가 지표를 미리 선정해두고, 해당 지표에 따라 사업의 성패 여부를 판단한다.
> ㄹ. D부서는 비효율적인 결재 절차를 간소화하기 위해 팀을 수평적 구조로 재편하였다.

① ㄱ, ㄴ
② ㄱ, ㄷ
③ ㄴ, ㄷ
④ ㄴ, ㄹ
⑤ ㄷ, ㄹ

39 다음은 S기업의 재고 관리 사례이다. 금요일까지 부품 재고 수량이 남지 않게 완성품을 만들 수 있도록 월요일에 주문할 A ~ C부품 개수로 옳은 것은?(단, 주어진 조건 이외에는 고려하지 않는다)

〈부품 재고 수량과 완성품 1개당 소요량〉

부품명	부품 재고 수량	완성품 1개당 소요량
A	500	10
B	120	3
C	250	5

〈완성품 납품 수량〉

항목 \ 요일	월요일	화요일	수요일	목요일	금요일
완성품 납품 개수	없음	30	20	30	20

※ 부품 주문은 월요일에 한 번 신청하며, 화요일 작업 시작 전에 입고된다.
※ 완성품은 부품 A, B, C를 모두 조립해야 한다.

	A	B	C
①	100	100	100
②	100	180	200
③	500	100	100
④	500	150	200
⑤	500	180	250

40 A대리는 S공단 사내 문제처리 과정을 매뉴얼하여 전사에 공표하는 업무를 맡게 되었다. 문제처리 과정 중 마지막 단계인 실행 및 Follow-up 단계에서 실행상의 문제점을 해결하기 위한 모니터링 체제를 구축하기 위해 고려해야 할 체크리스트를 만들려고 한다. 다음 중 체크리스트 항목으로 들어갈 수 없는 것은?

① 문제가 재발하지 않을 것을 확신할 수 있는가?
② 해결안별 세부실행내용이 구체적으로 수립되었는가?
③ 혹시 또 다른 문제를 발생시키지 않았는가?
④ 바람직한 상태가 달성되었는가?
⑤ 사전에 목표한 기간 및 비용은 계획대로 지켜졌는가?

우리가 해야할 일은 끊임없이 호기심을 갖고
새로운 생각을 시험해보고 새로운 인상을 받는 것이다.

월터 페이터

PART 3

합격의 공식 SD에듀 www.sdedu.co.kr

채용 가이드

01 | 블라인드 채용 소개

1. 블라인드 채용이란?

채용 과정에서 편견이 개입되어 불합리한 차별을 야기할 수 있는 출신지, 가족관계, 학력, 외모 등의 편견요인은 제외하고, 직무능력만을 평가하여 인재를 채용하는 방식입니다.

2. 블라인드 채용의 필요성

- 채용의 공정성에 대한 사회적 요구
  - 누구에게나 직무능력만으로 경쟁할 수 있는 균등한 고용기회를 제공해야 하나, 아직도 채용의 공정성에 대한 불신이 존재
  - 채용상 차별금지에 대한 법적 요건이 권고적 성격에서 처벌을 동반한 의무적 성격으로 강화되는 추세
  - 시민의식과 지원자의 권리의식 성숙으로 차별에 대한 법적 대응 가능성 증가
- 우수인재 채용을 통한 기업의 경쟁력 강화 필요
  - 직무능력과 무관한 학벌, 외모 위주의 선발로 우수인재 선발기회 상실 및 기업경쟁력 약화
  - 채용 과정에서 차별 없이 직무능력중심으로 선발한 우수인재 확보 필요
- 공정한 채용을 통한 사회적 비용 감소 필요
  - 편견에 의한 차별적 채용은 우수인재 선발을 저해하고 외모·학벌 지상주의 등의 심화로 불필요한 사회적 비용 증가
  - 채용에서의 공정성을 높여 사회의 신뢰수준 제고

3. 블라인드 채용의 특징

편견요인을 요구하지 않는 대신 직무능력을 평가합니다.

블라인드 채용 = 편견유발 요인제외 + 직무능력 중심평가

※ 직무능력중심 채용이란?
기업의 역량기반 채용, NCS기반 능력중심 채용과 같이 직무수행에 필요한 능력과 역량을 평가하여 선발하는 채용방식을 통칭합니다.

4. 블라인드 채용의 평가요소

직무수행에 필요한 지식, 기술, 태도 등을 과학적인 선발기법을 통해 평가합니다.

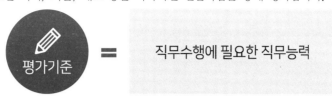

※ 과학적 선발기법이란?

직무분석을 통해 도출된 평가요소를 서류, 필기, 면접 등을 통해 체계적으로 평가하는 방법으로 입사지원서, 자기소개서, 직무수행능력평가, 구조화 면접 등이 해당됩니다.

5. 블라인드 채용 주요 도입 내용

- 입사지원서에 인적사항 요구 금지
  - 인적사항에는 출신지역, 가족관계, 결혼여부, 재산, 취미 및 특기, 종교, 생년월일(연령), 성별, 신장 및 체중, 사진, 전공, 학교명, 학점, 외국어 점수, 추천인 등이 해당
  - 채용 직무를 수행하는 데 있어 반드시 필요하다고 인정될 경우는 제외
    - 예 특수경비직 채용 시 : 시력, 건강한 신체 요구
    - 연구직 채용 시 : 논문, 학위 요구 등
- 블라인드 면접 실시
  - 면접관에게 응시자의 출신지역, 가족관계, 학교명 등 인적사항 정보 제공 금지
  - 면접관은 응시자의 인적사항에 대한 질문 금지

6. 블라인드 채용 도입의 효과성

- 구성원의 다양성과 창의성이 높아져 기업 경쟁력 강화
  - 편견을 없애고 직무능력 중심으로 선발하므로 다양한 직원 구성 가능
  - 다양한 생각과 의견을 통하여 기업의 창의성이 높아져 기업경쟁력 강화
- 직무에 적합한 인재선발을 통한 이직률 감소 및 만족도 제고
  - 사전에 지원자들에게 구체적이고 상세한 직무요건을 제시함으로써 허수 지원이 낮아지고, 직무에 적합한 지원자 모집 가능
  - 직무에 적합한 인재가 선발되어 직무이해도가 높아져 업무효율 증대 및 만족도 제고
- 채용의 공정성과 기업이미지 제고
  - 블라인드 채용은 사회적 편견을 줄인 선발 방법으로 기업에 대한 사회적 인식 제고
  - 채용과정에서 불합리한 차별을 받지 않고 실력에 의해 공정하게 평가를 받을 것이라는 믿음을 제공하고, 지원자들은 평등한 기회와 공정한 선발과정 경험

02 | 서류전형 가이드

01 채용공고문

1. 채용공고문의 변화

기존 채용공고문	변화된 채용공고문
• 취업준비생에게 불충분하고 불친절한 측면 존재 • 모집분야에 대한 명확한 직무관련 정보 및 평가기준 부재 • 해당분야에 지원하기 위한 취업준비생의 무분별한 스펙 쌓기 현상 발생	• NCS 직무분석에 기반한 채용공고를 토대로 채용전형 진행 • 지원자가 입사 후 수행하게 될 업무에 대한 자세한 정보 공지 • 직무수행내용, 직무수행 시 필요한 능력, 관련된 자격, 직업기초능력 제시 • 지원자가 해당 직무에 필요한 스펙만을 준비할 수 있도록 안내
• 모집부문 및 응시자격 • 지원서 접수 • 전형절차 • 채용조건 및 처우 • 기타사항	• 채용절차 • 채용유형별 선발분야 및 예정인원 • 전형방법 • 선발분야별 직무기술서 • 우대사항

2. 지원 유의사항 및 지원요건 확인

채용 직무에 따른 세부사항을 공고문에 명시하여 지원자에게 적격한 지원 기회를 부여함과 동시에 채용과정에서의 공정성과 신뢰성을 확보합니다.

구성	내용	확인사항
모집분야 및 규모	고용형태(인턴 계약직 등), 모집분야, 인원, 근무지역 등	채용직무가 여러 개일 경우 본인이 해당되는 직무의 채용규모 확인
응시자격	기본 자격사항, 지원조건	지원을 위한 최소자격요건을 확인하여 불필요한 지원을 예방
우대조건	법정·특별·자격증 가점	본인의 가점 여부를 검토하여 가점 획득을 위한 사항을 사실대로 기재
근무조건 및 보수	고용형태 및 고용기간, 보수, 근무지	본인이 생각하는 기대수준에 부합하는지 확인하여 불필요한 지원을 예방
시험방법	서류·필기·면접전형 등의 활용방안	전형방법 및 세부 평가기법 등을 확인하여 지원전략 준비
전형일정	접수기간, 각 전형 단계별 심사 및 합격자 발표일 등	본인의 지원 스케줄을 검토하여 차질이 없도록 준비
제출서류	입사지원서(경력·경험기술서 등), 각종 증명서 및 자격증 사본 등	지원요건 부합 여부 및 자격 증빙서류 사전에 준비
유의사항	임용취소 등의 규정	임용취소 관련 법적 또는 기관 내부 규정을 검토하여 해당여부 확인

02　직무기술서

직무기술서란 직무수행의 내용과 필요한 능력, 관련 자격, 직업기초능력 등을 상세히 기재한 것으로 입사 후 수행하게 될 업무에 대한 정보가 수록되어 있는 자료입니다.

1. 채용분야

[설명]

NCS 직무분류 체계에 따라 직무에 대한 「대분류 – 중분류 – 소분류 – 세분류」 체계를 확인할 수 있습니다. 채용직무에 대한 모든 직무기술서를 첨부하게 되며 실제 수행 업무를 기준으로 세부적인 분류정보를 제공합니다.

채용분야	분류체계			
사무행정	대분류	중분류	소분류	세분류
분류코드	02. 경영 · 회계 · 사무	03. 재무 · 회계	01. 재무	01. 예산
				02. 자금
			02. 회계	01. 회계감사
				02. 세무

2. 능력단위

[설명]

직무분류 체계의 세분류 하위능력단위 중 실질적으로 수행할 업무의 능력만 구체적으로 파악할 수 있습니다.

능력단위	(예산)	03. 연간종합예산수립 05. 확정예산 운영	04. 추정재무제표 작성 06. 예산실적 관리
	(자금)	04. 자금운용	
	(회계감사)	02. 자금관리 05. 회계정보시스템 운용 07. 회계감사	04. 결산관리 06. 재무분석
	(세무)	02. 결산관리 07. 법인세 신고	05. 부가가치세 신고

3. 직무수행내용

[설명]

세분류 영역의 기본정의를 통해 직무수행내용을 확인할 수 있습니다. 입사 후 수행할 직무내용을 구체적으로 확인할 수 있으며, 이를 통해 입사서류 작성부터 면접까지 직무에 대한 명확한 이해를 바탕으로 자신의 희망직무인지 아닌지, 해당 직무가 자신이 알고 있던 직무가 맞는지 확인할 수 있습니다.

직무수행내용	(예산) 일정기간 예상되는 수익과 비용을 편성, 집행하며 통제하는 일
	(자금) 자금의 계획 수립, 조달, 운용을 하고 발생 가능한 위험 관리 및 성과평가
	(회계감사) 기업 및 조직 내 · 외부에 있는 의사결정자들이 효율적인 의사결정을 할 수 있도록 유용한 정보를 제공, 제공된 회계정보의 적정성을 파악하는 일
	(세무) 세무는 기업의 활동을 위하여 주어진 세법범위 내에서 조세부담을 최소화시키는 조세전략을 포함하고 정확한 과세소득과 과세표준 및 세액을 산출하여 과세당국에 신고 · 납부하는 일

4. 직무기술서 예시

태도	(예산) 정확성, 분석적 태도, 논리적 태도, 타 부서와의 협조적 태도, 설득력
	(자금) 분석적 사고력
	(회계 감사) 합리적 태도, 전략적 사고, 정확성, 적극적 협업 태도, 법률준수 태도, 분석적 태도, 신속성, 책임감, 정확한 판단력
	(세무) 규정 준수 의지, 수리적 정확성, 주의 깊은 태도
우대 자격증	공인회계사, 세무사, 컴퓨터활용능력, 변호사, 워드프로세서, 전산회계운용사, 사회조사분석사, 재경관리사, 회계관리 등
직업기초능력	의사소통능력, 문제해결능력, 자원관리능력, 대인관계능력, 정보능력, 조직이해능력

5. 직무기술서 내용별 확인사항

항목	확인사항
모집부문	해당 채용에서 선발하는 부문(분야)명 확인 예 사무행정, 전산, 전기
분류체계	지원하려는 분야의 세부직무군 확인
주요기능 및 역할	지원하려는 기업의 전사적인 기능과 역할, 산업군 확인
능력단위	지원분야의 직무수행에 관련되는 세부업무사항 확인
직무수행내용	지원분야의 직무군에 대한 상세사항 확인
전형방법	지원하려는 기업의 신입사원 선발전형 절차 확인
일반요건	교육사항을 제외한 지원 요건 확인(자격요건, 특수한 경우 연령)
교육요건	교육사항에 대한 지원요건 확인(대졸 / 초대졸 / 고졸 / 전공 요건)
필요지식	지원분야의 업무수행을 위해 요구되는 지식 관련 세부항목 확인
필요기술	지원분야의 업무수행을 위해 요구되는 기술 관련 세부항목 확인
직무수행태도	지원분야의 업무수행을 위해 요구되는 태도 관련 세부항목 확인
직업기초능력	지원분야 또는 지원기업의 조직원으로서 근무하기 위해 필요한 일반적인 능력사항 확인

1. 입사지원서의 변화

기존지원서		능력중심 채용 입사지원서
직무와 관련 없는 학점, 개인신상, 어학점수, 자격, 수상경력 등을 나열하도록 구성	VS	해당 직무수행에 꼭 필요한 정보들을 제시할 수 있도록 구성

직무기술서

직무수행내용

요구지식 / 기술

관련 자격증

사전직무경험

➡

인적사항	성명, 연락처, 지원분야 등 작성 (평가 미반영)
교육사항	직무지식과 관련된 학교교육 및 직업교육 작성
자격사항	직무관련 국가공인 또는 민간자격 작성
경력 및 경험사항	조직에 소속되어 일정한 임금을 받거나(경력) 임금 없이(경험) 직무와 관련된 활동 내용 작성

2. 교육사항

- 지원분야 직무와 관련된 학교 교육이나 직업교육 혹은 기타교육 등 직무에 대한 지원자의 학습 여부를 평가하기 위한 항목입니다.
- 지원하고자 하는 직무의 학교 전공교육 이외에 직업교육, 기타교육 등을 기입할 수 있기 때문에 전공 제한 없이 직업교육과 기타교육을 이수하여 지원이 가능하도록 기회를 제공합니다.
(기타교육 : 학교 이외의 기관에서 개인이 이수한 교육과정 중 지원직무와 관련이 있다고 생각되는 교육내용)

구분	교육과정(과목)명	교육내용	과업(능력단위)

3. 자격사항

- 채용공고 및 직무기술서에 제시되어 있는 자격 현황을 토대로 지원자가 해당 직무를 수행하는 데 필요한 능력을 가지고 있는지를 평가하기 위한 항목입니다.
- 채용공고 및 직무기술서에 기재된 직무관련 필수 또는 우대자격 항목을 확인하여 본인이 보유하고 있는 자격사항을 기재합니다.

자격유형	자격증명	발급기관	취득일자	자격증번호

4. 경력 및 경험사항

- 직무와 관련된 경력이나 경험 여부를 표현하도록 하여 직무와 관련한 능력을 갖추었는지를 평가하기 위한 항목입니다.
- 해당 기업에서 직무를 수행함에 있어 필요한 사항만을 기록하게 되어 있기 때문에 직무와 무관한 스펙을 갖추지 않아도 됩니다.
- 경력 : 금전적 보수를 받고 일정기간 동안 일했던 경우
- 경험 : 금전적 보수를 받지 않고 수행한 활동

※ 기업에 따라 경력 / 경험 관련 증빙자료 요구 가능

구분	조직명	직위 / 역할	활동기간(년 / 월)	주요과업 / 활동내용

> **Tip**
>
> 입사지원서 작성 방법
> ○ 경력 및 경험사항 작성
> - 직무기술서에 제시된 지식, 기술, 태도와 지원자의 교육사항, 경력(경험)사항, 자격사항과 연계하여 개인의 직무역량에 대해 스스로 판단 가능
> ○ 인적사항 최소화
> - 개인의 인적사항, 학교명, 가족관계 등을 노출하지 않도록 유의
>
> ---
>
> 부적절한 입사지원서 작성 사례
> - 학교 이메일을 기입하여 학교명 노출
> - 거주지 주소에 학교 기숙사 주소를 기입하여 학교명 노출
> - 자기소개서에 부모님이 재직 중인 기업명, 직위, 직업을 기입하여 가족관계 노출
> - 자기소개서에 석·박사 과정에 대한 이야기를 언급하여 학력 노출
> - 동아리 활동에 대한 내용을 학교명과 더불어 언급하여 학교명 노출

1. 자기소개서의 변화

- 기존의 자기소개서는 지원자의 일대기나 관심 분야, 성격의 장·단점 등 개괄적인 사항을 묻는 질문으로 구성되어 지원자가 자신의 직무능력을 제대로 표출하지 못합니다.
- 능력중심 채용의 자기소개서는 직무기술서에 제시된 직업기초능력(또는 직무수행능력)에 대한 지원자의 과거 경험을 기술하게 함으로써 평가 타당도의 확보가 가능합니다.

1. 우리 회사와 해당 지원 직무분야에 지원한 동기에 대해 기술해 주세요.

2. 자신이 경험한 다양한 사회활동에 대해 기술해 주세요.

3. 지원 직무에 대한 전문성을 키우기 위해 받은 교육과 경험 및 경력사항에 대해 기술해 주세요.

4. 인사업무 또는 팀 과제 수행 중 발생한 갈등을 원만하게 해결해 본 경험이 있습니까? 당시 상황에 대한 설명과 갈등의 대상이 되었던 상대방을 설득한 과정 및 방법을 기술해 주세요.

5. 과거에 있었던 일 중 가장 어려웠었던(힘들었었던) 상황을 고르고, 어떤 방법으로 그 상황을 해결했는지를 기술해 주세요.

PART 3

자기소개서 작성 방법

① 자기소개서 문항이 묻고 있는 평가 역량 추측하기

예시

• 팀 활동을 하면서 갈등 상황 시 상대방의 니즈나 의도를 명확히 파악하고 해결하여 목표 달성에 기여했던 경험에 대해서 작성해 주시기 바랍니다.
• 다른 사람이 생각해내지 못했던 문제점을 찾고 이를 해결한 경험에 대해 작성해 주시기 바랍니다.

② 해당 역량을 보여줄 수 있는 소재 찾기(시간×역량 매트릭스)

예시

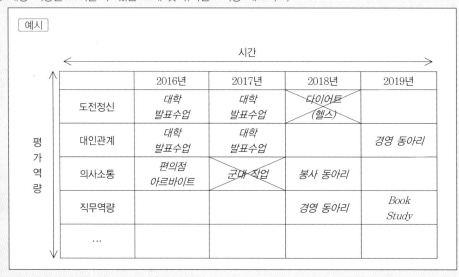

③ 자기소개서 작성 Skill 익히기
• 두괄식으로 작성하기
• 구체적 사례를 사용하기
• '나'를 중심으로 작성하기
• 직무역량 강조하기
• 경험 사례의 차별성 강조하기

03 | 인성검사 소개 및 모의테스트

01 인성검사 유형

인성검사는 지원자의 성격특성을 객관적으로 파악하고 그것이 각 기업에서 필요로 하는 인재상과 가치에 부합하는가를 평가하기 위한 검사입니다. 인성검사는 KPDI(한국인재개발진흥원), K-SAD(한국사회적성개발원), KIRBS(한국행동과학연구소), SHR(에스에이치알) 등의 전문기관을 통해 각 기업의 특성에 맞는 검사를 선택하여 실시합니다. 대표적인 인성검사의 유형에는 크게 다음과 같은 세 가지가 있으며, 채용 대행업체에 따라 달라집니다.

1. KPDI 검사

조직적응성과 직무적합성을 알아보기 위한 검사로 인성검사, 인성역량검사, 인적성검사, 직종별 인적성검사 등의 다양한 검사 도구를 구현합니다. KPDI는 성격을 파악하고 정신건강 상태 등을 측정하고, 직무검사는 해당 직무를 수행하기 위해 기본적으로 갖추어야 할 인지적 능력을 측정합니다. 역량검사는 특정직무 역할을 효과적으로 수행하는 데 직접적으로 관련 있는 개인의 행동, 지식, 스킬, 가치관 등을 측정합니다.

2. KAD(Korea Aptitude Development) 검사

K-SAD(한국사회적성개발원)에서 실시하는 적성검사 프로그램입니다. 개인의 성향, 지적 능력, 기호, 관심, 흥미도를 종합적으로 분석하여 적성에 맞는 업무가 무엇인가 파악하고, 직무수행에 있어서 요구되는 기초능력과 실무능력을 분석합니다.

3. SHR 직무적성검사

직무수행에 필요한 종합적인 사고 능력을 다양한 적성검사(Paper and Pencil Test)로 평가합니다. SHR의 모든 직무능력검사는 표준화 검사입니다. 표준화 검사는 표본집단의 점수를 기초로 규준이 만들어진 검사이므로 개인의 점수를 규준에 맞추어 해석·비교하는 것이 가능합니다. S(Standardized Tests), H(Hundreds of Version), R(Reliable Norm Data)을 특징으로 하며, 직군·직급별 특성과 선발 수준에 맞추어 검사를 적용할 수 있습니다.

인성검사는 특히 면접질문과 관련성이 높습니다. 면접관은 지원자의 인성검사 결과를 토대로 질문을 하기 때문입니다. 일관적이고 이상적인 답변을 하는 것이 가장 좋지만, 실제 시험은 매우 복잡하여 전문가라 해도 일정 성격을 유지하면서 답변을 하는 것이 힘듭니다. 또한, 인성검사에는 라이 스케일(Lie Scale) 설문이 전체 설문 속에 교묘하게 섞여 들어가 있으므로 겉치레적인 답을 하게 되면 회답태도의 허위성이 그대로 드러나게 됩니다. 예를 들어 '거짓말을 한 적이 한 번도 없다.'에 '예'로 답하고, '때로는 거짓말을 하기도 한다.'에 '예'라고 답하여 라이 스케일의 득점이 올라가게 되면 모든 회답의 신빙성이 사라지고 '자신을 돋보이게 하려는 사람'이라는 평가를 받을 수 있으므로 주의해야 합니다. 따라서 모의테스트를 통해 인성검사의 유형과 실제 시험 시 어떻게 문제를 풀어야 하는지 연습해 보고 체크한 부분 중 자신의 단점과 연결되는 부분은 면접에서 질문이 들어왔을 때 어떻게 대처해야 하는지 생각해 보는 것이 좋습니다.

03   유의사항

1. 기업의 인재상을 파악하라!

인성검사를 통해 개인의 성격 특성을 파악하고 그것이 기업의 인재상과 가치에 부합하는지를 평가하는 시험이기 때문에 해당 기업의 인재상을 먼저 파악하고 시험에 임하는 것이 좋습니다. 모의테스트에서 인재상에 맞는 가상의 인물을 설정하고 문제에 답해 보는 것도 많은 도움이 됩니다.

2. 일관성 있는 대답을 하라!

짧은 시간 안에 다양한 질문에 답을 해야 하는데, 그 안에는 중복되는 질문이 여러 번 나옵니다. 이때 앞서 자신이 체크했던 대답을 잘 기억해뒀다가 일관성 있는 답을 하는 것이 중요합니다.

3. 모든 문항에 대답하라!

많은 문제를 짧은 시간 안에 풀려다 보니 다 못 푸는 경우도 종종 생깁니다. 하지만 대답을 누락하거나 끝까지 다 못했을 경우 좋지 않은 결과를 가져올 수도 있으니 최대한 주어진 시간 안에 모든 문항에 답할 수 있도록 해야 합니다.

※ 모의테스트는 질문 및 답변 유형 연습을 위한 것으로 실제 시험과 다를 수 있습니다.

번호	내용	예	아니오
001	나는 솔직한 편이다.	☐	☐
002	나는 리드하는 것을 좋아한다.	☐	☐
003	법을 어겨서 말썽이 된 적이 한 번도 없다.	☐	☐
004	거짓말을 한 번도 한 적이 없다.	☐	☐
005	나는 눈치가 빠르다.	☐	☐
006	나는 일을 주도하기보다는 뒤에서 지원하는 것을 선호한다.	☐	☐
007	앞일은 알 수 없기 때문에 계획은 필요하지 않다.	☐	☐
008	거짓말도 때로는 방편이라고 생각한다.	☐	☐
009	사람이 많은 술자리를 좋아한다.	☐	☐
010	걱정이 지나치게 많다.	☐	☐
011	일을 시작하기 전 재고하는 경향이 있다.	☐	☐
012	불의를 참지 못한다.	☐	☐
013	처음 만나는 사람과도 이야기를 잘 한다.	☐	☐
014	때로는 변화가 두렵다.	☐	☐
015	나는 모든 사람에게 친절하다.	☐	☐
016	힘든 일이 있을 때 술은 위로가 되지 않는다.	☐	☐
017	결정을 빨리 내리지 못해 손해를 본 경험이 있다.	☐	☐
018	기회를 잡을 준비가 되어 있다.	☐	☐
019	때로는 내가 정말 쓸모없는 사람이라고 느낀다.	☐	☐
020	누군가 나를 챙겨주는 것이 좋다.	☐	☐
021	자주 가슴이 답답하다.	☐	☐
022	나는 내가 자랑스럽다.	☐	☐
023	경험이 중요하다고 생각한다.	☐	☐
024	전자기기를 분해하고 다시 조립하는 것을 좋아한다.	☐	☐
025	감시받고 있다는 느낌이 든다.	☐	☐

PART 3

026	난처한 상황에 놓이면 그 순간을 피하고 싶다.	☐	☐
027	세상엔 믿을 사람이 없다.	☐	☐
028	잘못을 빨리 인정하는 편이다.	☐	☐
029	지도를 보고 길을 잘 찾아간다.	☐	☐
030	귓속말을 하는 사람을 보면 날 비난하고 있는 것 같다.	☐	☐
031	막무가내라는 말을 들을 때가 있다.	☐	☐
032	장래의 일을 생각하면 불안하다.	☐	☐
033	결과보다 과정이 중요하다고 생각한다.	☐	☐
034	운동은 그다지 할 필요가 없다고 생각한다.	☐	☐
035	새로운 일을 시작할 때 좀처럼 한 발을 떼지 못한다.	☐	☐
036	기분 상하는 일이 있더라도 참는 편이다.	☐	☐
037	업무능력은 성과로 평가받아야 한다고 생각한다.	☐	☐
038	머리가 맑지 못하고 무거운 느낌이 든다.	☐	☐
039	가끔 이상한 소리가 들린다.	☐	☐
040	타인이 내게 자주 고민상담을 하는 편이다.	☐	☐

※ 모의테스트는 질문 및 답변 유형 연습을 위한 것으로 실제 시험과 다를 수 있습니다.

※ 이 성격검사의 각 문항에는 서로 다른 행동을 나타내는 네 개의 문장이 제시되어 있습니다. 이 문장들을 비교하여, 자신의 평소 행동과 가장 가까운 문장을 'ㄱ' 열에 표기하고, 가장 먼 문장을 'ㅁ' 열에 표기하십시오.

01 나는 _____

	ㄱ	ㅁ
A. 실용적인 해결책을 찾는다.	☐	☐
B. 다른 사람을 돕는 것을 좋아한다.	☐	☐
C. 세부 사항을 잘 챙긴다.	☐	☐
D. 상대의 주장에서 허점을 잘 찾는다.	☐	☐

02 나는 _____

	ㄱ	ㅁ
A. 매사에 적극적으로 임한다.	☐	☐
B. 즉흥적인 편이다.	☐	☐
C. 관찰력이 있다.	☐	☐
D. 임기응변에 강하다.	☐	☐

03 나는 _____

	ㄱ	ㅁ
A. 무서운 영화를 잘 본다.	☐	☐
B. 조용한 곳이 좋다.	☐	☐
C. 가끔 울고 싶다.	☐	☐
D. 집중력이 좋다.	☐	☐

04 나는 _____

	ㄱ	ㅁ
A. 기계를 조립하는 것을 좋아한다.	☐	☐
B. 집단에서 리드하는 역할을 맡는다.	☐	☐
C. 호기심이 많다.	☐	☐
D. 음악을 듣는 것을 좋아한다.	☐	☐

PART 3

05 나는 _____

	ㄱ	ㅁ
A. 타인을 늘 배려한다.	☐	☐
B. 감수성이 예민하다.	☐	☐
C. 즐겨하는 운동이 있다.	☐	☐
D. 일을 시작하기 전에 계획을 세운다.	☐	☐

06 나는 _____

	ㄱ	ㅁ
A. 타인에게 설명하는 것을 좋아한다.	☐	☐
B. 여행을 좋아한다.	☐	☐
C. 정적인 것이 좋다.	☐	☐
D. 남을 돕는 것에 보람을 느낀다.	☐	☐

07 나는 _____

	ㄱ	ㅁ
A. 기계를 능숙하게 다룬다.	☐	☐
B. 밤에 잠이 잘 오지 않는다.	☐	☐
C. 한 번 간 길을 잘 기억한다.	☐	☐
D. 불의를 보면 참을 수 없다.	☐	☐

08 나는 _____

	ㄱ	ㅁ
A. 종일 말을 하지 않을 때가 있다.	☐	☐
B. 사람이 많은 곳을 좋아한다.	☐	☐
C. 술을 좋아한다.	☐	☐
D. 휴양지에서 편하게 쉬고 싶다.	☐	☐

09 나는 _____

	ㄱ	ㅁ
A. 뉴스보다는 드라마를 좋아한다.	☐	☐
B. 길을 잘 찾는다.	☐	☐
C. 주말엔 집에서 쉬는 것이 좋다.	☐	☐
D. 아침에 일어나는 것이 힘들다.	☐	☐

10 나는 _____

	ㄱ	ㅁ
A. 이성적이다.	☐	☐
B. 할 일을 종종 미룬다.	☐	☐
C. 어른을 대하는 게 힘들다.	☐	☐
D. 불을 보면 매혹을 느낀다.	☐	☐

11 나는 _____

	ㄱ	ㅁ
A. 상상력이 풍부하다.	☐	☐
B. 예의 바르다는 소리를 자주 듣는다.	☐	☐
C. 사람들 앞에 서면 긴장한다.	☐	☐
D. 친구를 자주 만난다.	☐	☐

12 나는 _____

	ㄱ	ㅁ
A. 나만의 스트레스 해소 방법이 있다.	☐	☐
B. 친구가 많다.	☐	☐
C. 책을 자주 읽는다.	☐	☐
D. 활동적이다.	☐	☐

PART 3

04 | 면접전형 가이드

01 면접유형 파악

1. 면접전형의 변화

기존 면접전형에서는 일상적이고 단편적인 대화나 지원자의 첫인상 및 면접관의 주관적인 판단 등에 의해서 입사 결정 여부를 판단하는 경우가 많았습니다. 이러한 면접전형은 면접 내용의 일관성이 결여되거나 직무 관련 타당성이 부족하였고, 면접에 대한 신뢰도에 영향을 주었습니다.

기존 면접(전통적 면접)		능력중심 채용 면접(구조화 면접)

• 일상적이고 단편적인 대화
• 인상, 외모 등 외부 요소의 영향
• 주관적인 판단에 의존한 총점 부여
 	
⇩
 	
• 면접 내용의 일관성 결여
• 직무관련 타당성 부족
• 주관적인 채점으로 신뢰도 저하
	VS	• 일관성
		  – 직무관련 역량에 초점을 둔 구체적 질문 목록
		  – 지원자별 동일 질문 적용
		• 구조화
		  – 면접 진행 및 평가 절차를 일정한 체계에 의해 구성
		• 표준화
		  – 평가 타당도 제고를 위한 평가 Matrix 구성
		  – 척도에 따라 항목별 채점, 개인 간 비교
		• 신뢰성
		  – 면접진행 매뉴얼에 따라 면접위원 교육 및 실습

2. 능력중심 채용의 면접 유형

① 경험 면접
  • 목적 : 선발하고자 하는 직무 능력이 필요한 과거 경험을 질문합니다.
  • 평가요소 : 직업기초능력과 인성 및 태도적 요소를 평가합니다.
② 상황 면접
  • 목적 : 특정 상황을 제시하고 지원자의 행동을 관찰함으로써 실제 상황의 행동을 예상합니다.
  • 평가요소 : 직업기초능력과 인성 및 태도적 요소를 평가합니다.
③ 발표 면접
  • 목적 : 특정 주제와 관련된 지원자의 발표와 질의응답을 통해 지원자 역량을 평가합니다.
  • 평가요소 : 직무수행능력과 인지적 역량(문제해결능력)을 평가합니다.
④ 토론 면접
  • 목적 : 토의과제에 대한 의견수렴 과정에서 지원자의 역량과 상호작용능력을 평가합니다.
  • 평가요소 : 직무수행능력과 팀워크를 평가합니다.

1. 경험 면접

① 경험 면접의 특징
- 주로 직업기초능력에 관련된 지원자의 과거 경험을 심층 질문하여 검증하는 면접입니다.
- 직무능력과 관련된 과거 경험을 평가하기 위해 심층 질문을 하며, 이 질문은 지원자의 답변에 대하여 '꼬리에 꼬리를 무는 형식'으로 진행됩니다.

- 능력요소, 정의, 심사 기준
  - 평가하고자 하는 능력요소, 정의, 심사기준을 확인하여 면접위원이 해당 능력요소 관련 질문을 제시합니다.
- Opening Question
  - 능력요소에 관련된 과거 경험을 유도하기 위한 시작 질문을 합니다.
- Follow-up Question
  - 지원자의 경험 수준을 구체적으로 검증하기 위한 질문입니다.
  - 경험 수준 검증을 위한 상황(Situation), 임무(Task), 역할 및 노력(Action), 결과(Result) 등으로 질문을 구분합니다.

경험 면접의 형태

[면접관 1] [면접관 2] [면접관 3]

[면접관 1] [면접관 2] [면접관 3]

[지원자]

〈일대다 면접〉

[지원자 1] [지원자 2] [지원자 3]

〈다대다 면접〉

② 경험 면접의 구조

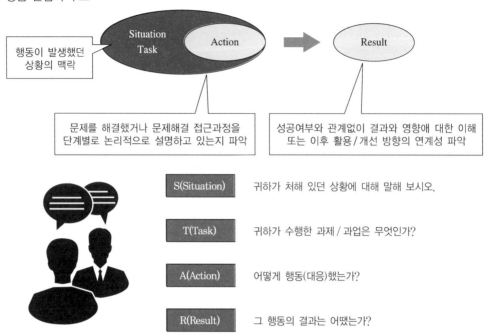

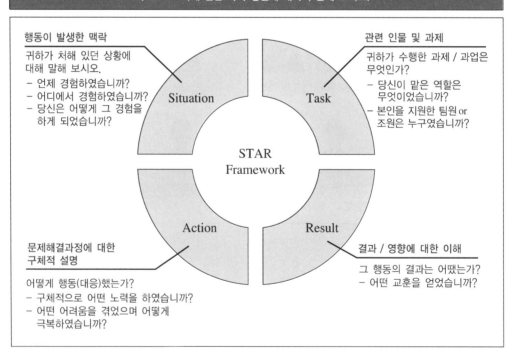

③ 경험 면접 질문 예시(직업윤리)

시작 질문	
1	남들이 신경 쓰지 않는 부분까지 고려하여 절차대로 업무(연구)를 수행하여 성과를 낸 경험을 구체적으로 말해 보시오.
2	조직의 원칙과 절차를 철저히 준수하며 업무(연구)를 수행한 것 중 성과를 향상시킨 경험에 대해 구체적으로 말해 보시오.
3	세부적인 절차와 규칙에 주의를 기울여 실수 없이 업무(연구)를 마무리한 경험을 구체적으로 말해 보시오.
4	조직의 규칙이나 원칙을 고려하여 성실하게 일했던 경험을 구체적으로 말해 보시오.
5	타인의 실수를 바로잡고 원칙과 절차대로 수행하여 성공적으로 업무를 마무리하였던 경험에 대해 말해 보시오.

후속 질문		
상황 (Situation)	상황	구체적으로 언제, 어디에서 경험한 일인가?
		어떤 상황이었는가?
	조직	어떤 조직에 속해 있었는가?
		그 조직의 특성은 무엇이었는가?
		몇 명으로 구성된 조직이었는가?
	기간	해당 조직에서 얼마나 일했는가?
		해당 업무는 몇 개월 동안 지속되었는가?
	조직규칙	조직의 원칙이나 규칙은 무엇이었는가?
임무 (Task)	과제	과제의 목표는 무엇이었는가?
		과제에 적용되는 조직의 원칙은 무엇이었는가?
		그 규칙을 지켜야 하는 이유는 무엇이었는가?
	역할	당신이 조직에서 맡은 역할은 무엇이었는가?
		과제에서 맡은 역할은 무엇이었는가?
	문제의식	규칙을 지키지 않을 경우 생기는 문제점 / 불편함은 무엇인가?
		해당 규칙이 왜 중요하다고 생각하였는가?
역할 및 노력 (Action)	행동	업무 과정의 어떤 장면에서 규칙을 철저히 준수하였는가?
		어떻게 규정을 적용시켜 업무를 수행하였는가?
		규정은 준수하는 데 어려움은 없었는가?
	노력	그 규칙을 지키기 위해 스스로 어떤 노력을 기울였는가?
		본인의 생각이나 태도에 어떤 변화가 있었는가?
		다른 사람들은 어떤 노력을 기울였는가?
	동료관계	동료들은 규칙을 철저히 준수하고 있었는가?
		팀원들은 해당 규칙에 대해 어떻게 반응하였는가?
		규칙에 대한 태도를 개선하기 위해 어떤 노력을 하였는가?
		팀원들의 태도는 당신에게 어떤 자극을 주었는가?
	업무추진	주어진 업무를 추진하는 데 규칙이 방해되진 않았는가?
		업무수행 과정에서 규정을 어떻게 적용하였는가?
		업무 시 규정을 준수해야 한다고 생각한 이유는 무엇인가?

결과 (Result)	**평가**	규칙을 어느 정도나 준수하였는가?
		그렇게 준수할 수 있었던 이유는 무엇이었는가?
		업무의 성과는 어느 정도였는가?
		성과에 만족하였는가?
		비슷한 상황이 온다면 어떻게 할 것인가?
	피드백	주변 사람들로부터 어떤 평가를 받았는가?
		그러한 평가에 만족하는가?
		다른 사람에게 본인의 행동이 영향을 주었다고 생각하는가?
	교훈	업무수행 과정에서 중요한 점은 무엇이라고 생각하는가?
		이 경험을 통해 느낀 바는 무엇인가?

2. 상황 면접

① 상황 면접의 특징

직무 관련 상황을 가정하여 제시하고 이에 대한 대응능력을 직무관련성 측면에서 평가하는 면접입니다.

- 상황 면접 과제의 구성은 크게 2가지로 구분
  - 상황 제시(Description) / 문제 제시(Question or Problem)
- 현장의 실제 업무 상황을 반영하여 과제를 제시하므로 직무분석이나 직무전문가 워크숍 등을 거쳐 현장성을 높임
- 문제는 상황에 대한 기본적인 이해능력(이론적 지식)과 함께 실질적 대응이나 변수 고려능력(실천적 능력) 등을 고르게 질문해야 함

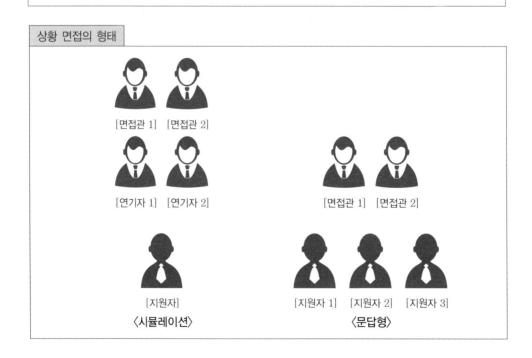

상황 면접의 형태

[면접관 1] [면접관 2]

[연기자 1] [연기자 2]   [면접관 1] [면접관 2]

[지원자]   [지원자 1] [지원자 2] [지원자 3]

〈시뮬레이션〉   〈문답형〉

② 상황 면접 예시

상황 제시	인천공항 여객터미널 내에는 다양한 용도의 시설(사무실, 통신실, 식당, 전산실, 창고 면세점 등)이 설치되어 있습니다.	실제 업무 상황에 기반함
	금년에 소방배관의 누수가 잦아 메인 배관을 교체하는 공사를 추진하고 있으며, 당신은 이번 공사의 담당자입니다.	배경 정보
	주간에는 공항 운영이 이루어져 주로 야간에만 배관 교체 공사를 수행하던 중, 시공하는 기능공의 실수로 배관 연결 부위를 잘못 건드려 고압배관의 소화수가 누출되는 사고가 발생하였으며, 이로 인해 인근 시설물에 누수에 의한 피해가 발생하였습니다.	구체적인 문제 상황
문제 제시	일반적인 소방배관의 배관연결(이음)방식과 배관의 이탈(누수)이 발생하는 원인에 대해 설명해 보시오.	문제 상황 해결을 위한 기본 지식 문항
	담당자로서 본 사고를 현장에서 긴급히 처리하는 프로세스를 제시하고, 보수완료 후 사후적 조치가 필요한 부분 및 재발방지 방안에 대해 설명해 보시오.	문제 상황 해결을 위한 추가 대응 문항

3. 발표 면접

① 발표 면접의 특징

- 직무관련 주제에 대한 지원자의 생각을 정리하여 의견을 제시하고, 발표 및 질의응답을 통해 지원자의 직무능력을 평가하는 면접입니다.
- 발표 주제는 직무와 관련된 자료로 제공되며, 일정 시간 후 지원자가 보유한 지식 및 방안에 대한 발표 및 후속 질문을 통해 직무적합성을 평가합니다.

- 주요 평가요소
  - 설득적 말하기 / 발표능력 / 문제해결능력 / 직무관련 전문성
- 이미 언론을 통해 공론화된 시사 이슈보다는 해당 직무분야에 관련된 주제가 발표면접의 과제로 선정되는 경우가 최근 들어 늘어나고 있음
- 짧은 시간 동안 주어진 과제를 빠른 속도로 분석하여 발표문을 작성하고 제한된 시간 안에 면접관에게 효과적인 발표를 진행하는 것이 핵심

발표 면접의 형태

[면접관 1] [면접관 2]　　　　　　　[면접관 1] [면접관 2]

[지원자]　　　　　　　　　[지원자 1] [지원자 2] [지원자 3]
〈개별 과제 발표〉　　　　　　　〈팀 과제 발표〉

※ 면접관에게 시각적 효과를 사용하여 메시지를 전달하는 쌍방향 커뮤니케이션 방식
※ 심층면접을 보완하기 위한 방안으로 최근 많은 기업에서 적극 도입하는 추세

② 발표 면접 예시

---

1. 지시문

당신은 현재 A사에서 직원들의 성과평가를 담당하고 있는 팀원이다. 인사팀은 지난주부터 사내 조직문화관련 인터뷰를 하던 도중 성과평가제도에 관련된 개선 니즈가 제일 많다는 것을 알게 되었다. 이에 팀장님은 인터뷰 결과를 종합하려 성과평가제도 개선 아이디어를 A4용지에 정리하여 신속 보고할 것을 지시하셨다. 당신에게 남은 시간은 1시간이다. 자료를 준비하는 대로 당신은 팀원들이 모인 회의실에서 5분 간 발표할 것이며, 이후 질의응답을 진행할 것이다.

2. 배경자료

〈성과평가제도 개선에 대한 인터뷰〉

최근 A사는 회사 사세의 급성장으로 인해 작년보다 매출이 두 배 성장하였고, 직원 수 또한 두 배로 증가하였다. 회사의 성장은 임금, 복지에 대한 상승 등 긍정적인 영향을 주었으나 업무의 불균형 및 성과보상의 불평등 문제가 발생하였다. 또한 수시로 입사하는 신입직원과 경력직원, 퇴사하는 직원들까지 인원들의 잦은 변동으로 인해 평가해야 할 대상이 변경되어 현재의 성과평가제도로는 공정한 평가가 어려운 상황이다.

[생산부서 김상호]
우리 팀은 지난 1년 동안 생산량이 급증했기 때문에 수십 명의 신규인력이 급하게 채용되었습니다. 이 때문에 저희 팀장님은 신규 입사자들의 이름조차 기억 못할 때가 많이 있습니다. 성과평가를 제대로 하고 있는지 의문이 듭니다.

[마케팅 부서 김흥민]
개인의 성과평가의 취지는 충분히 이해합니다. 그러나 현재 평가는 실적기반이나 정성적인 평가가 많이 포함되어 있어 객관성과 공정성에는 의문이 드는 것이 사실입니다. 이러한 상황에서 평가제도를 재수립하지 않고, 인센티브에 계속 반영한다면, 평가제도에 대한 반감이 커질 것이 분명합니다.

[교육부서 홍경민]
현재 교육부서는 인사팀과 밀접하게 일하고 있습니다. 그럼에도 인사팀에서 실시하는 성과평가제도에 대한 이해가 부족한 것 같습니다.

[기획부서 김경호 차장]
저는 저의 평가자 중 하나가 연구부서의 팀장님인데, 일 년에 몇 번 같이 일하지 않는데 어떻게 저를 평가할 수 있을까요? 특히 연구팀은 저희가 예산을 배정하는데, 저에게는 좋지만….

4. 토론 면접

① 토론 면접의 특징
- 다수의 지원자가 조를 편성해 과제에 대한 토론(토의)을 통해 결론을 도출해가는 면접입니다.
- 의사소통능력, 팀워크, 종합인성 등의 평가에 용이합니다.

> - 주요 평가요소
>   - 설득적 말하기, 경청능력, 팀워크, 종합인성
> - 의견 대립이 명확한 주제 또는 채용분야의 직무 관련 주요 현안을 주제로 과제 구성
> - 제한된 시간 내 토론을 진행해야 하므로 적극적으로 자신 있게 토론에 임하고 본인의 의견을 개진할 수 있어야 함

토론 면접의 형태

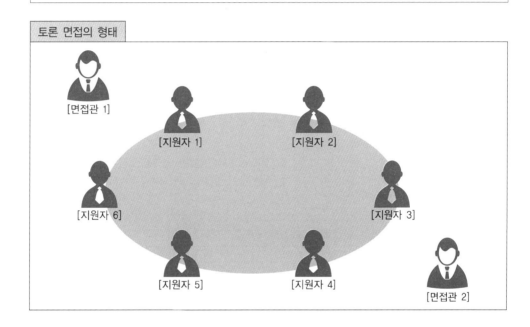

② 토론 면접 예시

고객 불만 고충처리

1. 들어가며

최근 우리 상품에 대한 고객 불만의 증가로 고객고충처리 TF가 만들어졌고 당신은 여기에 지원해 배치받았다. 당신의 업무는 불만을 가진 고객을 만나서 애로사항을 듣고 처리해 주는 일이다. 주된 업무로는 고객의 니즈를 파악해 방향성을 제시해 주고 그 해결책을 마련하는 일이다. 하지만 경우에 따라서 고객의 주관적인 의견으로 인해 제대로 된 방향으로 의사결정을 하지 못할 때가 있다. 이럴 경우 설득이나 논쟁을 해서라도 의견을 관철시키는 것이 좋을지 아니면 고객의 의견대로 진행하는 것이 좋을지 결정해야 할 때가 있다. 만약 당신이라면 이러한 상황에서 어떤 결정을 내릴 것인지 여부를 자유롭게 토론해 보시오.

2. 1분 자유 발언 시 준비사항

• 당신은 의견을 자유롭게 개진할 수 있으며 이에 따른 불이익은 없습니다.

• 토론의 방향성을 이해하고, 내용의 장점과 단점이 무엇인지 문제를 명확히 말해야 합니다.

• 합리적인 근거에 기초하여 개선방안을 명확히 제시해야 합니다.

• 제시한 방안을 실행 시 예상되는 긍정적·부정적 영향요인도 동시에 고려할 필요가 있습니다.

3. 토론 시 유의사항

• 토론 주제문과 제공해드린 메모지, 볼펜만 가지고 토론장에 입장할 수 있습니다.

• 사회자의 지정 또는 발표자가 손을 들어 발언권을 획득할 수 있으며, 사회자의 통제에 따릅니다.

• 토론회가 시작되면, 팀의 의견과 논거를 정리하여 1분간의 자유발언을 할 수 있습니다. 순서는 사회자가 지정합니다. 이후에는 자유롭게 상대방에게 질문하거나 답변을 하실 수 있습니다.

• 핸드폰, 서적 등 외부 매체는 사용하실 수 없습니다.

• 논제에 벗어나는 발언이나 지나치게 공격적인 발언을 할 경우, 위에서 제시한 유의사항을 지키지 않을 경우 불이익을 받을 수 있습니다.

1. 면접 Role Play 편성

• 교육생끼리 조를 편성하여 면접관과 지원자 역할을 교대로 진행합니다.

• 지원자 입장과 면접관 입장을 모두 경험해 보면서 면접에 대한 적응력을 높일 수 있습니다.

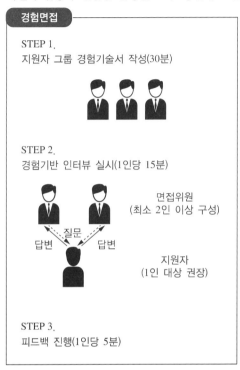

경험면접

STEP 1.
지원자 그룹 경험기술서 작성(30분)

STEP 2.
경험기반 인터뷰 실시(1인당 15분)

면접위원
(최소 2인 이상 구성)

질문

답변   답변

지원자
(1인 대상 권장)

STEP 3.
피드백 진행(1인당 5분)

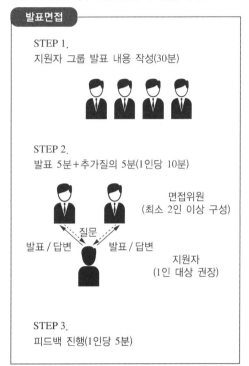

발표면접

STEP 1.
지원자 그룹 발표 내용 작성(30분)

STEP 2.
발표 5분+추가질의 5분(1인당 10분)

면접위원
(최소 2인 이상 구성)

질문

발표 / 답변   발표 / 답변

지원자
(1인 대상 권장)

STEP 3.
피드백 진행(1인당 5분)

Tip

면접 준비하기

1. 면접 유형 확인 필수
   • 기업마다 면접 유형이 상이하기 때문에 해당 기업의 면접 유형을 확인하는 것이 좋음
   • 일반적으로 실무진 면접, 임원면접 2차례에 거쳐 면접을 실시하는 기업이 많고 실무진 면접과 임원 면접에서 평가요소가 다르기 때문에 유형에 맞는 준비방법이 필요

2. 후속 질문에 대한 사전 점검
   • 블라인드 채용 면접에서는 주요 질문과 함께 후속 질문을 통해 지원자의 직무능력을 판단
   → STAR 기법을 통한 후속 질문에 미리 대비하는 것이 필요

05 | 한국승강기안전공사 면접 기출질문

한국승강기안전공단 면접전형은 경험면접으로 진행하며 직업관(직업윤리), 전문성 및 업무수행능력, 예의·품행 및 성실성, 발전가능성, 고객지향성 및 협력성을 평가한다.

1. 2022년 면접 기출질문

- 욕설을 하는 민원이 있다면 어떻게 해결할 것인가?
- 자신의 역량으로 한국승강기안전공단에 기여할 수 있는 바에 대해 말해 보시오.
- 본인의 성격 중 한국승강기안전공단의 업무와 맞는 강점이 있다면 무엇인지 말해 보시오.
- 본인의 강점을 한국승강기안전공단에서 어떻게 활용할 수 있을지 말해 보시오.
- 한국승강기안전공단을 언제 어떻게 알게 되었는가?
- 한국승강기안전공단에 대하여 알고 있는 대로 말해 보시오.
- 한국승강기안전공단에서 제공하는 서비스를 이용해 본적이 있는지 말해 보시오.
- 한국승강기안전공단의 발전방향에 대해 말해 보시오.
- 본인이 알고 있는 승강기 사고 사례를 말해 보시오.
- 연말이 되었을 때 본인의 성과분석을 한다면 업무의 어떤 부분을 작성할 것인가?
- 입사 후 포부에 대해 말해 보시오.
- 마지막으로 하고 싶은 말이 있다면 해보시오.

2. 과년도 면접 기출질문

- 승강기 레일과 자동차도로의 차이점을 말해 보시오.
- 한국승강기안전공단인으로서 가장 중요한 자질은 무엇이라고 생각하는가?
- 4차 산업혁명과 승강기를 연관 지어 말해 보시오.
- 한국승강기안전공단의 핵심가치 가운데 무엇을 가장 중요하다고 생각하는지 말해 보시오.
- 에스컬레이터 한 줄 서기에 대한 본인의 생각을 말해 보시오.
- 팀원들과 협력을 해서 뭔가를 이루어낸 경험이 있다면 말해 보시오.
- 지원한 직무를 수행함에 있어서 필요한 역량이 무엇이라고 생각하는지 말해 보시오.
- 팀 내에서 갈등을 경험한 적이 있다면 말하고, 어떻게 해결했는지 말해 보시오.
- 승강기 검사원 업무에 대하여 아는 대로 말해 보시오.
- 승강기 검사원에게 필요한 덕목 3가지를 말해 보시오.
- 승강기를 점검하고 있는데 몸이 불편하신 분이 승강기를 급히 이용하려고 하는 상황이 발생했을 때, 어떻게 대처할 것인가?
- 고객응대 상황 중 어려움이 발생하기도 하는데, 남들과 다른 고객서비스를 제공해본 경험이 있다면 말해 보시오.
- 꿈이 무엇인지 말하고, 그 꿈과 관련하여 무슨 활동을 하고 있는지, 그 활동이 공단에서 발휘될 수 있는지 말해 보시오.
- 한국승강기안전공단 본사 1층에 있는 동상을 보았는가?
- 한국승강기안전공단 홈페이지에서 개선해야할 부분은 어느 부분인가?
- 취업을 위해서가 아니라 지원자 본인을 위해서 하고 있는 일이 있는가?
- 실제로 승강기안전검사를 본 적이 있는가?
- 업무를 잘하는 사람을 구별하는 기준은 무엇인가?
- 노인 혹은 어린이에게 한국승강기안전공단을 어떻게 설명하겠는가?
- 한국승강기안전공단이 근무하기 좋은 10대 기업에 포함된 것을 알고 있는가?
- 근무하기 좋은 기업이란 어떤 기업이라고 생각하는가?
- 본인의 스트레스 해소법은 무엇인가?
- 동종 기업 중에 왜 한국승강기안전공단을 선택하였는가?
- 승강기는 어떻게 작동하는가?
- 좌우명이 무엇인가?
- 대외활동이 많은데 원래 성격이 적극적인가?
- 승강기 고장 시 어떻게 대처하겠는가?
- 직장을 선택할 때 중요시 여기는 것이 무엇인가?
- 어떤 부서에서 일하고 싶은가?
- 10년 후 자신이 어떤 사람이 되어있을 것이라고 생각하는가?
- 타인이 본인을 어떻게 평가하는가?
- 아르바이트 경험 중 가장 인상 깊었던 경험은 무엇인가?
- 회사에게 원하는 것은 무엇인가?
- 공기업의 수익성과 공공성 중 어느 것에 더 역점을 두어야 하는가?
- 상사가 옳지 않은 일을 시켰을 경우 어떻게 하겠는가?
- 최선을 다한다는 것은 어떤 것인가?
- 승강기 사고를 줄이기 위한 근본적인 대책으로는 무엇이 있겠는가?

"오늘 당신의 노력은 아름다운 꽃의 물이 될 것입니다."

그러나, 이 꽃을 볼 때 사람들은 이 꽃의 아름다움과 향기만을 사랑하고 칭찬하였지, 이 꽃을 그렇게 아름답게 어여쁘게 만들어 주는 병 속의 물은 조금도 생각지 않는 것이 보통입니다.

아무리 아름답고 어여쁜 꽃이기로서니 단 한 송이의 꽃을 피울 수 있으며, 단 한 번이라도 꽃 향기를 날릴 수 있겠는가? 우리는 여기서 아무리 본바탕이 좋고 아름다운 꽃이라도 보이지 않는 물의 숨은 힘이 없으면 도저히 그 빛과 향기를 자랑할 수 없는 것을 알았습니다.

— 방정환의 우리 뒤에 숨은 힘 중

현재 나의 실력을 객관적으로 파악해 보자!

모바일 OMR
답안채점 / 성적분석 서비스

도서에 수록된 모의고사에 대한 객관적인 결과(정답률, 순위)를 종합적으로 분석하여 제공합니다.

OMR 입력

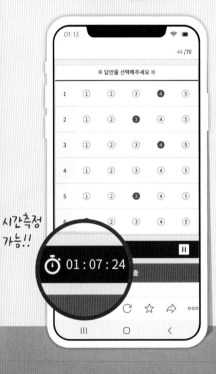

시간측정
가능!!

성적분석

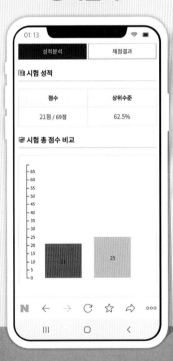

채점결과

※OMR 답안채점 / 성적분석 서비스는 등록 후 30일간 사용 가능합니다.

참여
방법

도서 내 모의고사
우측 상단에 위치한
QR코드 찍기

→

LOG IN
로그인
하기

→

'시작하기'
클릭

→

'응시하기'
클릭

→

나의 답안을
모바일 OMR
카드에 입력

→

'성적분석 & 채점결과'
클릭

→

현재 내 실력
확인하기

Add+

합격의 공식 SD에듀 www.sdedu.co.kr

2022년 주요 공기업
NCS 기출복원문제

01	02	03	04	05	06	07	08	09	10	11	12	13	14	15	16	17	18	19	20
③	⑤	⑤	①	①	④	⑤	④	③	①	①	③	③	③	⑤	②	⑤	④	④	④
21	22	23	24	25	26	27	28	29	30	31	32	33	34	35	36	37	38	39	40
①	④	②	③	②	④	④	②	③	③	③	②	③	①	③	③	②	③	②	⑤
41	42	43	44	45	46	47	48	49	50										
①	②	③	②	②	③	②	②	④	②										

01

정답 ③

제시문의 중심 내용은 나이 계산법 방식이 세 가지로 혼재되어 있어 '나이 불일치'로 인한 행정서비스 및 계약상의 혼선과 법적 다툼이 발생해 이를 해소하고자 나이 방식을 하나로 통합하자는 것이다. 이에 덧붙여 나이 방식이 통합되어도 일상에는 변화가 없으며 일부 법에 대해서는 기존 방식이 유지될 수 있다고 하였다. 따라서 제시문의 주제로 가장 적절한 것은 ③이다.

오답분석

① 마지막 문단의 '연 나이를 채택해 또래 집단과 동일한 기준을 적용하는 것이 오히려 혼선을 막을 수 있고 법 집행의 효율성이 담보'라는 내용에서 일부 법령에 대해서는 연 나이 계산법을 유지한다는 것을 알 수 있으나, 해당 내용이 전체 글을 다루고 있다고 보기는 어렵다.
② 세 번째 문단에 따르면 나이 불일치가 야기한 혼선과 법적 다툼은 우리나라 나이 계산법으로 인한 문제가 아니라 나이 계산법 방식이 세 가지로 혼재되어 있어 발생하는 문제라고 하였다.
④ 제시문은 나이 계산법 혼용에 따른 분쟁 해결 방안을 다루기보다는 이러한 분쟁이 발생하지 않도록 나이 계산법을 하나로 통일하자는 내용을 다루고 있다.
⑤ 다섯 번째 문단의 '법적·사회적 분쟁이 크게 줄어들 것으로 기대하고 있지만, 국민 전체가 일상적으로 체감하는 변화는 크지 않을 것'이라는 내용으로 보아 나이 계산법의 변화로 달라지는 행정서비스는 크게 없을 것으로 보이며, 글의 전체적인 주제로 보기에도 적절하지 않다.

02

정답 ⑤

마지막 문단의 '정부도 규제와 의무보다는 사업자의 자율적인 부분을 인정해주고 사업자 노력을 드라이브 걸 수 있는 지원책을 마련하여야 한다.'라는 내용을 통해 정부는 OTT 플랫폼에 장애인 편의 기능과 관련한 규제와 의무를 줬지만, 이에 대한 지원책은 부족했음을 유추할 수 있다.

오답분석

① 세 번째 문단의 '재생 버튼에 대한 설명이 제공되는 넷플릭스도 영상 재생 시점을 10초 앞으로 또는 뒤로 이동하는 버튼은 이용하기 어렵다.'라는 내용을 통해 국내 OTT 플랫폼보다는 장애인을 위한 서비스 기능이 더 제공되고 있지만, 여전히 충분히 제공되고 있지 않음을 알 수 있다.
② 세 번째 문단을 통해 장애인들의 국내 OTT 플랫폼의 이용이 어려움을 짐작할 수는 있지만, 서비스를 제공하는지의 유무는 확인하기 어렵다.
③ 외국 OTT 플랫폼은 국내 OTT 플랫폼보다 상대적으로 장애인 편의 기능을 더 제공하고 있는 것으로 보아 장애인을 수동적인 시혜자가 아닌 능동적인 소비자로 보고 있음을 알 수 있다.
④ 제시문에서는 우리나라 장애인이 외국 장애인보다 OTT 플랫폼의 이용이 어려운 것이 아닌 우리나라 OTT 플랫폼이 외국 OTT 플랫폼보다 장애인이 이용하기 어렵다고 말하고 있다.

03

먼저 서두에는 흥미를 유도하거나 환기시킬 수 있는 내용이 오는 것이 적절하다. 따라서 영국의 보고서 내용인 (나) 또는 OECD 조사 내용인 (다)가 서두에 오는 것이 적절하다. 하지만 (나)의 경우 첫 문장에서의 '또한'이라는 접속사를 통해 앞선 글이 있었음을 알 수 있어 서두에 오는 것이 가장 적절한 문단은 (다)이고 이어서 (나)가 오는 것이 적절하다. 그리고 다음으로 앞선 문단에서 다룬 성별 간 임금 격차의 이유에 해당하는 (라)와 이에 대한 구체적 내용인 (가)가 오는 것이 적절하다.

04

첫 번째 문단의 '특히 해당 건물은 조립식 샌드위치 패널로 지어져 있어 이번 화재는 자칫 대형 산불로 이어져'라는 내용과 빈칸 앞뒤의 '빠르게 진화되었지만', '불이 삽시간에 번져'라는 내용을 미루어 볼 때, 해당 건물의 화재가 빠르게 진화되었음에도 사상자가 발생한 것은 조립식 샌드위치 패널로 이루어진 화재에 취약한 구조이기 때문으로 볼 수 있다. 따라서 빈칸에 들어갈 내용으로 가장 적절한 것은 ①이다.

오답분석

② 건조한 기후와 관련한 내용은 제시문에서 찾을 수 없다.
③ 해당 건물이 불법 가건물에 해당되지만, 해당 건물의 안정성과 관련한 내용은 제시문에서 찾을 수 없다.
④ 소방시설과 관련한 내용은 제시문에서 찾을 수 없으며, 두 번째 문단의 '화재는 30여 분 만에 빠르게 진화되었지만'이라는 내용으로 보아 소방 대처가 화재에 영향을 줬다고 보기는 어렵다.
⑤ 인적이 드문 지역에 있어 해당 건물의 존재를 파악하기는 어려웠지만, 화재로 인한 피해를 더 크게 했다고 보기에도 어렵다.

05

체지방량을 $x\,\mathrm{kg}$, 근육량을 $y\,\mathrm{kg}$이라 하면,
$x+y=65\cdots\bigcirc$
$-0.2x+0.25y=-4\cdots\bigcirc\bigcirc$
$\bigcirc\bigcirc\times20$을 하면 $-4x+5y=-80\cdots\bigcirc\bigcirc\bigcirc$
$(\bigcirc\times4)+\bigcirc\bigcirc\bigcirc$을 풀면 $9y=180$, $y=20$이고, 이 값을 $\bigcirc$에 대입하면 $x=45$이다.
따라서 운동을 한 후 체지방량은 운동 전에 비해 20%인 9kg이 줄어 36kg이고, 근육량은 운동 전에 비해 25%인 5kg이 늘어 25kg이다.

06

둘레에 심는 꽃의 수가 최소가 되려면 꽃 사이의 간격이 최대가 되어야 하므로 꽃 사이의 간격은 $140=2^2\times5\times7$, $100=2^2\times5^2$의 최대공약수인 $2^2\times5=20\mathrm{m}$가 된다. 따라서 이때 심어야 하는 꽃은 $2\times[(140+100)\div20]=24$송이다.

07

제품 50개 중 1개가 불량품일 확률은 $\dfrac{1}{50}$이다. 따라서 제품 2개를 고를 때 2개 모두 불량품일 확률은 $\dfrac{1}{50}\times\dfrac{1}{50}=\dfrac{1}{2,500}$이다.

08

제시문에서는 단기간 내 사업 추진이 용이한 '폐기물 및 바이오매스 혼소 발전' 등의 에너지원에 대한 편중성이 나타나고 있으므로 ④는 옳지 않다.

오답분석

① 공급의무자는 신·재생에너지 공급인증서(REC)를 구매하는 방법으로 할당받은 공급의무량을 충당할 수 있다.
② 공급의무자에게 할당되는 공급의무량이 단계적으로 증가하여 최종 전력소비자인 국민들에게 전가되는 비용 부담이 지속적으로 증가할 가능성이 있다.
③ 세 번째 개선방안으로 민간 기업들이 직접 REC 구매를 가능하게 하는 등의 제도 보완이 필요하다고 하였으므로 옳은 설명이다.
⑤ RPS제도로 인해 신·재생에너지를 이용한 발전량과 발전설비 용량이 지속적으로 증가하였다.

09

정답 ③

(나) 보빙사절단에 전등 주문과 고종의 허가 → (라) 1887년 3월 경복궁 내 건천궁에 100촉 전구 두 개가 점등 → (가) 전등 설치에 대한 반대와 우여곡절 → (다) 궁궐의 항시적 조명 설비가 된 전등

10

정답 ①

4,000원의 물건을 1,000개 팔았으므로 한 달 매출액은 4,000,000원이다. 그러므로 인상한 가격과 변동된 판매량에 대한 식을 세우면 다음과 같다.

$(4,000+x)\times(1,000-0.2x)=4,000,000$

$4,000,000-800x+1,000x-0.2x^2=4,000,000$

$200x-0.2x^2=0 \rightarrow x(200-0.2x)=0 \rightarrow x(x-1,000)=0$

$\therefore x=1,000 \ (\because x\neq 0)$

따라서 인상한 가격은 1,000원이다.

11

정답 ①

D대리는 B과장보다 근속연수가 높지만 기본급은 더 적음으로 옳지 않다.

오답분석

② S팀의 자녀는 모두 7명으로 총 자녀수당은 70만 원이다. 반면 근속수당은 30만+10만+30만+20만+10만=100만 원이므로 자녀수당의 합보다 근속수당의 합이 더 높다.

③ A부장의 월급은 4,260,000+(100,000×2)+300,000+100,000+1,00,000=4,960,000원이므로 E사원의 기본급인 2,420,000 원의 2배 이상이다.

④ 제시된 사원 정보를 통해 가장 많은 기본급 외 임금수당을 받는 직원은 전기기사 자격증을 보유하고 있어 총 500,000+100,000 +100,000+100,000+100,000=900,000원을 받는 B과장인데, C과장이 전기기능사에 합격하여 자격증수당 15만 원이 추가 되면 총 150,000+100,000+100,000+300,000+300,000=950,000원이 되어 S팀 직원 중 가장 많은 기본급 외 임금수당 을 받게 된다.

⑤ 자녀의 수가 가장 많은 직원은 C과장으로 총 80만 원의 기본급 외 임금수당을 받고, 근속연수가 가장 높은 직원은 A부장으로 총 70만 원의 기본급 외 임금수당을 받고 있음으로 옳은 설명이다.

12

정답 ③

K공사의 월급은 (기본급)+(기본급 외 임금 수당)이므로 각 직원별 총 지급액은 다음과 같다.

• A부장 : 4,260,000+100,000+100,000+300,000+200,000+0=4,960,000원
• B과장 : 3,280,000+100,000+100,000+100,000+100,000+500,000=4,180,000원
• C과장 : 3,520,000+100,000+100,000+300,000+300,000+0=4,320,000원
• D대리 : 2,910,000+100,000+100,000+200,000+100,000+150,000=3,560,000원
• E사원 : 2,420,000+100,000+100,000+100,000+0+250,000=2,970,000원

따라서 월급이 높은 순서대로 나열하면 A부장 → C과장 → B과장 → D대리 → E사원이다.

13

정답 ③

甲대리의 성과평가 등급을 통해 개인 성과평가 점수에 가중치를 적용하여 점수로 나타내면 다음과 같다.

실적	난이도평가	중요도평가	신속성	합
30×1=30점	20×0.8=16점	30×0.4=12점	20×0.8=16점	74점

따라서 甲대리는 80만 원의 성과급을 받게 된다.

14

정답 ③

각 지사별 최단거리에 위치한 곳은 '대전 – 김천(90km)', '김천 – 부산(120km)', '부산 – 진주(100km)'이다.
따라서 K대리가 방문할 지사를 순서대로 나열하면 '김천 – 부산 – 진주'이다.

15

정답 ⑤

물품 A 2박스와 물품 B 1박스를 한 묶음으로 보면 다음과 같이 쌓을 수 있다.

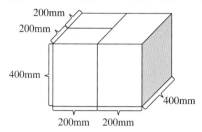

최종적으로 물품 한 세트의 규격은 (L)400mm×(W)400mm×(H)400mm로 볼 수 있다.
해당 규격으로 20ft 컨테이너에 넣게 되면 다음과 같아진다.
• 6,000mm÷400mm＝15세트
• 2,400mm÷400mm＝6세트
• 2,400mm÷400mm＝6세트
따라서 15×6×6＝540세트를 넣을 수 있고, 총 3박스가 결합되어야 하므로 모두 540×3＝1,620박스를 실을 수 있다.

16

정답 ②

조직을 관리하는 대표는 리더(Leader)와 관리자(Manager)로 나눌 수 있다. '무엇을 할까'를 생각하면서 적극적으로 움직이는 사람은 리더이고, 처해 있는 상황에 대처하기 위해 '어떻게 할까'를 생각하는 사람은 관리자이다. 따라서 적절하지 않은 것은 ②이다.

17

정답 ⑤

임파워먼트의 장애요인
• 개인 차원 : 주어진 일을 해내는 역량의 결여, 대응성, 동기의 결여, 결의의 부족, 책임감 부족, 성숙 수준의 전반적인 의존성, 빈곤의 정신 등
• 대인 차원 : 다른 사람과의 성실성 결여, 약속 불이행, 성과를 제한하는 조직의 규범(Norm), 갈등처리 능력의 결여, 승패의 태도 등
• 관리 차원 : 효과적 리더십 발휘능력 결여, 경험 부족, 정책 및 기획의 실행능력 결여, 통제적 리더십 스타일, 비전의 효과적 전달능력 결여 등
• 조직 차원 : 공감대 형성이 없는 구조와 시스템, 제한된 정책과 절차 등

18

정답 ④

첫 번째 빈칸에는 앞뒤 문장의 내용이 반대이기 때문에 '그러나'가 와야 한다. 두 번째 빈칸에는 앞 문장의 예시가 뒤 문장에 제시되고 있기 때문에 '예컨대'가 적절하다.

19

정답 ④

석훈이와 소영이는 각각 평균 6m/s, 4m/s의 속도로 달리기 때문에 1초에 10m씩 가까워진다. 점점 가까워지다가 만나게 되고 그 과정을 한 번 더 반복하게 되는데, 두 번째 만날 때까지 둘이 달린 거리는 트랙의 길이의 2배와 같다.
따라서 1분 15초 동안 달린 거리는 10m/s×75sec＝750m이며, 트랙의 길이는 그 절반인 375m이다.

20

정답 ④

주어진 조건에 따라 자물쇠를 열 수 없는 열쇠를 정리하면 다음과 같다.

구분	1번 열쇠	2번 열쇠	3번 열쇠	4번 열쇠	5번 열쇠	6번 열쇠
첫 번째 자물쇠			×	×	×	×
두 번째 자물쇠			×			×
세 번째 자물쇠	×	×	×			×
네 번째 자물쇠			×	×		×

따라서 3번 열쇠로는 어떤 자물쇠도 열지 못하는 것을 알 수 있다.

[오답분석]
① 첫 번째 자물쇠는 1번 또는 2번 열쇠로 열릴 수 있다.
② 두 번째 자물쇠가 2번 열쇠로 열리면, 세 번째 자물쇠는 4번 열쇠로 열린다.
③ 세 번째 자물쇠가 5번 열쇠로 열리면, 네 번째 자물쇠는 1번 또는 2번 열쇠로 열린다.

21

정답 ①

각 사례에 대한 가산점 합계를 구하면 다음과 같다.
(가) : 정보관리기술사(5점), 사무자동화산업기사(2점), TOEIC 750점(2점), JLPT 2급(4점) → 5점
(나) : TOSEL 620점(2점), 워드프로세서 1급(2점), PELT 223점(해당 없음) → 4점
(다) : 한국실용글쓰기검정 450점(해당 없음), HSK 6급(해당 없음), 정보보안산업기사(2점) → 2점
(라) : JPT 320점(해당 없음), 석사학위(4점), TEPS 450점(해당 없음) → 4점
(마) : 무선설비산업기사(2점), JLPT 3급(2점), ITQ OA 마스터(해당 없음) → 4점
(바) : TOEIC 640점(2점), 국어능력인증시험 180점(5점), HSK 8급(4점) → 5점
(사) : JLPT 3급(2점), HSK 5급(해당 없음), 한국어능력시험 530점(해당 없음) → 2점
(아) : IBT 42점(해당 없음), 컴퓨터활용능력 2급(2점), 에너지관리산업기사(해당 없음) → 2점
따라서 가산점이 5점인 경우는 2가지이고 4점인 경우는 3가지이며, 마지막으로 2점인 경우는 3가지이다.

22

정답 ④

12월 20 ~ 21일은 주중이며, 출장 혹은 연수 일정이 없고, 부서이동 전에 해당되므로, 김인턴이 경기본부의 파견 근무를 수행할 수 있는 날짜이다.

[오답분석]
① 12월 6 ~ 7일은 김인턴의 연수 참석 기간이므로 파견 근무를 진행할 수 없다.
② 12월 11 ~ 12일은 주말인 11일을 포함하고 있으므로 파견 근무를 진행할 수 없다.
③ 12월 14 ~ 15일 중 15일은 목요일로, 김인턴이 H본부로 출장을 가는 날이므로 파견 근무를 진행할 수 없다.
⑤ 12월 27 ~ 28일은 김인턴이 부서를 이동한 27일 이후이므로, 김인턴이 아니라 후임자가 경기본부로 파견 근무를 가야 한다.

23

정답 ②

①・④ 전결권자는 상무이다.
③・⑤ 대표이사의 결재가 필수이다(전결 사항이 아님).

24

정답 ③

네 번째 문단에서 '거주지에 해당하는 센터에서만 상담과 치료를 받을 수 있다.'라고 하였으므로 적절하지 않다.

① 두 번째 문단에 따르면 지난 1년간 불안장애를 경험한 사람은 224만 명으로, 그 외 주요 정신질환을 경험한 사람보다 많음을 알 수 있다.
② 세 번째 문단에서 '전반적으로 정신질환 유병률은 감소 추세이다. 정신건강 서비스의 이용률 증가로 인한 정신질환 예방이나 조기치료의 효과 등이 작용했을 것으로 보인다.'라고 하였다. 따라서 정신질환 예방과 조기치료는 정신질환 유병률 감소에 효과가 있음을 추론할 수 있다.
④ 네 번째 문단에 따르면 정신보건 전문요원과 상담한 이후 개인별 상황과 증상의 정도에 따른 치료 계획이 결정되어 치료받게 된다고 하였으므로 적절하다.
⑤ 마지막 문단에서 '센터별로 다양한 프로그램을 운영'한다고 하였으므로 적절하다.

25

정답 ④

ⓛ 질병감염아동특별지원서비스의 이용 대상은 장애 아동이 아닌 법정 전염성 및 유행성 질병에 감염되어 사회복지시설, 유치원, 보육시설 등을 이용하고 있는 만 12세 이하의 아동이다. 장애 아동과 관련된 내용은 제시문에 나타나 있지 않다.
ⓔ 아동돌봄서비스는 취업 부모의 일・가정 양립을 위해 야간・주말 등 틈새시간의 '일시 돌봄' 및 '영아 종일 돌봄' 등을 제공한다.

ⓒ 아이돌봄서비스는 만 12세 이하 아동을 둔 맞벌이 가정의 아동을 돌봐주는 서비스이므로 만 12세를 초과한 아동은 이용 대상이 될 수 없다.
ⓓ 기관연계돌봄서비스의 이용 대상은 만 0 ~ 12세 아동에 대한 돌봄서비스가 필요한 사회복지시설이나 학교, 유치원, 보육시설 등이다.

26

정답 ④

휴업급여 부분에 따르면 기준소득의 80%를 지급하도록 되어 있으며, 직업재활급여 부분에 따르면 현금급여는 가족관계에 따라 기준소득의 68 ~ 75%를 지급하도록 되어 있으므로 전자의 경우가 기준소득 대비 급여지급액 비율이 더 높다.

① 적용대상 부분에 따르면 교육훈련생도 산재보험 적용대상에 해당하므로 단기 계약직 근로자가 교육훈련생의 지위를 갖고 있어도 적용대상에 해당한다.
② 담당기구 부분에 따르면 독일 산재보험은 지역별로 산재보험조합이 자율적으로 운영되며, 국가는 주요 업무사항에 대한 감독권만을 가지므로 적절하지 않은 설명이다.
③ 보상 부분에 따르면 일일평균임금산정 시 휴업급여는 재해발생 직전 3개월간의 임금총액을 고려하는 반면, 연금식 급여는 상병이 발생한 날이 속하는 연도로부터 1년을 고려하여 서로 상이하므로 적절하지 않은 설명이다.
⑤ 장해급여 부분에 따르면 노동능력이 20% 이상 감소하였으면서 장해가 26주 이상 지속되는 경우에 지급된다. 선택지의 경우 노동능력은 20% 이상 감소하였으나, 장해는 26주 미만으로 지속되므로 장해급여 대상이 아니다.

27

경기 화성시와 강원 춘천시에서 시범적으로 운행이 시작되는 사업으로, 현재는 전국적으로 시행하는 단계의 사업은 아니다.

오답분석

① C공단 본부장의 말에 따르면, 기존의 돌봄서비스는 요양병원과 시설 중심이었다.
② 단순 시설 중심이 아닌 사업 대상인 노인들의 특성을 파악한 안전 손잡이, 문턱 제거 등의 내용이 포함된다.
③ 사회적 약자에 해당되는 노인 계층을 위한 돌봄 사업이므로, 이들의 생활 환경 개선을 예상할 수 있다.
⑤ 행정안전부 및 보건복지부, 지자체 등 다양한 기관과의 협업을 통해 추진되는 사업임을 알 수 있다.

28

정답 ②

제시문에서는 건강 불평등 격차를 줄여 모든 국민의 건강권을 보장하고자 하는 네덜란드의 의료복지 정책에 대해 설명하며, 건강 불평등 격차가 큰 우리나라의 현재 상황을 나타내고 있다. 따라서 제시문에 이어질 내용으로는 네덜란드의 보험 제도를 참고하여 우리나라의 건강 불평등 해소 방향을 생각해 볼 수 있다는 ②가 가장 적절하다.

29

정답 ③

두 번째 문단에 따르면 산재노동자가 처한 위기상황에 따라 개입하는 것은 일반서비스이며, 내일찾기서비스는 요양초기단계부터 잡코디네이터가 사례관리를 진행하는 것이므로 적절하지 않은 설명이다.

오답분석

① 두 번째 문단에 따르면 맞춤형통합서비스는 요양초기단계에 제공되는 내일찾기서비스, 요양서비스 과정에서 위기상황에 따라 제공되는 일반서비스로 분류된다. 따라서 적절한 설명이다.
② 두 번째 문단에 따르면 해당 발표회는 '한 해 동안'의 재활사업 성과를 평가하는 장이라고 하였으므로 매년 1회씩 열린다는 것을 추론할 수 있고, 2018년 기준 7번째라고 하였으므로 2012년부터 시행되었음을 알 수 있다.
④ 세 번째 문단에 따르면 분쇄기에 손이 절단되는 재해를 입은 여성 산재노동자가 심리불안을 겪을 때 미술심리치료 등 심리상담을 통해 자존감을 회복한 경우가 있다. 따라서 적절한 추론임을 알 수 있다.
⑤ 네 번째 문단에 따르면 캄보디아 산재노동자가 신체상 재해를 입고도 사업주와 의료진에 대한 불신 때문에 치료를 거부하여 골든타임을 놓칠 뻔한 사례가 있다. 따라서 근로자와 사업주 간의 신뢰구축을 통해 근로자의 신체 상해에 대한 치료가 원활히 이루어지도록 해야 한다.

30

정답 ③

기존의 AMI는 장애 상황이 발생하였을 때 전문가가 직접 현장에 가서 상황을 파악하고 고치는 방법만 가능하였다.

오답분석

① AMI는 시간대별 요금 정보 등 전기 사용 정보를 고객에게 제공해 자발적인 전기 절약을 유도하는 계량시스템이다.
② 첫 번째 문단에 따르면 검침원이 각 가정을 돌아다니며 전력 사용량을 확인하는 고전적인 검침 방식이 필요 없다고 하였다.
④ 원래는 AMI가 고장 나면 전문가가 직접 방문했으나, 현재 AMI 장애진단시스템의 개발로 인해 원격으로 검침정보 소스를 수집·저장하고 이를 활용해 어떤 장애인지 장애진단웹에 전송해 AMI 운영 담당자가 확인할 수 있다.
⑤ 제주지역을 대상으로 AMI 설비의 검침 빅데이터를 정밀 분석해본 결과 총 31종의 고장 유형을 분류했다.

31

정답 ③

제시문은 고전주의의 예술관을 설명한 후 이에 반하는 수용미학의 등장을 설명하고, 수용미학을 처음 제시한 야우스의 주장에 대해 설명하고 있다. 이어서 이를 체계화한 이저의 주장을 소개하고, 이저가 생각한 독자의 역할을 제시한 뒤 그 의의에 대해 설명하고 있다. 따라서 (가) 고전주의 예술관과 이에 반하는 수용미학의 등장 – (라) 수용미학을 제기한 야우스의 주장 – (다) 야우스의 주장을 정리한 이저 – (나) 이저의 이론 속 텍스트와 독자의 상호작용의 의의로 나열하는 것이 적절하다.

32

정답 ②

응시자 중 불합격자 수는 응시자 수에서 합격자 수를 제외한 값이다.
- 2017년 : 2,810−1,310=1,500명
- 2018년 : 2,660−1,190=1,470명
- 2019년 : 2,580−1,210=1,370명
- 2020년 : 2,110−1,010=1,100명
- 2021년 : 2,220−1,180=1,040명

오답분석

① 미응시자 수는 접수자 수에서 응시자 수를 제외한 값이다.
  - 2017년 : 3,540−2,810=730명
  - 2018년 : 3,380−2,660=720명
  - 2019년 : 3,120−2,580=540명
  - 2020년 : 2,810−2,110=700명
  - 2021년 : 2,990−2,220=770명

33

정답 ③

대면 진료가 중심이 된다면, 비대면 진료 때보다 환자의 의약품 사용 관리가 수월해지며, 대면 진료를 통해 의약품의 안전한 복용을 보다 더 정확하게 전달할 수 있어 약물의 오남용 또한 방지할 수 있다. 따라서 빈칸에 들어갈 내용으로는 ③이 가장 적절하다.

오답분석

① 제시문에서 비대면 진료의 가장 큰 문제점으로 제시한 것은 전문 의약품의 오남용으로 인한 의료의 상업화이다. 따라서 의약품 판매처를 확대한다면 이러한 문제점들이 더 증가할 수 있으므로 해당 내용은 적절하지 않다.
② 재진 환자에 한정해 비대면 진료를 허용하더라도, 재진 환자의 비대면 진료를 통한 의약품 오남용의 문제점을 해결할 수는 없다. 따라서 해당 내용은 적절하지 않다.
④ 비대면 의료 앱에서 의료광고를 제한한다면 해당 앱의 홍보 효과는 감소할 수 있겠지만, 근본적으로 비대면 진료를 통한 의약품의 오남용 문제점을 해결할 수는 없으므로 해당 내용은 적절하지 않다.
⑤ 비대면 진료에서의 의약품 처방을 제한한다면 실질적으로 비대면 진료를 받는 경우는 감소하게 되어 비대면 진료의 운영이 무의미해지게 된다. 결과적으로 이는 비대면 진료의 문제점을 해결하기 위한 것이라기보다는 비대면 진료 자체를 제한하는 것으로 볼 수 있으므로 적절하지 않다.

34

정답 ①

제시문에서는 의약품에 불순물이 함유되는 등 사유로 의약품의 회수명령이 증가하고 있다고 하였지만, 이 내용만으로는 과거에 비해 의약품에 불순물 함유량이 늘어났다고 보기는 어렵다.

오답분석

② '위해(危害)의약품 유통정보 알림서비스'는 회수대상 의약품 관련 내용을 의약품 공급자와 요양기관 양측에 모두 알림으로써 해당 의약품이 조기 회수될 수 있도록 지원하는 양방향의 서비스이다.
③ 이번 알림서비스 확대 내용은 '유효기한 경과의약품'의 요양기관 입고정보를 제공하는 것을 포함한다는 내용으로 미루어볼 때, 이전에는 단순 유효기간이 만료된 의약품에 대해서는 별다른 조치가 없었음을 추론할 수 있다.
④ 이번 알림서비스 확대 내용은 위해의약품이 사용되지 않도록 하는 것을 목표로 한다는 내용으로 미루어볼 때, 사후 조치보다는 사전 예방에 목적을 두고 있음을 알 수 있다.
⑤ 해당 서비스는 요양기관업무포털에서 정보 제공에 동의하고 알림 신청을 한 요양기관에 한해 제공된다는 내용으로 미루어볼 때, 요양기관의 필수가 아닌 선택사항에 해당함을 알 수 있다.

35

제시문의 첫 문단에서 '졸겐스마를 포함한 의약품 5개(7개 품목)를 오는 8월부터 건강보험에 신규 적용하겠다는 내용의 개정안을 의결했다.'라고 하였다. 또한 '건강보험 적용'에 대한 구체적인 내용을 언급하면서 그 예로 졸겐스마를 다루고 있으므로 희귀질환 치료제의 건강보험 적용 확대에 대한 글임을 알 수 있다.

오답분석

① '척수성 근위축증(SMA)'은 졸겐스마로 치료를 할 수 있으나, 고가의 치료제인 탓에 그동안 일반 환자들에게는 투약하기 어려운 환경이었을 뿐 이제야 개발된 약은 아니다.
② '졸겐스마는 조기에 맞을수록 효과가 높다.'는 내용은 확인할 수 있으나, 이 내용이 제시문 전체를 아우른다고 보기 어려우며, 졸겐스마 외 모든 희귀질환 치료가 빠르면 빠를수록 좋다는 내용 또한 확인할 수 없다.
④ 척수성 근위축증(SMA)에 국한된 내용이므로 제시문 전체를 아우른다고 보기는 어렵다.
⑤ '척수성 근위축증(SMA)'의 경우 희귀질환 치료제는 이미 개발되어 완치가 가능했으나, 치료제 비용이 고가인 탓에 이용하지 못했던 것이다. 제시문은 희귀질환 치료제의 개발에 대한 내용이 아닌 희귀질환 치료제의 보험 적용에 대한 내용을 다루고 있으므로 적절하지 않다.

36

정답 ③

세 번째 문단의 '원칙적으로 불가능했던 만성질환자 대상 비의료 건강관리서비스를 의료인이 의뢰한 경우를 전제로 대폭 허용'이라는 내용과 '비의료기관인 헬스케어 업체 등이 의료법을 어기지 않고도 만성질환자를 대상으로 하는 비의료 건강관리서비스의 제공이 가능'이라는 내용을 통해 실질적으로 비의료기관은 의료기관에서 하는 행위에 대해 독자적으로 진행할 수 없음을 알 수 있다. 따라서 의료기관에서 하는 행위인 ① 치료, ② 진단·처방·처치, ④ 질환 확인, ⑤ 의료인의 검사·진단처방·처치·시술·수술·지도는 비의료기관에서 행해질 수 없는 서비스에 해당하므로 빈칸에 들어가기에 적절하지 않다.

37

정답 ②

2020년과 2021년 외래 의료급여비용의 전년 대비 증가율은 각각 $\frac{31,334-27,534}{27,534} \times 100 ≒ 14\%$, $\frac{33,003-31,334}{31,334} \times 100 ≒ 5\%$ 이다. 2020년부터 2022년까지 전년 대비 평균 증가율은 $\frac{14+5+5}{3}=8\%$이므로 2023년 외래 의료급여 예상비용은 $33,003 \times 1.05 \times 1.08 ≒ 37,425$억 원이다.

38

정답 ④

철수가 농구코트의 모서리에 서 있으며, 농구공은 농구코트 안에서 철수와 가장 멀리 떨어진 곳에 있다고 하였다. 즉, 농구공과 철수는 대각선으로 마주 보고 있으므로 농구코트의 가로와 세로의 길이를 이용하여 대각선의 길이를 구하면 된다.
따라서 피타고라스의 정리를 이용하면 농구코트의 대각선의 길이는 $\sqrt{5^2+12^2}=13$이므로 철수는 13m를 이동하게 된다.

39

정답 ②

네 번째 조건에 따르면 갑의 이동 경로는 1층 → 30층 → 20층이다. 이때 첫 번째 조건과 두 번째 조건을 고려하여 갑의 이동 시간을 구하면 다음과 같다.
• 1층 → 30층 : 1층에서 2층까지 3초 소요, 2층에서 3층까지 2.8초 소요, 3층에서 4층까지 2.6초 소요, … , 8층에서 9층까지 1.6초 소요, 9층에서 10층까지 1.4차가 소요되며, 이후 10층에서 30층까지 각 층당 1.4초가 소요되므로 1층에서 30층까지의 총 소요시간은 $\frac{(3+1.4) \times 9}{2}+1.4 \times 20=47.8$초이다.
• 30층 → 20층 : 30층에서 29층까지 2.5초 소요, 29층에서 28층까지 2.2초 소요, 28층에서 27층까지 1.9초 소요, 27층에서 26층까지 1.6초 소요, 26층에서 25층까지 1.3초가 소요되며, 이후 25층에서 20층까지 각 층당 1.3초가 소요되므로 30층에서 20층까지의 총 소요시간은 $\frac{(2.5+1.3) \times 5}{2}+1.3 \times 5=16$초이다.

따라서 1층에서 엘리베이터를 탄 갑이 20층에 도착할 때까지 소요된 시간은 $47.8+16=63.8$초이다.

40

A, B, D의 진술에 따라 다섯 사람의 상대적 위치를 표시하면 다음과 같다.
• A : D보다 빨리 달렸다. → A>D
• B : C와 E의 사이에서 달렸다. → C>B>E 또는 E>B>C
• D : B보다 결승선에 먼저 도착했다. → D>B

A와 D의 진술을 종합하면 A, B, D 세 사람의 상대적 위치는 'A>D>B' 순이 된다. 마지막으로 B, C, E의 진술을 고려하면 C가 꼴등으로 도착한 것이 되고, E의 위치는 다음 2가지 경우가 가능한데 각 경우에 따라 두 번째로 도착한 사람을 구하면 다음과 같다.
• 경우 1 : A>D>E>B>C → 이 경우 2등으로 도착한 사람은 D가 된다.
• 경우 2 : A>E>D>B>C → 이 경우 2등으로 도착한 사람은 E가 된다.
따라서 달리기 시합에서 두 번째로 도착할 수 있는 사람은 D와 E이다.

41

LEFT 함수는 텍스트 문자열의 시작 지점부터 지정한 수만큼의 문자를 반환해 주는 함수이다. LEFT(B2,4)의 결괏값은 1992이며, ①의 경우 2022−1992+1로 계산되어 [C2] 셀에 결괏값 31이 나타나게 된다.

42

사망원인이 높은 순서대로 나열하면 '암, 심장질환, 뇌질환, 자살, 당뇨, 치매, 고혈압'이며, 암은 10만 명당 185명이고, 심장질환과 뇌질환은 각각 암으로 인한 사망자와 20명 미만의 차이이다. 또한 자살은 10만 명당 50명이다. 따라서 옳은 그래프는 ②이다.

오답분석
① 사망원인 중 암인 사람은 185명이다.
③ 자살로 인한 사망자는 50명이다.
④ 뇌질환 사망자가 암 사망자와 20명 이상 차이난다.

43

총재와 부총재를 포함한 모든 금융통화위원은 대통령이 임명한다.

오답분석
① 면밀한 검토가 필요한 사안에 대해서는 본회의 외에 별도로 심의위원회가 구성되어 검토한다.
② C은행 총재는 금융통화위원회 의장을 겸임한다.
④ 정기회는 의장이 필요하다고 인정하거나 금융통화위원 최소 2인의 요구가 있을 때 개최된다.

44

두 번째 문단의 '시장경제가 제대로 운영되기 위해서는 국가의 소임이 중요하다.'라는 부분과 세 번째 문단의 '시장경제에서 국가가 할 일은 크게 세 가지로 나누어 볼 수 있다.'라는 부분에서 '시장경제에서의 국가의 역할'이라는 제목을 유추할 수 있다.

45

제시문에서 이용자들의 화상을 염려하여 화상 방지 시스템을 개발했다는 내용으로 볼 때, 기술이 필요한 이유를 설명하는 노와이(Know − Why)의 사례로 적절하다.

46

정답 ③

과거의 기술은 Know – How의 개념이 강했지만, 시간이 지나면서 현대의 기술은 Know – How와 Know – Why가 결합하는 방법으로 진행되고 있다.

47

정답 ②

전체 고용인원의 반은 $16,177 \div 2 = 8,088.5$명이다. 태양광에너지 분야의 고용인원은 8,698명이므로 전체 고용인원의 반 이상을 차지한다.

오답분석

① 폐기물에너지 분야의 기업체 수가 가장 많다.

③ 전체 매출액 중 풍력에너지 분야의 매출액이 차지하는 비율은 $\dfrac{14,571}{113,076} \times 100 ≒ 12.89\%$이므로 15%를 넘지 않는다.

④ 전체 수출액 중 바이오에너지 분야의 수출액이 차지하는 비율은 $\dfrac{506}{40,743} \times 100 ≒ 1.24\%$이므로 1%를 넘는다.

48

정답 ②

태양광 발전의 단가는 비싸다 보니 시장에서 외면받을 수밖에 없고, 발전 비율을 높이기 위해 정부가 보조금 지원이나 세액 공제 등 혜택을 줘야 하는 상황이다.

49

정답 ④

고의(故意) : 일부러 하는 행동이나 생각

오답분석

① 오손(汚損) : 더럽히고 손상함
② 박리(剝離) : 벗겨져 떨어짐
③ 망실(亡失) : 잃어버려 없어짐
⑤ 손모(損耗) : 사용함으로써 닳아 없어짐

50

정답 ②

제시문에서 발효된 파리기후변화협약은 3년간 탈퇴가 금지되어 2019년 11월 3일까지는 탈퇴 통보가 불가능하다는 내용을 통해 해당 협약은 2016년 11월 4일에 발효되었음을 알 수 있다. 따라서 이 협약은 2015년 12월 3일에 발효된 것은 아니다.

오답분석

① 파리기후변화협약은 2020년 만료 예정인 교토의정서를 대체하여 2021년부터의 기후변화 대응을 담은 국제협약이므로 교토의정서는 2020년 12월에 만료되는 것을 알 수 있다.
③ 파리기후변화협약에서 개발도상국은 절대량 방식의 감축 목표를 유지해야 하는 선진국과 달리 절대량 방식과 배출 전망치 대비 방식 중 하나를 채택할 수 있다. 우리나라는 2030년 배출 전망치 대비 37%의 감축이 목표이므로 개발도상국에 해당하는 것을 알 수 있다.
④ 파리기후변화협약은 채택 당시 195개의 당사국 모두가 협약에 합의하였으나, 2020년 11월 4일 미국이 공식 탈퇴함에 따라 현재 194개국이 합의한 상태임을 알 수 있다.
⑤ 파리기후변화협약은 온실가스 감축 의무가 선진국에만 있었던 교토의정서와 달리 환경 보존에 대한 의무를 전 세계의 국가들이 함께 부담하도록 하였다.

PART 1

직업기초능력평가

01	02	03	04	05	06	07	08	09	10
④	③	①	①	④	③	③	④	④	⑤
11	12	13	14	15	16	17	18	19	20
④	③	④	①	③	⑤	②	④	①	②

01   정답 ④

마파람은 '남풍'을 의미한다.

오답분석

① 동풍 : 샛바람   ② 하늬바람 : 서풍
③ 삭풍 : 북풍   ⑤ 높새바람 : 북동풍

02   정답 ③

간교는 '간사하고 교활함'을 의미한다.

03   정답 ①

첩어, 준첩어인 명사 뒤에는 '이'로 적는다. 따라서 '번번히
(×) → 번번이(○)'가 적절하다.

04   정답 ①

제시문의 '노는 시간에'에서 '놀다'는 '어떤 일을 하다가 중간
에 일정한 동안을 쉬다'라는 뜻으로, ①이 이와 같은 의미로
쓰였다.

오답분석

② 고정되어 있던 것이 헐거워져서 움직이다.
③ 태아가 꿈틀거리다.
④ 놀이나 재미있는 일을 하며 즐겁게 지내다.
⑤ 비슷한 무리끼리 어울리다.

05   정답 ④

'자극'과 '반응'은 조건과 결과의 관계이다.

오답분석

① 개별과 집합의 관계
② 대등관계이자 상호보완 관계

③ 존재와 생존의 조건 관계
⑤ 미확정과 확정의 관계

06   정답 ③

제시된 지문에서는 법조문과 관련된 '반대 해석'과 '확장 해
석'의 개념을 일상의 사례를 들어 설명하고 있다.

07   정답 ③

상대방의 이야기를 들을 때 자신의 경험과 연결 지어 생각해
보면 이해와 집중에 더 도움이 된다.

08   정답 ④

(가) : 설명서
- 상품이나 제품에 대해 설명하는 글이므로 정확하게 기술한다.
- 전문용어는 소비자들이 이해하기 어려우므로 가급적 전문
  용어의 사용은 삼간다.

(나) : 공문서
- 공문서는 대외문서이고, 장기간 보관되는 문서이기 때문
  에 정확하게 기술한다.
- 회사 외부로 전달되는 글인 만큼 누가, 언제, 어디서, 무엇
  을, 어떻게가 드러나도록 써야 한다.

(다) : 보고서
- 보통 업무 진행 과정에서 쓰는 경우가 대부분이므로 무엇
  을 도출하고자 했는지 핵심내용을 구체적으로 제시한다.
- 간결하고 핵심적인 내용의 도출이 우선이므로 내용의 중복
  은 피한다.

(라) : 기획서
- 기획서는 상대에게 어필해 상대가 채택하게끔 설득력을 갖
  춰야 하므로 상대가 요구하는 것이 무엇인지 고려하여 작
  성한다.
- 기획서는 완벽해야 하므로 제출하기 전에 충분히 검토한다.

09   정답 ④

법은 우리의 자유를 막고 때로는 신체적 구속을 행사하는 경
우도 있지만 법이 없으면 안전한 생활을 할 수 없다는 점에서
없어서는 안 될 존재이다. 이와 마찬가지로 울타리는 우리의
시야를 가리고 때로는 바깥출입의 자유를 방해하지만 한편으

로는 안전하고 포근한 삶을 보장한다는 점에서 고마운 존재이다. 제시문은 법과 울타리의 '양면성'이라는 공통점을 근거로 내용을 전개하고 있다.

10 정답 ⑤

'그러한' 등의 지시어와 '그러나', '그래서', '따라서' 등의 접속어를 토대로 문맥을 가장 자연스럽게 하는 순서를 확인할 수 있다. (라)의 '그러한 편견'은 제시된 단락에서 라N가를 '일종의 퇴화 물질로 간주'하던 인식을 가리키며, (나)의 '유전 정보'는 (라)에서 바이러스가 주입한 유전 정보이다. (가)는 (라)에서 언급한 '아무도 몰랐다'는 문제를 해결하기 위한 조사에 대한 설명이며, (다)는 (가)에서 실시한 조사의 결과로 드러난 사실을 설명한 것이다. 따라서 (라) – (나) – (가) – (다) 순서가 적절하다.

11 정답 ④

고속도로 등에서 자동차를 운행할 수 없게 되었을 때는 자동차를 고속도로 등이 아닌 다른 곳으로 옮겨 놓는 등의 필요한 조치를 하여야 한다.

12 정답 ③

공식적 말하기는 대중을 상대로 사전에 준비된 내용을 말하는 것이므로 ㉠ 토론, ㉡ 연설, ㉢ 토의가 이에 해당한다.

[오답분석]
㉣·㉤ : 의례적 말하기
㉥ : 친교적 말하기

13 정답 ④

각 코스의 특징을 설명하면서 코스 주행 시 습득하는 운전요령을 언급하고 있다.

14 정답 ①

자신이 전달하고자 하는 의사표현을 명확하고 정확하게 하지 못할 경우에는 자신이 평정을 어느 정도 찾을 때까지 의사소통을 연기한다. 하지만 조직 내에서 의사소통을 무한정으로 연기할 수는 없기 때문에 자신의 분위기와 조직의 분위기를 개선하도록 노력하는 등의 적극적인 자세가 필요하다.

15 정답 ③

• ㉠의 '사람은 섬유소를 분해하는 효소를 합성하지 못한다'는 내용과 (나) 바로 뒤의 문장의 '반추 동물도 섬유소를 분

해하는 효소를 합성하지 못하는 것은 마찬가지'로 보아 ㉠의 적절한 위치는 (나)임을 알 수 있다.
• ㉡은 대표적인 섬유소 분해 미생물인 피브로박터 숙시노젠(F)을 소개하고 있으므로 계속해서 피브로박터 숙시노젠을 설명하는 (라) 뒤의 문장보다 앞에 위치해야 한다.

16 정답 ⑤

해당 본문에서 자동차의 통행수요를 줄임으로써 미세먼지를 감소시키고 대기오염을 줄이고 언급되어 있지만, 친환경 자동차 공급에 대한 내용은 언급되어 있지 않다.

17 정답 ②

먼지의 지름이 $2.5\mu\mathrm{m} < x < 10\mu\mathrm{m}$일 경우 미세먼지라고 칭한다. 또한, 지름이 $x \leq 2.5\mu\mathrm{m}$일 경우에는 초미세먼지라고 칭한다. 따라서 지름이 $x \leq 3\mu\mathrm{m}$인 경우를 모두 초미세먼지라고 분류하지 않는다.

18 정답 ④

중요한 내용을 글의 앞에서 먼저 언급(두괄식)하면 끝에 두는 것(미괄식)보다 내용 전달에 더 효과적이다.

19 정답 ①

첫 번째 문단에 '우리 조상은 화재를 귀신이 장난치거나, 땅에 불의 기운이 넘쳐서라 여겼다.'라고 하면서 안녕을 기원하기 위해 조상들이 시도했던 여러 가지 노력을 제시하고 있다.

20 정답 ②

해치는 물의 기운을 지닌 수호신으로 현재 서울의 상징이기도 한 상상 속 동물이다. 1700년 전 중국에서 처음 시작되어 우리나라 황룡사에 있는 것이 '치미'이다.

[오답분석]
① 첫 번째 문단에서 농경사회였던 조선시대의 백성들의 삶을 힘들게 했던 재난·재해 특히 화재는 즉각적인 재앙이었고 공포였다고 하였다.
③ 세 번째 문단에서 '잡상은 건물의 지붕 내림마루에 『서유기』에 등장하는 기린, 용, 원숭이 등 다양한 종류의 신화적 형상을 장식한 기와'라고 하였다.
④ 네 번째 문단에서 '실제 1997년 경회루 공사 중 오조룡이 발견되면서 화제가 됐었다.'고 하였다.
⑤ 마지막 문단에서 '세종대왕은 금화도감이라는 소방기구를 설치해 인접 가옥 간에 방화장을 쌓고 방화범을 엄히 다루는 등 화재 예방에 만전을 기했다.'고 하였다.

02 | 수리능력
기출예상문제

01	02	03	04	05	06	07	08	09	10	11	12	13	14	15	16	17	18	19	20
④	②	③	③	②	⑤	④	②	④	③	②	④	①	②	⑤	⑤	③	②	②	③

01

정답 ④

욕조를 가득 채우는 데 필요한 물의 양을 1이라 하고, A관과 B관을 동시에 틀고 배수를 할 때 욕조가 가득 채워질 때까지 걸리는 시간을 x분이라고 하자.

A관에서 1분 동안 나오는 물의 양은 $\dfrac{1}{30}$, B관에서 1분 동안 나오는 물의 양은 $\dfrac{1}{40}$이고 1분 동안 배수되는 양은 $\dfrac{1}{20}$이다.

$\left(\dfrac{1}{30}+\dfrac{1}{40}-\dfrac{1}{20}\right)x=1 \rightarrow \dfrac{1}{120}x=1$

$\therefore x=120$

02

정답 ②

서울에서 부산까지 무정차로 걸리는 시간을 x시간이라고 하면

$x=\dfrac{400}{120}=\dfrac{10}{3} \rightarrow$ 3시간 20분

9시에 출발해 13시 10분에 도착했으므로 걸린 시간은 4시간 10분이다. 즉, 무정차 시간과 비교하면 50분이 더 걸렸고, 역마다 정차하는 시간은 10분이므로 정차한 역의 수는 50÷10=5개이다.

03

정답 ③

사원 수와 임원 수를 각각 x명, y명이라고 하자(단, x, y는 자연수).

사원 x명을 발탁할 때 업무 효율과 비용은 각각 $3x$point, $4x$point이고 임원 y명을 발탁할 때 업무 효율과 비용은 각각 $4y$point, $7y$point이므로

$3x+4y=60 \rightarrow x=-\dfrac{4}{3}y+20 \cdots$ ㉠

$4x+7y \leq 100 \cdots$ ㉡

㉠을 ㉡에 대입하면 $4\left(-\dfrac{4}{3}y+20\right)+7y \leq 100 \rightarrow 5y \leq 60$

$\therefore y \leq 12$

x와 y는 자연수이므로 가능한 x, y값을 순서쌍으로 나타내면 (4, 12), (8, 9), (12, 6), (16, 3)이다.

따라서 사원 수와 임원 수를 합한 최솟값은 4+12=16이다.

04

정답 ③

작년 남성 지원자 수를 x명, 여성 지원자 수를 y명이라고 하자.

작년 전체 지원자 수는 1,000명이므로 $x+y=1,000$ ⋯ ㉠

작년에 비하여 남성과 여성의 지원율이 각각 2%, 3% 증가하여 총 24명이 증가하였으므로

$$\frac{2}{100}x+\frac{3}{100}y=24 \rightarrow 2x+3y=2,400 \cdots ㉡$$

㉠과 ㉡을 연립하면 $x=600$, $y=400$이다.

따라서 올해 남성 지원자 수는 $600\times(1+0.02)=612$명이다.

05

정답 ②

일의 양을 1이라고 가정하면, P연구원과 K연구원이 하루에 할 수 있는 일의 양은 각각 $\frac{1}{8}$, $\frac{1}{14}$ 이다. 처음 이틀과 보고서 제출 전 이틀 총 4일은 같이 연구하고, 나머지는 K연구원 혼자 연구하였다. K연구원 혼자 연구하는 기간을 x일이라 하고 방정식을 세우면

$$4\times\left(\frac{1}{8}+\frac{1}{14}\right)+\frac{x}{14}=1 \rightarrow \frac{1}{2}+\frac{2}{7}+\frac{x}{14}=1 \rightarrow 7+4+x=14 \rightarrow x=3$$

따라서 K연구원이 혼자 3일 동안 연구하므로 보고서를 제출할 때까지 총 $3+4=7$일이 걸렸다.

06

정답 ⑤

4% 소금물의 양을 xg이라 하면,

$$\frac{24\times\frac{8}{100}+x\times\frac{4}{100}}{24+x}\times100=5 \rightarrow \frac{192+4x}{24+x}=5$$

$$192+4x=5(24+x) \rightarrow 192+4x=120+5x$$

$$\therefore x=72$$

07

정답 ④

(적어도 1개는 하얀 공을 꺼낼 확률)=1−(모두 빨간 공을 꺼낼 확률)

• 전체 공의 개수 : $4+6=10$

• 2개의 공 모두 빨간 공을 꺼낼 확률 : $\dfrac{_4C_2}{_{10}C_2}=\dfrac{2}{15}$

$\therefore$ 적어도 1개는 하얀 공을 꺼낼 확률 : $1-\dfrac{2}{15}=\dfrac{13}{15}$

08

정답 ②

1에서 200까지의 숫자 중 소수인 수는 약수가 2개이다.

따라서 소수의 제곱은 약수가 3개이므로 2, 3, 5, 7, 11, 13의 제곱인 4, 9, 25, 49, 121, 169 총 6개이다.

09

정답 ④

• 한국시각 기준 비행기 탑승 시각 : 21일 8시 30분+13시간=21일 21시 30분

• 비행기 도착 시각 : 21일 21시 30분+17시간=22일 14시 30분

$\therefore$ 김사원의 출발 시각 : 22일 14시 30분−1시간 30분−30분=22일 12시 30분

10

정답 ③

최종적으로 선택될 시안을 A시안, 선택되지 못하는 시안을 B시안이라 하자.

그리고 A시안에 붙은 파란색 스티커와 검은색 스티커의 개수를 각각 x개, y개라고 하자.

$x+y=32$ … ㉠

A시안에 파란색 스티커를 붙인 사람은 B시안에 검은색 스티커를 붙이고, A시안에 검은색 스티커를 붙인 사람은 A시안에 파란색 스티커를 붙이므로

- A시안의 가중치 총합 : $5x+2y$
- B시안의 가중치 총합 : $2x+5y$

두 시안의 가중치 차이는 $(5x+2y)-(2x+5y)=24 \rightarrow x-y=8$ … ㉡

㉠과 ㉡을 연립하면 $x=20$, $y=12$이다.

따라서 A시안의 가중치 총합은 $5\times20+2\times12=124$이다.

11

정답 ②

한 주에 2명의 사원이 당직 근무를 하므로 3주 동안 총 6명의 사원이 당직 근무를 하게 된다.

- B팀의 8명의 사원 중 6명을 뽑는 경우의 수 : $_8C_6=_8C_2=\dfrac{8\times7}{2\times1}=28$가지

- 6명의 사원을 2명씩 3조로 나누는 경우의 수 : $_6C_2\times_4C_2\times_2C_2\times\dfrac{1}{3!}=\dfrac{6\times5}{2\times1}\times\dfrac{4\times3}{2\times1}\times1\times\dfrac{1}{6}=15$가지

- 한 주에 한 조를 배치하는 경우의 수 : $3!=3\times2\times1=6$가지

따라서 가능한 모든 경우의 수는 $28\times15\times6=2,520$가지이다.

12

정답 ④

- 잘 익은 귤을 꺼낼 확률 : $1-\left(\dfrac{10}{100}+\dfrac{15}{100}\right)=\dfrac{75}{100}$

- 썩거나 안 익은 귤을 꺼낼 확률 : $\dfrac{10}{100}+\dfrac{15}{100}=\dfrac{25}{100}$

따라서 한 사람은 잘 익은 귤, 다른 한 사람은 그렇지 않은 귤을 꺼낼 확률은 $2\times\dfrac{75}{100}\times\dfrac{25}{100}\times100=37.5\%$이다.

13

정답 ①

- 주말 입장료 : $11,000+15,000+20,000\times2+20,000\times\dfrac{1}{2}=76,000$원

- 주중 입장료 : $10,000+13,000+18,000\times2+18,000\times\dfrac{1}{2}=68,000$원

따라서 요금 차이는 $76,000-68,000=8,000$원이다.

14

정답 ②

제시된 자료를 이용해 원격훈련지원금 계산에 필요한 수치를 정리하면 다음과 같다.

구분	원격훈련 종류별 지원금	시간	수료인원	기업 규모별 지원 비율
X기업	5,400원	6시간	7명	100%
Y기업	3,800원	3시간	4명	70%
Z기업	11,000원	4시간	6명	50%

세 기업의 원격훈련지원금을 계산하면 다음과 같다.
- X기업 : 5,400×6×7×1=226,800원
- Y기업 : 3,800×3×4×0.7=31,920원
- Z기업 : 11,000×4×6×0.5=132,000원

따라서 올바르게 짝지어진 것은 ②이다.

15

정답 ⑤

2019 ~ 2022년 음원 매출액의 2배를 구한 뒤 게임 매출액과 비교하면 다음과 같다.
- 2019년 : 199×2=398백만 원<485백만 원
- 2020년 : 302×2=604백만 원>470백만 원
- 2021년 : 411×2=822백만 원>603백만 원
- 2021년 : 419×2=838백만 원>689백만 원

즉, 2019년 게임 매출액은 음원 매출액의 2배 이상이나, 2020 ~ 2022년 게임 매출액은 음원 매출액의 2배 미만이다.

오답분석

① · ④ 제시된 자료를 통해 확인할 수 있다.

② 유형별로 전년 대비 2022년 매출액 증가율을 구하면 다음과 같다.

- 게임 : $\dfrac{689-603}{603}\times100 = 14.26\%$

- 음원 : $\dfrac{419-411}{411}\times100 = 1.95\%$

- 영화 : $\dfrac{1,510-1,148}{1,148}\times100 = 31.53\%$

- SNS : $\dfrac{341-104}{104}\times100 = 227.88\%$

따라서 2022년의 전년 대비 매출액 증가율이 가장 큰 콘텐츠 유형은 SNS이다.

③ 2015 ~ 2022년 전체 매출액에서 영화 매출액이 차지하는 비중을 구하면 다음과 같다.

- 2015년 : $\dfrac{371}{744}\times100 = 49.87\%$
- 2016년 : $\dfrac{355}{719}\times100 = 49.37\%$

- 2017년 : $\dfrac{391}{797}\times100 = 49.06\%$
- 2018년 : $\dfrac{508}{1,020}\times100 = 49.80\%$

- 2019년 : $\dfrac{758}{1,500}\times100 = 50.53\%$
- 2020년 : $\dfrac{1,031}{2,111}\times100 = 48.84\%$

- 2021년 : $\dfrac{1,148}{2,266}\times100 = 50.66\%$
- 2022년 : $\dfrac{1,510}{2,959}\times100 = 51.03\%$

따라서 영화 매출액은 매년 전체 매출액의 40% 이상이다.

16

정답 ⑤

사망자가 30명 이상인 사고를 제외한 나머지 사고는 A, C, D, F이다. 네 사고를 화재규모와 복구비용이 큰 순으로 각각 나열하면 다음과 같다.
- 화재규모 : A - D - C - F
- 복구비용 : A - D - C - F

따라서 옳은 설명이다.

오답분석

① 터널길이가 긴 순과 사망자가 많은 순으로 사고를 각각 나열하면 다음과 같다.
- 터널길이 : A - D - B - C - F - E
- 사망자 수 : E - B - C - D - A - F

따라서 터널길이와 사망자 수는 관계가 없다.

② 화재규모가 큰 순과 복구기간이 긴 순으로 사고를 각각 나열하면 다음과 같다.
  • 화재규모 : A − D − C − E − B − F
  • 복구기간 : B − E − F − A − C − D
  따라서 화재규모와 복구기간의 길이는 관계가 없다.
③ 사고 A를 제외하고 복구기간이 긴 순과 복구비용이 큰 순으로 사고를 각각 나열하면 다음과 같다.
  • 복구기간 : B − E − F − C − D
  • 복구비용 : B − E − D − C − F
  따라서 옳지 않은 설명이다.
④ 사고 A ~ E의 사고비용을 구하면 다음과 같다.
  • 사고 A : 4,200+1×5=4,205억 원
  • 사고 B : 3,276+39×5=3,471억 원
  • 사고 C : 72+12×5=132억 원
  • 사고 D : 312+11×5=367억 원
  • 사고 E : 570+192×5=1,530억 원
  • 사고 F : 18+0×5=18억 원
  따라서 사고 A의 사고비용이 가장 크다.

17

정답 ③

서울의 수박 가격은 16일에 감소했다가 19일부터 다시 증가하고 있으며, 수박 가격 증가의 원인이 높은 기온 때문인지는 주어진 조건만으로는 알 수 없다.

18

정답 ②

뉴질랜드 수출수지는 8월에서 10월까지 증가했다가 11월에 감소한 후 12월에 다시 증가했다.

오답분석

① 한국의 수출수지 중 전월 대비 수출수지가 증가한 달은 9월, 10월, 11월이며 증가량이 가장 많았던 달은 45,309−41,983= 3,326백만 USD인 11월이다.
③ 그리스의 12월 수출수지는 2,426백만 USD이며 11월 수출수지는 2,409백만 USD이므로, 전월 대비 12월의 수출수지 증가율은 $\frac{2,426-2,409}{2,409} \times 100 ≒ 0.7\%$이다.
④ 10월부터 12월 사이 한국의 수출수지는 '증 → 감'의 추이이다. 이와 같은 양상을 보이는 나라는 독일과 미국으로 2개국이다.
⑤ 자료를 통해 쉽게 알 수 있다.

19

정답 ②

㉠ • (2019년 전년 이월건수)=(2018년 처리대상건수)−(2018년 처리건수)=8,278−6,444=1,834건
  • (2019년 처리대상건수)=1,834+7,883=9,717건
  즉, 처리대상건수가 가장 적은 연도는 2022년이다.
  2022년의 처리율은 $\frac{6,628}{8,226} \times 100 ≒ 80.57\%$로, 75% 이상이다.
㉢ • 2018년의 인용률 : $\frac{1,767}{346+4,214+1,767} \times 100 ≒ 27.93\%$
  • 2020년의 인용률 : $\frac{1,440}{482+6,200+1,440} \times 100 ≒ 17.73\%$
  따라서 2018년의 인용률이 2020년의 인용률보다 높다.

오답분석

ⓒ 2019 ~ 2022년 취하건수와 기각건수의 전년 대비 증감방향은 다음과 같다.
- 취하건수의 증감방향 : 증가 – 증가 – 증가 – 감소
- 기각건수의 증감방향 : 증가 – 증가 – 감소 – 감소

따라서 2019 ~ 2022년 취하건수와 기각건수의 전년 대비 증감방향은 같지 않다.

ⓒ • 2018년 처리대상건수 : 9,717건
- 2018년 처리건수 : 7,314건

∴ 2018년 처리율 : $\frac{7,314}{9,717} \times 100 ≒ 75.27\%$

20

정답 ③

삶의 만족도가 한국보다 낮은 국가는 에스토니아, 포르투갈, 헝가리이다. 세 국가의 장시간 근로자 비율 산술평균은 $\frac{3.6+9.3+2.7}{3}=5.2\%$이다. 이탈리아의 장시간 근로자 비율은 5.4%이므로 옳지 않은 설명이다.

오답분석

① 삶의 만족도가 가장 높은 국가는 덴마크이며, 덴마크의 장시간 근로자 비율이 가장 낮음을 자료에서 확인할 수 있다.
② 삶의 만족도가 가장 낮은 국가는 헝가리이며, 헝가리의 장시간 근로자 비율은 2.7%이다.

$2.7 \times 10 = 27 < 28.1$이므로 한국의 장시간 근로자 비율은 헝가리의 장시간 근로자 비율의 10배 이상이다.

01	02	03	04	05	06	07	08	09	10	11	12	13	14	15	16	17	18	19	20
④	③	③	④	①	③	④	③	③	③	①	①	③	④	③	②	③	③	③	⑤

01

정답 ④

어떤 플라스틱은 전화기이고, 모든 전화기는 휴대폰이다. 따라서 어떤 플라스틱은 휴대폰이다.

02

정답 ③

철학은 학문이고, 모든 학문은 인간의 삶을 의미 있게 해준다. 따라서 철학은 인간의 삶을 의미 있게 해준다.

03

정답 ③

• 운동을 좋아하는 사람 → 담배를 좋아하지 않음 → 커피를 좋아하지 않음 → 주스를 좋아함
• 과일을 좋아하는 사람 → 커피를 좋아하지 않음 → 주스를 좋아함

오답분석

① 1번째 명제와 2번째 명제의 대우로 추론할 수 있다.
② 3번째 명제의 대우와 2번째 명제로 추론할 수 있다.
④ 1번째 명제, 2번째 명제 대우, 3번째 명제로 추론할 수 있다.
⑤ 4번째 명제와 3번째 명제로 추론할 수 있다.

04

정답 ④

오답분석

① 1번째 명제와 2번째 명제로 알 수 있다.
② 3번째 명제의 대우와 1번째 명제를 통해 추론할 수 있다.
③ 1번째 명제와 4번째 명제로 추론할 수 있다.
⑤ 2번째 명제의 대우와 1번째 명제의 대우, 3번째 명제로 추론할 수 있다.

05

정답 ①

브레인스토밍은 자유연상법의 하나로 주제를 정하고, 자유롭게 아이디어를 말하고 이를 결합하여 최적의 방안을 찾는 방법이다.

오답분석

② 자유연상법은 생각나는 대로 자유롭게 발상하는 방법이다.
③ 비교발상법은 주제의 본질과 닮은 것을 힌트로 발상하는 방법이다.
④ NM법은 대상과 비슷한 것을 찾아내 그것을 힌트로 새로운 아이디어를 생각하는 방법이다.
⑤ 시네틱스(Synetics)는 서로 관련이 없어 보이는 것들을 조합하여 새로운 것을 도출하는 방법이다.

06

연경, 효진, 다솜, 지민, 지현의 증언을 차례대로 검토하면서 모순 여부를 찾아내면 쉽게 문제를 해결할 수 있다.
1) 먼저 연경이의 증언이 참이라면, 효진이의 증언도 참이다. 그런데 효진이의 증언이 참이라면 지현이의 증언은 거짓이 된다.
2) 지현이의 증언이 거짓이라면, '나와 연경이는 꽃을 꽂아두지 않았다.'는 말 역시 거짓이 되어 연경이와 지현이 중 적어도 한 명은 꽃을 꽂아두었다고 봐야 한다. 그런데 효진이의 증언은 지민이를 지적하고 있으므로 역시 모순이다. 결국 연경이와 효진이의 증언은 거짓이다.

그러므로 다솜, 지민, 지현이의 증언이 참이 되며, 이들이 언급하지 않은 다솜이가 꽃을 꽂아두었다.

07

내년 식사 순서의 규칙을 살펴보면, 첫 번째 규칙은 모든 부서가 올해 식사 순서와는 달리 새로운 순서로 식사를 하기로 했다는 것이다. 예를 들면, A부서는 첫 번째가 아닌 순서에서 식사하고 B부서도 두 번째가 아닌 순서에서 식사하여야 한다. 두 번째 규칙은 E부서 식사 후에는 C부서가 바로 이어서 식사하게 된다는 것이다. 이러한 두 규칙을 적용하여 경우의 수를 살펴보면 다음과 같다.
• 식사 순서 경우의 수
  - B부서 → A부서 → D부서 → E부서 → C부서
  - B부서 → A부서 → E부서 → C부서 → D부서
  - B부서 → D부서 → A부서 → E부서 → C부서
  - B부서 → D부서 → E부서 → C부서 → A부서
  - D부서 → A부서 → B부서 → E부서 → C부서
  - D부서 → A부서 → E부서 → C부서 → B부서
  - E부서 → C부서 → A부서 → B부서 → D부서
  - E부서 → C부서 → B부서 → A부서 → D부서
  - E부서 → C부서 → D부서 → A부서 → B부서
  - E부서 → C부서 → D부서 → B부서 → A부서

D부서가 가장 먼저 식사를 한다고 가정하면, 두 번째 순서에는 B부서가 자신의 원래 순서이므로 위치하지 못한다. C부서는 E부서 뒤에 위치해야 하므로 두 번째 순서에 위치하지 못한다. 또한 E부서는 C부서가 세 번째 순서, 즉 자신의 원래 위치하게 되므로 적절하지 못하다. 따라서 D부서가 첫 번째 순서라면 A부서만이 두 번째 순서에 위치할 수 있다.

08

제한된 증거를 가지고 결론을 도출하는 '성급한 일반화의 오류'의 사례로 볼 수 있다.

오답분석
① 대중에 호소하는 오류로 볼 수 있다. 소비자의 80%가 사용하고 있다는 점과 세탁기의 성능은 논리적으로 연결되지 않는다.
② 권위에 호소하는 오류로 볼 수 있다. 도서 디자인과 무관한 인사부 최부장님의 견해를 신뢰하여 발생하는 오류로 볼 수 있다.
④ 인신공격의 오류로 볼 수 있다. 기획서 내용을 반박하면서 이와 무관한 K사원의 성격을 근거로 사용하여 발생하는 오류로 볼 수 있다.
⑤ 대중에 호소하는 오류로 볼 수 있다. 대마초 허용에 많은 사람들이 찬성했다는 이유만으로 대마초와 관련된 의약개발 투자를 주장하여 발생하는 오류로 볼 수 있다.

09

2월 8일의 날씨 예측 점수를 x점, 2월 16일의 날씨 예측 점수를 y점이라고 하자(단, $x \geq 0$, $y \geq 0$).
2월 1일부터 2월 19일까지의 날씨 예측 점수를 달력에 나타내면 다음과 같다.

구분	월요일	화요일	수요일	목요일	금요일	토요일	일요일
날짜			1	2	3	4	5
점수			10점	6점	4점	6점	6점
날짜	6	7	8	9	10	11	12
점수	4점	10점	x점	10점	4점	2점	10점
날짜	13	14	15	16	17	18	19
점수	0점	0점	10점	y점	10점	10점	2점

두 번째 조건에 제시된 한 주의 주중 날씨 예측 점수의 평균을 이용해 x와 y의 범위를 구하면 다음과 같다.

• 2월 둘째 주 날씨 예측 점수의 평균

$$\frac{4+10+x+10+4}{5} \geq 5 \rightarrow x+28 \geq 25 \rightarrow x \geq -3$$

$$\therefore x \geq 0 \,(\because x \geq 0)$$

• 2월 셋째 주 날씨 예측 점수의 평균

$$\frac{0+0+10+y+10}{5} \geq 5 \rightarrow y+20 \geq 25$$

$$\therefore y \geq 5$$

세 번째 조건의 요일별 날씨 평균을 이용하여 x와 y의 범위를 구하면 다음과 같다.

• 수요일 날씨 예측 점수의 평균

$$\frac{10+x+10}{3} \leq 7 \rightarrow x+20 \leq 21$$

$$\therefore x \leq 1$$

• 목요일 날씨 예측 점수의 평균

$$\frac{6+10+y}{3} \geq 5 \rightarrow y+16 \geq 15 \rightarrow y \geq -1$$

$$\therefore y \geq 0 \,(\because y \geq 0)$$

따라서 x의 범위는 $0 \leq x \leq 1$이고, y의 범위는 $y \geq 5$이다.

2월 8일의 예측 날씨는 맑음이고, 예측 점수의 범위는 $0 \leq x \leq 1$이므로 2월 8일의 실제 날씨는 눈・비이다. 그리고 2월 16일의 예측 날씨는 눈・비이고 예측 점수의 범위는 $y \geq 5$이므로 2월 16일의 실제 날씨는 흐림 또는 눈・비이다. 따라서 실제 날씨로 바르게 짝지은 것은 ③이다.

10

정답 ③

• 철수 : C, D, F는 포인트 적립이 안 되므로 해당 사항이 없다.
• 영희 : A에는 해당 사항이 없다.
• 민수 : A, B, C에는 해당 사항이 없다.
• 철호 : 환불 및 송금수수료, 배송료가 포함되었으므로 A, D, E, F에는 해당 사항이 없다.

11

정답 ①

오전 심층면접은 9시 10분에 시작하므로 12시까지 170분의 시간이 있다. 이 시간에 한 명당 15분씩 면접을 볼 때, 가능한 면접 인원은 170÷15≒11명이다. 오후 심층면접은 1시부터 바로 진행할 수 있으므로 종료시간까지 240분의 시간이 있다. 이 시간에 한 명당 15분씩 면접을 볼 때 가능한 인원은 240÷15=16명이다. 즉, 심층면접을 할 수 있는 최대 인원수는 11+16=27명이다. 27번째 면접자의 기본면접이 끝나기까지 걸리는 시간은 10×27+60(점심・휴식 시간)=330분이다. 따라서 마지막 심층면접자의 기본면접 종료 시각은 오전 9시+330분=오후 2시 30분이다.

12

- 문제 인식 : 해결해야 할 전체 문제를 파악하여 우선순위를 정하고, 선정문제에 대한 목표를 명확히 하는 단계(ⓛ)
- 문제 도출 : 선정된 문제를 분석하여 해결해야 할 것이 무엇인지를 명확히 하는 단계(ⓔ)
- 원인 분석 : 파악된 핵심문제에 대한 분석을 통해 근본 원인을 도출하는 단계(ⓒ)
- 해결안 개발 : 문제로부터 도출된 근본 원인을 효과적으로 해결할 수 있는 최적의 해결방안을 수립하는 단계(ⓖ)
- 실행 및 평가 : 해결안 개발을 통해 만들어진 실행계획을 실제 상황에 적용하는 활동으로 당초 장애가 되는 문제의 원인들을 해결안을 사용하여 제거하는 단계(ⓜ)

13

제시된 조건에 따라 배치하면 아래와 같다.

보안팀	국내영업 3팀	국내영업 1팀	국내영업 2팀
복도			
홍보팀	해외영업 1팀	해외영업 2팀	행정팀

따라서 국내영업 1팀은 국내영업 3팀과 2팀 사이에 위치한다.

14

- ○○문구 : 비품가격은 $32,000+31,900+2,500=66,400$원이다. 20%를 할인받을 수 있는 쿠폰을 사용하면 총주문금액은 $66,400 \times 0.8=53,120$원이다. 배송료를 더하면 $53,120+4,000=57,120$원이므로 견적금액은 57,100원이다(∵ 백 원 미만 절사).
- △△문구 : 비품가격은 $25,000+22,800+1,800=49,600$원이다. 기업 구매 시 판매가의 7%를 할인받으므로 총주문금액은 $49,600 \times 0.93=46,128$원이다. 배송료를 더하면 $46,128+2,500=48,628$원이므로 견적금액은 48,600원이다(∵ 백 원 미만 절사).
- ㅁㅁ문구 : 문서파일을 제외한 비품가격은 $24,100+28,000=52,100$원이다. 50,000원 이상 구매 시 문서 파일 1개를 무료 증정하기 때문에 문서 파일은 따로 살 필요가 없다. 즉, 견적금액은 $52,100-4,000$(첫 구매 적립금)$=48,100$원이다. 배송료를 더하면 $48,100+4,500=52,600$원이다.

15

월요일에는 늦지 않게만 도착하면 되므로, 서울역에서 8시에 출발하는 KTX를 이용한다. 수요일에는 최대한 빨리 와야 하므로, 사천공항에서 19시에 출발하는 비행기를 이용한다. 따라서 소요되는 교통비는 $65,200$원$+22,200$원$+21,500$원$+93,200$원$\times 0.9 = 192,780$원이다.

16

- A : 창의적 사고는 아무것도 없는 무에서 유를 만들어 내는 것이 아니라, 끊임없이 참신한 아이디어를 산출하는 힘이다.
- D : 필요한 물건을 싸게 사기 위해서 하는 많은 생각들도 창의적 사고에 해당한다. 즉, 위대한 창의적 사고에서부터 일상생활의 조그마한 창의적 사고까지 창의적 사고의 폭은 넓으며, 우리는 매일매일 창의적 사고를 하고 있다고 볼 수 있다.

17

(가) 허수아비 공격의 오류 : 상대가 의도하지 않은 것을 강조하거나 허점을 비판하여 자신의 주장을 내세운다.
(나) 성급한 일반화의 오류 : 적절한 증거가 부족함에도 불구하고 몇몇 사례만을 토대로 성급하게 결론을 내린다.
(다) 대중에 호소하는 오류 : 타당한 논거를 제시하지 않고 많은 사람들이 그렇게 생각하거나 행동한다는 것을 논거로 제시한다.

• 인신공격의 오류 : 주장이 아닌 상대방을 공격하여 논박한다.
• 애매성의 오류 : 여러 가지 의미로 해석될 수 있는 용어를 사용하여 혼란을 일으킨다.
• 무지의 오류 : 상대가 자신의 주장을 입증하지 못함을 근거로 상대를 반박한다.

18

정답 ③

구매하려는 소파의 특징에 맞는 제조사를 찾기 위해 제조사별 특징을 대우로 정리하자.
• A사 : 이탈리아제 천을 사용하면 쿠션재에 스프링을 사용한다. 커버를 교환 가능하게 하면 국내산 천을 사용하지 않는다. → ×
• B사 : 국내산 천을 사용하지 않으면 쿠션재에 우레탄을 사용하지 않는다. 이탈리아제의 천을 사용하면 리클라이닝이 가능하다. → ○
• C사 : 국내산 천을 사용하지 않으면 쿠션재에 패더를 사용한다. 쿠션재에 패더를 사용하면 침대 겸용 소파가 아니다. → ○
• D사 : 이탈리아제 천을 사용하지 않으면 쿠션재에 패더를 사용하지 않는다. 쿠션재에 우레탄을 사용하지 않으면 조립이라고 표시된 소파가 아니다. → ×

19

정답 ③

동일면적을 신청한 혼인기간이 5년 이내인 신혼부부는 혼인기간에 따라 1·2순위가 결정되며, 동순위일 경우 해당 지역 거주자 여부와 자녀 수를 기준으로 우선순위가 가려진다. 만약 자녀 수가 동일할 경우에는 다른 기준으로 판별하지 않고 추첨을 통하여 입주자를 선정하게 된다.

20

정답 ⑤

전용면적 $50m^2$ 이상 $60m^2$ 이하의 주택인 경우 가장 우선하는 선정기준은 청약 납입횟수이고 그 다음은 주택건설지역 거주자이다. 이후 동순위일 경우에 '배점기준'을 적용한다.
따라서 청약 납입은 C씨를 제외하고 모두 24회 이상이므로 해당 지역 거주자가 우선기준이 된다. 이 경우, B씨는 해당 지역에 거주하지 않으므로 우선공급 대상자에서 배제된다. 이후 동순위이므로 배점을 계산해 보면 다음과 같다.

구분	신청인 나이	부양가족 수	거주 기간	65세 부양	미성년 자녀	청약	계
A씨	0	0	3	0	0	2	5
노부부	3	1	3	0	0	0	7
D씨	3	2	3	0	0	3	11

따라서 D씨가 가장 높은 점수를 받아 우선순위로 선정된다.

04 | 대인관계능력
기출예상문제

01	02	03	04	05	06	07	08	09	10	11	12	13	14	15					
④	②	②	④	③	①	③	②	④	③	②	③	④	③	④					

01 　　　　　　정답 ④

서비스업에 종사하다 보면 난처한 요구를 하는 고객을 종종 만나기 마련이다. 특히 판매 가격이 정해져 있는 프랜차이즈 매장에서 '가격을 조금만 깎아달라'는 고객의 요구는 매우 난감하다. 하지만 이러한 고객의 요구를 모두 들어주다 보면 더욱 곤란한 상황이 발생할 수 있다. 그러므로 왜 고객에게 가격을 깎아줄 수 없는지 친절하게 설명하면서 불쾌하지 않도록 고객을 설득할 필요가 있다.

02 　　　　　　정답 ②

3단계는 상대방의 입장을 파악하는 단계이다. 자기 생각을 말한 뒤 A씨의 견해를 물으며 상대방의 입장을 파악하려는 ②가 3단계에 해당하는 대화로 가장 적절하다.

03 　　　　　　정답 ②

대인관계능력이란 직장생활에서 협조적인 관계를 유지하고, 조직구성원들에게 도움을 줄 수 있으며, 조직 내부 및 외부의 갈등을 원만히 해결하고 고객의 요구를 충족시켜줄 수 있는 능력이다.
B의 경우, 신입직원의 잘한 점을 칭찬하지 않고 못한 점만을 과장하여 지적한 점은 신입직원의 사기를 저하할 수 있고, 신입직원과 보이지 않는 벽이 생길 수 있으므로 좋은 대인관계능력이라고 할 수 없다. F의 경우, 인간관계를 형성할 때 가장 중요한 요소는 무엇을 말하느냐, 어떻게 행동하느냐보다 개인의 사람됨이다. 만약 그 사람의 말이나 행동이 깊은 내면에서가 아니라 피상적인 인간관계 기법이나 테크닉에서 나온다면, 상대방도 곧 그 사람의 이중성을 감지하게 된다. 따라서 효과적인 상호의존성을 위해 필요한 상호신뢰와 교감, 관계를 만들 수도 유지할 수도 없게 된다.

04 　　　　　　정답 ④

전화를 다른 부서로 연결할 때 양해를 구하지 않았으며, 다른 부서의 사람이 전화를 받을 수 있는 상황인지를 사전에 확인하지 않았다.

05 　　　　　　정답 ③

[오답분석]
ⓒ 인간관계에서의 커다란 손실은 사소한 것으로부터 비롯되기 때문에 사소한 일에 대한 관심을 두는 것은 매우 중요하다.
ⓔ 거의 모든 대인관계에서 나타나는 어려움은 역할과 목표에 대한 갈등과 애매한 기대 때문에 발생한다. 신뢰의 예입은 처음부터 기대를 분명히 해야 가능하다.

06

정답 ①

진지한 사과는 감정은행계좌에 신뢰를 예입하는 것이다. 그러나 반복되는 사과는 불성실한 사과와 마찬가지로 받아들여져 신용에 대한 인출이 된다.

오답분석

② B의 행위는 자신의 말과 상사의 기대를 저버린 행위이므로 감정은행계좌 인출 행위에 해당한다.

③ 상사 C의 행위는 우산을 빌리지 못한 다른 여직원이 서운함을 느낄 수 있는 행위이므로 감정은행계좌 인출 행위에 해당한다.

④ 책임을 지고 약속을 지키는 것은 감정은행계좌 예입 행위이며, 약속을 어기는 것은 중요한 감정은행계좌 인출 행위이다. D의 행위는 팀원과의 약속을 지키지 않은 행위이므로 감정은행계좌 인출 행위에 해당한다.

⑤ 평소 예의가 바르게 보이면서 자리에 없는 사람들에 대해 비난하는 것은 타인의 기대에 부응하지 못한 행위이므로 감정은행계좌 인출 행위이다.

감정은행계좌의 예입 수단
- 상대방에 대한 이해와 양보
- 사소한 일에 대한 관심
- 약속의 이행
- 칭찬하고 감사하는 마음
- 언행일치
- 진지한 사과

07

정답 ③

조직의 의사결정과정이 창의성을 발휘할 수 있는 분위기에서 진행된다면, 적절한 수준의 내부적 갈등이 순기능을 할 가능성이 높다.

08

정답 ②

효과적인 팀의 특징
- 팀의 사명과 목표를 명확하게 기술한다.
- 창조적으로 운영된다.
- 결과에 초점을 맞춘다.
- 역할과 책임을 명료화시킨다.
- 조직화가 잘 되어 있다.
- 개인의 강점을 활용한다.
- 리더십 역량을 공유하며 구성원 상호 간에 지원을 아끼지 않는다.
- 팀 풍토를 발전시킨다.
- 의견의 불일치를 건설적으로 해결한다.
- 개방적으로 의사소통한다.
- 객관적인 결정을 내린다.
- 팀 자체의 효과성을 평가한다.

09

정답 ④

기업의 제품이나 서비스의 불만족은 고객이탈로 이어질 수 있다.

10

정답 ③

화가 난 고객을 대응하는 데 있어서는 먼저 고객을 안정시키는 것이 최우선이며, 이후에 고객이 이해할 수 있는 수준의 대응을 제시한다.

11

정답 ②

거래처의 관리에 있어서 최초 선정 시 또는 임원이나 동료의 추천 시에는 추천된 업체와 그렇지 않은 업체와의 가격, 서비스 비교를 통해 결정한다. 결정된 업체와는 일정기간을 유지하여 장기거래처로서의 이점을 활용하지만, 오래된 거래업체라고 해도 가끔 타 업체와의 비교분석으로 교차점검을 하는 것이 바람직하다.

12

정답 ③

'썩은 사과의 법칙'에 따르면, 먼저 A사원에게 문제 상황과 기대하는 바를 분명히 전한 뒤 스스로 변화할 기회를 주어야 한다.

13

정답 ④

스스로 하는 일이 없고, 제 몫의 업무를 제대로 수행하지 못하는 A사원은 수동형에 가깝다고 볼 수 있다.

멤버십의 유형

구분	자아상	동료 및 리더의 시각	조직에 대한 자신의 느낌
소외형	• 자립적인 사람 • 일부러 반대의견 제시 • 조직의 양심	• 냉소적 • 부정적 • 고집이 셈	• 자신을 인정해주지 않음 • 적절한 보상이 없음 • 불공정하고 문제가 있음
순응형	• 기쁜 마음으로 과업 수행 • 팀플레이를 함 • 리더나 조직을 믿고 헌신함	• 아이디어가 없음 • 인기 없는 일은 하지 않음 • 조직을 위해 자신과 가족의 요구를 양보함	• 기존 질서를 따르는 것이 중요 • 리더의 의견을 거스르는 것은 어려운 일 • 획일적인 태도 및 행동에 익숙함
실무형	• 조직의 운영방침에 민감 • 사건을 균형 잡힌 시각으로 봄 • 규정과 규칙에 따라 행동함	• 개인의 이익을 극대화하기 위한 흥정에 능함 • 적당한 열의와 평범한 수완으로 업무 수행	• 규정준수를 강조 • 명령과 계획의 빈번한 변경 • 리더와 부하 간의 비인간적 풍토
수동형	• 판단, 사고를 리더에게 의존 • 지시가 있어야 행동	• 지시를 받지 않고 스스로 하는 일이 없음 • 제 몫을 하지 못함 • 업무 수행에는 감독이 필요	• 조직이 나의 아이디어를 원치 않음 • 노력과 공헌을 해도 아무 소용이 없음 • 리더는 항상 자기 마음대로 함
주도형	• 우리가 추구하는 유형, 모범형 • 독립적・혁신적 사고 • 적극적 참여와 실천		

14

정답 ③

시험 준비는 각자 자신의 성적을 위한 것으로 팀워크의 특징인 공동의 목적으로 보기 어렵다. 또한 상호관계성을 가지고 협력하는 업무로 보기 어려우므로 팀워크의 사례로 적절하지 않다.

15

사회적 입증 전략이란 사람은 과학적 이론보다 자신의 동료나 이웃의 말이나 행동에 의해서 쉽게 설득된다는 것과 관련된 전략이다.

[오답분석]
① See – Feel – Change 전략 : 시각화하고 직접 보게 하여 이해시키고(See), 스스로가 느끼게 하여 감동시키며(Feel), 이를 통해 상대방을 변화시켜(Change) 설득에 성공한다는 전략이다.
② 호혜 관계 형성 전략 : 협상당사자 간에 어떤 혜택들을 주고받은 관계가 형성되어 있으면 그 협상과정상의 갈등해결에 용이하다는 것이다.
③ 헌신과 일관성 전략 : 협상당사자 간에 기대하는 바에 일관성 있게 헌신적으로 부응하여 행동하게 되면 협상과정상의 갈등해결이 용이하다는 것이다.
⑤ 희소성 해결 전략 : 인적, 물적 자원 등의 희소성을 해결하는 것이 협상과정상의 갈등해결에 용이하다는 것이다.

05 | 기술능력
기출예상문제

01	02	03	04	05	06	07	08	09	10	11	12	13	14	15				
①	①	③	③	①	②	①	③	③	①	④	③	④	④	④				

01

정답 ①

산업 재해 예방 대책은 안전 관리 조직 → 사실의 발견(1단계) → 원인 분석(2단계) → 시정책 선정(3단계) → 시정책 적용 및 뒤처리(4단계) 순이다. 따라서 재해 예방 대책에서 누락된 '안전 관리 조직' 단계를 보완해야 된다.

02

정답 ①

기술시스템의 발전 단계는 발명・개발・혁신의 단계 → ㉠ 기술 이전의 단계 → ㉡ 기술 경쟁의 단계 → 기술 공고화 단계를 거쳐 발전한다.
또한 기술시스템의 발전 단계에는 각 단계별로 핵심적인 역할을 하는 사람들이 있다. 기술 경쟁의 단계에서는 ㉢ 기업가들의 역할이 더 중요해지고, 기술 공고화 단계에서는 이를 활성・유지・보수 등을 하기 위한 ㉣ 자문 엔지니어와 금융전문가 등의 역할이 중요해진다.

03

정답 ③

㉠사가 한 벤치마킹은 경쟁관계에 있지 않은 기업 중 마케팅이 우수한 곳을 찾아가 벤치마킹을 했기 때문에 비경쟁적 벤치마킹이다.
㉡사는 동일 업종이지만 외국에 있어 비경쟁적 기업을 대상으로 벤치마킹을 했기 때문에 글로벌 벤치마킹이다.

오답분석
• 경쟁적 벤치마킹 : 동일 업종이면서 경쟁관계에 있는 기업을 대상으로 하는 벤치마킹이다.
• 직접적 벤치마킹 : 벤치마킹 대상을 직접 방문하여 수행하는 벤치마킹이다.
• 간접적 벤치마킹 : 인터넷 및 문서형태의 자료를 통해서 수행하는 벤치마킹이다.

04

정답 ③

A씨는 3번을 눌러 은행 잔액을 조회한 후, 6번을 눌러 거래내역을 확인하고 송금 내역을 알았다. 그리고 0번을 눌러 상담사에게 문의한 후에 1번을 눌러 보이스 피싱 피해신고를 접수하였다.

05

정답 ①

기술시스템(Technological System)은 개별 기술이 네트워크로 결합하는 것을 말한다. 인공물의 집합체만이 아니라 투자회사, 법적 제도, 정치, 과학, 자연자원을 모두 포함하는 것으로 사회기술시스템이라고도 한다.

06

정답 ②

지문은 기술의 S곡선에 대한 설명이다. 기술이 등장하고 처음에는 완만히 향상되다가 일정 수준이 되면 급격히 향상되고, 한계가 오면서 다시 완만해지다가 이후 다시 발전할 수 없는 상태가 되는 모양이 S모양과 닮았다.

오답분석

① 바그너 법칙 : 경제가 성장할수록 국민총생산(GNP)에서 공공지출의 비중이 높아진다는 법칙이다.
③ 빅3 법칙 : 분야별 빅3 기업들이 시장의 $70 \sim 90\%$를 장악한다는 경험 법칙이다.
④ 생산비의 법칙 : 완전경쟁 하에서 가격·한계비용·평균비용이 일치함으로써 균형상태에 도달한다는 법칙이다.
⑤ 기술경영 : 과학 기술과 경영 원리를 결합하여 실무 능력을 갖춘 전문 인력을 양성하는 프로그램이다.

07

정답 ①

사례는 불안전한 상태가 원인으로 이에 대한 예방 대책을 세워야 한다. 근로자 상호간에 불안전한 행동을 지적하여 안전에 대한 이해를 증진시키는 것은 불안전한 행동 방지 방법이며, 해당 사례의 재해를 예방하기 위한 대책으로 적절하지 않다.

08

정답 ③

ⓒ 제10조(기록물의 이관) ③에는 한시조직의 해산 시 업무승계부서가 없는 경우에는 해당 기록물을 기록관에서 이관받아 관리하여야 한다고 제시하고 있다.
ⓔ 제9조(기록물의 정리) ③에는 기록관의 장은 ○○기관 및 소속기관 처리과의 생산현황 결과를 취합하여 매년 5월 31일까지 관할 영구 기록물관리기관의 장에게 통보하여야 한다고 제시하고 있다.

오답분석

ⓐ 제8조(기록물의 등록) ①에 해당하는 내용이다.
ⓑ 제7조(기록물의 생산) ②에 해당하는 내용이다.

09

정답 ③

체온 측정을 위한 주의사항에 따르면 체온을 측정할 때는 정확한 측정을 위해 과다한 귀지가 없도록 해야 한다.

오답분석

① 체온을 측정하기 전 새 렌즈필터를 부착하여야 한다.
② 오른쪽 귀에서 측정한 체온과 왼쪽 귀에서 측정한 체온은 다를 수 있으므로 항상 같은 귀에서 체온을 측정해야 한다.
④ 영점조정에 대한 사항은 지문에서 확인할 수 없는 내용이다.
⑤ 체온을 측정하기 전 새 렌즈필터를 부착하여야 하며, 렌즈를 알코올 솜으로 닦는 사항은 지문에서 확인할 수 없는 내용이다.

10

정답 ①

'POE' 에러 메시지는 체온계가 렌즈의 정확한 위치를 감지할 수 없어 정확한 측정이 어렵다는 메시지이다. 따라서 〈ON〉 버튼을 3초간 길게 눌러 화면을 지운 다음 정확한 위치에 체온계를 넣어 다시 측정해야 한다.

오답분석

② '――' 에러 메시지가 떴을 때의 해결방법에 해당한다.
③ 지문에서 확인할 수 없는 내용이다.
④ '―――' 에러 메시지가 떴을 때의 해결방법에 해당한다.
⑤ 'HI℃', 'LO℃' 에러 메시지가 떴을 때의 해결방법에 해당한다.

11

정답 ④

본 제품에는 배터리 보호를 위하여 과충전 보호회로가 내장되어 있어 적정 충전시간을 초과하여도 큰 손상이 없으므로 고장의 원인으로 적절하지 않다.

12

정답 ③

청소기 전원을 끄고 이물질 제거 후 전원을 켜면 파워브러쉬가 재작동하며 평상시에도 파워브러쉬가 멈추었을 때는 전원 스위치를 껐다 켜면 재작동한다.

13

정답 ④

사용 중 갑자기 흡입력이 떨어지는 이유는 흡입구를 커다란 이물질이 막고 있거나, 먼지 필터가 막혀 있거나, 먼지통 내에 오물이 가득 차 있을 경우이다.

14

정답 ④

④에 대한 내용은 문제 해결법에 나와 있지 않다.

15

정답 ④

④는 인쇄 속도가 느릴 때 해결할 수 있는 방안이다.

06 | 직업윤리
기출예상문제

01	02	03	04	05	06	07	08	09	10
③	①	④	③	④	④	②	②	①	⑤

01　　정답 ③
인사는 상대의 입이 아니라 눈을 바라보고 하는 것이 원칙이다.

02　　정답 ①
악수는 오른손으로 하는 것이 원칙이다.

03　　정답 ④
상대방에게 자신이 누구인지를 먼저 밝힌다.

04　　정답 ③
되도록 출근 직후나 퇴근 직전, 점심시간 전후 등 바쁜 시간은 피한다.

05　　정답 ④
올바른 철자와 문법을 사용한다.

06　　정답 ④
④는 다른 상황을 인정해 주는 것이다.

07　　정답 ②
절차 공정성에 대한 설명이다. 절차 공정성은 불평 혹은 개인의 의사결정을 형성하는 데 적용되는 과정의 타당성에 관한 것으로 목적이 달성되는 데 사용한 수단에 관해 지각된 공정성이며, 논쟁 또는 협상의 결과에 도달하기 위해 의사결정자들에 의해 사용되는 정책, 절차, 기준의 지각된 공정성이다 (Alexander & Ruderman, 1987).

분배 공정성
분배 공정성은 최종적인 결과에 대한 지각이 공정했는가를 나타내며 교환의 주목적인 대상물, 즉 핵심적인 서비스에 대한 지각이 공정했는가를 결정하는 것이다 (Homans, 1961).

08　　정답 ②
업무상으로 소개를 할 때는 직장 내에서의 서열과 나이를 고려한다. 이때 성별은 고려의 대상이 아니다.

09　　정답 ①
인사를 교환한 후에는 바로 통화 목적(용건)을 말해야 한다.

10　　정답 ⑤
성희롱 문제는 개인적인 문제일 뿐만 아니라 사회적인 문제이기 때문에 제도적인 차원에서의 제재도 필요하다. 따라서 사전에 방지하고 효과적으로 처리하는 방안이 필요하다.

PART 2

최종점검 모의고사

01	02	03	04	05	06	07	08	09	10	11	12	13	14	15	16	17	18	19	20
④	④	④	③	⑤	①	④	④	②	①	②	④	②	④	⑤	③	②	④	①	④
21	**22**	**23**	**24**	**25**	**26**	**27**	**28**	**29**	**30**	**31**	**32**	**33**	**34**	**35**	**36**	**37**	**38**	**39**	**40**
①	③	④	④	⑤	③	②	③	①	③	④	②	③	⑤	①	④	③	⑤	④	⑤

01

정답 ④

우리나라는 폐자원 에너지화에 대한 전문 인력의 수가 부족하여 환경기술 개발과 현장 대응에 어려움을 겪고 있지만, 이와 관련한 핵심기술을 해외에 의지해 시행하고 있다.

02

정답 ④

우리나라는 30개의 회원국 중에서 OECD 순위가 매년 20위 이하이므로 상위권이라 볼 수 없다.

오답분석

③ 청렴도는 2016년에 4.5점으로 가장 낮고, 2022년과 차이는 5.4−4.5=0.9점이다.

03

정답 ④

영국의 뇌사 장기기증자 수를 x명이라고 하면

$\frac{x}{63.5}=20.83 \rightarrow x=20.83\times63.5 ≒ 1,323($∵ 소수점 첫째 자리에서 반올림$)$

오답분석

① 한국의 인구 백만 명당 기증자 수를 x명이라고 하면

$x=\frac{416}{49} ≒ 8.49($∵ 소수점 셋째 자리에서 반올림$)$

② 스페인의 총인구를 x백만 명이라고 하면

$\frac{1,655}{x}=35.98 \rightarrow x=\frac{1,655}{35.98} ≒ 46.0($∵ 만의 자리에서 반올림$)$

③ 미국의 뇌사 장기기증자 수를 x명이라고 하면

$\frac{x}{310.4}=26.63 \rightarrow x=26.63\times310.4 ≒ 8,266($∵ 소수점 첫째 자리에서 반올림$)$

⑤ 이탈리아의 인구 백만 명당 기증자 수를 x명이라고 하면

$x=\frac{1,321}{60.6} ≒ 21.80($∵ 소수점 셋째 자리에서 반올림$)$

04

정답 ③

신입사원을 부장님에게 먼저 소개한다.

05

정답 ⑤

마지막 헤밍웨이의 대답을 통해 위스키 회사 간부가 협상의 대상인 헤밍웨이를 분석하지 못하였음을 알 수 있다. 헤밍웨이의 특징, 성격 등을 파악하고 헤밍웨이로 하여금 신뢰감을 느낄 수 있도록 협상을 진행하였다면 협상의 성공률은 올라갔을 것이다.

06

정답 ①

A등급 선수 한 명에게 지급될 금액을 x원이라고 하자.

이때, B등급 선수 한 명에게 지급될 금액은 $\frac{1}{2}x$원, C등급 선수 한 명에게 지급될 금액은 $\frac{1}{2}x \times \frac{2}{3} = \frac{1}{3}x$원이다.

$5x + 10 \times \frac{1}{2}x + 15 \times \frac{1}{3}x = 45,000,000 \rightarrow 15x = 45,000,000$

$\therefore x = 3,000,000$

07

정답 ④

국가 청렴도가 낮은 문제를 해결하기 위해서 청렴을 강조한 전통 윤리를 강조할 필요가 있다. 이에 개인을 넘어서 공동체, 나아가 국가의 공사(公事)를 우선하는 봉공 정신, 청빈한 생활 태도를 유지하면서 국가의 일에 충심을 다하려는 청백리 정신을 실천하는 자세가 필요하다.

08

정답 ④

ⓒ 전기장판은 저온모드로 낮춰 사용해야 고온으로 사용할 때보다 자기장이 50% 줄어든다. 고온으로 사용하다가 저온으로 낮춰 사용하는 것이 전자파를 줄일 수 있다는 내용은 가이드라인에서 확인할 수 없으므로 적절하지 않다.

ⓔ 시중에 판매하는 전자파 차단 필터는 연구 결과 아무런 효과가 없는 것으로 밝혀졌으므로 적절하지 않다.

09

정답 ②

(1, 2, 3이 적힌 카드 중 하나 이상을 뽑을 확률)=1−(세 번 모두 4 ~ 10이 적힌 카드를 뽑을 확률)

• 세 번 모두 4 ~ 10이 적힌 카드를 뽑을 확률 : $\frac{7}{10} \times \frac{6}{9} \times \frac{5}{8} = \frac{7}{24}$

$\therefore$ 1, 2, 3이 적힌 카드 중 하나 이상을 뽑을 확률 : $1 - \frac{7}{24} = \frac{17}{24}$

10

정답 ①

㉠은 앞의 문장의 내용을 환기하므로 '즉'이 알맞고, ㉡의 앞뒤 문장은 서로 반대되므로 역접 관계인 '그러나'가 알맞다. 또한 ㉢ 바로 뒤의 문장의 마지막에 있는 '~ 때문이다'라는 표현을 통해 알맞은 말이 '왜냐하면'이라는 점을 알 수 있다. 그리고 부정하는 말 앞에서 '다만', '오직'의 뜻으로 쓰이는 말인 '비단'이 ㉣에 들어가는 것을 알 수 있다.

11

정답 ②

와이어로프가 파손되어 중량물이 떨어지는 사고를 나타낸 그림이다. 해당 그림은 '④ 물체에 맞음'에 더 적합하다.

[오답분석]

① 대형설비나 제품 위에서 작업 중에 떨어지는 사고를 나타낸 그림이다.

③ 화물자동차 위에서 적재 및 포장작업을 하는 과정에서 떨어지는 사고를 나타낸 그림이다.

④ 사다리에 올라가 작업하는 도중 미끄러져 떨어지는 사고를 나타낸 그림이다.

⑤ 지붕 위에서 보수작업 등을 하는 과정에서 선라이트가 부서져 떨어지는 사고를 나타낸 그림이다.

PART 2

12

정답 ④

'④ 물체에 맞음'의 아래에 있는 사고발생 원인과 사망재해 예방 대책의 내용이 서로 관계성이 낮다는 것을 알 수 있다. 물론 지게차와 관련한 사고발생 원인으로 언급한 부분은 있으나, 전반적인 원인들과 대조해 보았을 때 예방 대책을 모두 포괄하고 있다고 보기는 어렵다.

13

정답 ②

[오답분석]
① 명함은 두 손으로 건네되 동시에 주고 받을 때에는 부득이하게 한 손으로 건넨다.
③ 모르는 한자가 있으면 물어보는 것은 실례가 아니다.
④ 명함을 동시에 주고받을 때는 오른손으로 주고 왼손으로 받는다.
⑤ 명함을 내밀 때는 정중하게 인사를 하고 나서 회사명과 이름을 밝히고 두 손으로 건네도록 한다.

14

정답 ④

'완숙하다'는 '사람이나 동물이 완전히 성숙한 상태이다'라는 뜻으로, 선택지의 문장에는 '미숙'이 적절하다.

15

정답 ⑤

해외출장일정을 고려해 이동수단별 비용을 구하면 다음과 같다.
• 렌터카 : $(50+10)\times3=\$180$
• 택시 : $1\times(100+50+50)=\$200$
• 대중교통 : $40\times4=\$160$
따라서 경제성에서 대중교통, 렌터카, 택시 순으로 상, 중, 하로 평가된다.
두 번째 조건에 따라 이동수단별 평가표를 점수로 환산한 후 최종점수를 구하면 다음과 같다.

이동수단	경제성	용이성	안전성	최종점수
렌터카	2	3	2	7
택시	1	2	4	7
대중교통	3	1	4	8

따라서 총무팀이 선택하게 될 이동수단은 대중교통이고 비용은 $160이다.

16

정답 ③

두 사이트 전체 참여자의 평균 평점은 전체 평점의 합을 전체 인원으로 나눈 것이다.
따라서 전체 참여자의 평균 평점은 $\dfrac{(1,000\times5.0)+(500\times8.0)}{1,000+500}=6.0$점이다.

17

정답 ②

고객이 잘못 이해하고 있다고 하더라도 고객의 말에 반박하지 말고, 먼저 공감한다. 즉 고객이 그렇게 말할 수 있음을 이해하는 것이 중요하다.

18

정답 ④

5번째 ~ 7번째 조건에 따라 가전 부스 1일 차 마케팅팀 근무자는 T대리, 2일 차 휴대폰 부스 개발팀 근무자는 S과장, 2일 차와 3일 차 PC 부스의 개발팀 근무자는 D대리와 O대리이다. 3일 차에는 과장들이 근무하지 않으므로 3일 차 가전 부스의 마케팅팀 근무자는 Y사원 또는 P사원이고, 이때 개발팀 근무자는 같은 직급일 수 없으므로 D대리 또는 O대리이다. 따라서 3일 차 휴대폰 부스의 개발팀 근무자는 C사원이고, 3일 차 휴대폰 부스의 마케팅팀 근무자는 T대리, 3일 차 가전 부스와 PC 부스의 마케팅팀 근무자는 Y사원(P사원)과 P사원(Y사원)이다. 한편, T대리는 1일 차와 3일 차에 근무하므로 2일 차 마케팅팀 근무자는 가전제품 부스에 K과장, 휴대폰 부스와 PC 부스에 Y사원(P사원)과 P사원(Y사원)이 근무한다. 따라서 1일 차의 PC 부스 마케팅팀 근무자는 K과장, 개발팀 근무자는 C사원이고, 1일 차 가전 부스의 개발팀 근무자는 S과장이다. 이를 정리하면 다음과 같다.

구분	1일 차		2일 차		3일 차	
	마케팅팀	개발팀	마케팅팀	개발팀	마케팅팀	개발팀
휴대폰			Y사원 or P사원	S과장	T대리	C사원
가전	T대리	S과장	K과장	D대리 or O대리	P사원 or Y사원	O대리 or D대리
PC	K과장	C사원	P사원 or Y사원	O대리 or D대리	Y사원 or P사원	D대리 or O대리

따라서 PC 부스의 1일 차 마케팅팀 근무자는 과장이므로 ④는 옳지 않다.

19
정답 ①

갑의 현재 나이를 x세, 을의 현재 나이를 y세라고 하자.
갑과 을의 현재 나이의 비는 $3:1$이므로
$x:y=3:1 \rightarrow x=3y \cdots \bigcirc$
11년 후 갑과 을의 나이 비는 $10:7$이므로
$(x+11):(y+11)=10:7$
$\rightarrow 7(x+11)=10(y+11) \cdots \bigcirc$
$\bigcirc$을 $\bigcirc$에 대입해서 풀면
$7(3y+11)=10(y+11)$
$\rightarrow 11y=33$
$\therefore y=3$
구한 y값을 $\bigcirc$에 대입하면 $x=9$
따라서 갑의 현재 나이는 9세, 을의 현재 나이는 3세이다.

20
정답 ④

제시문은 낙수 이론에 대해 설명하고, 그 실증적 효과를 논한 후에 비판을 제기하고 있다. 따라서 일반론에 이은 효과를 설명하는 (가)가 그 뒤에, 비판을 시작하는 (나)가 그 후에 와야 한다. (라)에는 '제일 많이'라는 수식어가 있고, (다)에는 '또한 제기된다'라고 명시되어 있어 (라)가 (다) 앞에 오는 것이 글의 구조상 적절하다. 따라서 (가) - (나) - (라) - (다)로 배열되어야 한다.

21
정답 ①

부하직원을 칭찬할 때 쓰다듬거나 가볍게 치는 행위도 성희롱으로 오해받을 소지가 있으므로 그런 행동은 신중을 기해야 한다.

22
정답 ③

배전자동화시스템에 관해 설명하고 있는 문단을 통해 ㉠이 배전자동화시스템의 '기능'임을 추측할 수 있다. 또한 '수요증대', '요구'라는 단어를 통해 ㉡은 '필요성'임을 알 수 있고, '가능', '기대'라는 단어로 ㉢이 '기대효과'임을 알 수가 있다.

23
정답 ④

• 계발 → 개발 : 배전자동화시스템은 첨단IT기술을 접목하여 <u>계발</u>된 배전자동화용 단말장치(FRTU)에서 ~
• 재공 → 제공 : ~ 통신장치를 통해 주장치에 <u>재공</u>함으로써 배전계통 운전 상황을 ~
• 공금 → 공급 : ~ 안정적인 전력을 <u>공금</u>하는 시스템이다.

24

아이들의 수를 x명이라고 하자.
노트의 개수는 $7(x-14)+2=6(x-11)+2 \rightarrow x=32$
즉, 아이들의 수는 32명, 노트의 개수는 $7 \times (32-14)+2=128$권이다.
따라서 1명당 나누어줄 노트의 개수는 $128 \div 32=4$권이다.

25

'좋은 자세로 공부한다.'를 p, '허리통증이 심하지 않다.'를 q, '공부를 오래 한다.'를 r, '성적이 올라간다.'를 s라고 하면, 첫 번째 명제는 $\sim q \rightarrow \sim p$, 두 번째 명제는 $r \rightarrow s$, 네 번째 명제는 $\sim s \rightarrow \sim p$이므로 네 번째 명제가 도출되기 위해서는 세 번째 명제에 $\sim r \rightarrow \sim q$가 필요하다. 따라서 대우 명제인 ⑤가 답이 된다.

26

고객이 제기한 민원이 반복적으로 발생하지 않도록 조치하기 위해서 자신의 개인 업무노트에 기록해 두는 것보다 민원사례를 전 직원에게 공유하여 교육이 될 수 있도록 하는 것이 더 적절하다.

27

차상급자에게 상급자를 말하는 경우는 호칭에 '님'을 생략하도록 한다. 즉 '과장님, 김대리가 이 자료를 전달하라고 했습니다.'가 옳다.

28

운전 중 스마트 폰은 사용하지 않도록 한다.

[오답분석]
① 사무실에서 알림은 무음으로 설정하여 타인에게 폐를 끼치지 않도록 한다.
② 중요한 내용에 대해 상대방의 대답이나 반응을 확인해야 할 경우는 음성 통화를 이용하도록 한다.
④ 타인과 대화할 때 스마트 폰 사용은 자제하고, 타인과의 대화에 집중해야 한다.
⑤ SNS 사용은 업무에 지장을 줄 수 있으므로 휴식시간에 이용하도록 한다.

29

제시된 기사는 안전띠를 제대로 착용하지 않은 경우, 사고가 났을 때 일어날 수 있는 상해 가능성을 제시하며 안전띠의 중요성을 언급하고 있다.

30

각자 낸 돈을 x원이라고 하면, 총금액은 $8x$원이다.
숙박비는 $8x \times 0.3=2.4x$원, 외식비는 $2.4x \times 0.4=0.96x$원, 남은 경비는 92,800원이므로
$8x-(2.4x+0.96x)=92,800 \rightarrow 4.64x=92,800$
$\therefore x=20,000$원

31

정답 ④

제시된 단락에서는 PTSD를 간략하게 소개하고 있다. 과거에는 정신질환으로 인정되지 않은 PTSD를 말하는 (나), 현대에 와서야 정신질환으로 보기 시작했고 PTSD 때문에 약을 먹는 이라크 파병병사들의 예를 든 (가), PTSD의 증상을 설명하는 (라), PTSD의 문제점을 언급하는 (다) 순서로 나열해야 한다.

32

정답 ②

남학생 수를 a명이라고 하면 여학생 수는 $(a-200)$명이다.

$a+(a-200)=1,000 \rightarrow a=600$

즉, 남학생 수는 600명, 여학생 수는 400명이다.

안경 낀 여학생의 수를 x명이라고 하면, 안경 낀 남학생의 수는 $\frac{3}{2}x$명이다.

$x+\frac{3}{2}x=\left(600-\frac{3}{2}x\right)+(400-x)-300 \rightarrow 5x=700$

$\therefore x=140$

33

정답 ③

$(17,520-10,950)\times3=19,710$백만 원

34

정답 ⑤

ㄱ. 자료를 통해 쉽게 확인할 수 있다.

ㄴ. 각 6,570백만 원으로 같다.

ㄷ. (1kWh당 전기요금)$=\dfrac{(연간\ 절감\ 전기요금)}{(연간\ 절감\ 전력량)}$

$\therefore \dfrac{3,942백만\ 원}{3,942만kWh}=100원/kWh$

오답분석

ㄹ. $\dfrac{(필요한\ LED\ 전구\ 수)}{(적용\ 비율)}=\dfrac{900천\ 개}{0.3}=300만\ 개$

35

정답 ①

제시된 자료는 (주)S섬유의 SWOT 분석을 통해 강점(S), 약점(W), 기회(O), 위기(T) 요인을 분석한 것이다. SO전략과 WO전략은 발전 방안으로서 적절하지만 ST전략에서 경쟁업체에 특허 기술을 무상 이전하는 것은 부적절하다. 또한 WT전략에서는 기존 설비에 대한 재투자보다는 수요에 맞게 다양한 제품을 유연하게 생산할 수 있는 설비 투자가 필요하다.

36

정답 ④

강압전략에 대한 설명이다. A사에 필요한 기술을 확보한 B사에게 대기업인 점을 내세워 공격적으로 설득하는 것은 적절하지 않은 설득방법이다.

오답분석

① See - Feel - Change 전략으로 A사의 주장을 믿지 않는 B사를 설득시키기에 적절한 전략이다.
② 호혜관계 형성 전략으로 서로에게 도움을 주고받을 수 있는 점을 설명하여 D사를 설득시키는 적절한 전략이다.
③ 사회적 입증 전략으로 A사의 주장을 믿지 못하는 B사를 설득시키는 적절한 전략이다.
⑤ 협력전략의 전술 중 하나로 C사의 사업전망을 믿지 못하는 D사에게 공동 평가를 통해 신뢰를 형성시킬 수 있는 적절한 전략이다.

37

(나) 현재 우리나라 자동차소유주들은 교통문화정착보다는 '어떤 자동차를 운행하는가?'를 더 중요시함 - (가) 우리 주변에서 불법 개조 자동차를 자주 볼 수 있음 - (다) 불법개조 자동차에 따른 문제점을 해결하기 위해 불법자동차 연중 상시 단속을 시행함

38

임시번호판이란 정식으로 차량 등록을 하기 전에 운행이 필요한 사람들이 임시번호를 달고 운행을 하는 것으로, 임시번호판에는 허가기간(10일)과 차량 출고지 행정 구역, 임시번호가 새겨져 있다.

39

협상의 단계에 따라 보기를 배열하면, 간접적인 방법으로 '협상의사를 전달(협상시작 단계) → 적극적으로 자기주장 제시(상호이해 단계) → 분할과 통합 기법을 활용하여 이해관계 분석(실질이해 단계) → 협상 안건마다 대안 평가(해결대안 단계) → 합의문 작성(합의문서 단계)'의 순서임을 알 수 있다.

협상의 5단계

제1단계	협상시작	• 협상 당사자들 사이에 상호 친근감을 쌓음 • 간접적인 방법으로 협상의사를 전달함 • 상대방의 협상의지를 확인함 • 협상진행을 위한 체제를 짬
제2단계	상호이해	• 갈등문제의 진행상황과 현재의 상황을 점검함 • 적극적으로 경청하고 자기주장을 제시함 • 협상을 위한 협상대상 안건을 결정함
제3단계	실질이해	• 겉으로 주장하는 것과 실제로 원하는 것을 구분하여 실제로 원하는 것을 찾아 냄 • 분할과 통합 기법을 활용하여 이해관계를 분석함
제4단계	해결대안	• 협상 안건마다 대안들을 평가함 • 개발한 대안들을 평가함 • 최선의 대안에 대해서 합의하고 선택함 • 대안 이행을 위한 실행계획을 수립함
제5단계	합의문서	• 합의문을 작성함 • 합의문 상의 합의내용, 용어 등을 재점검함 • 합의문에 서명함

40

과학적인 논리보다 동료나 사람들의 행동에 의해서 상대방을 설득하는 사회적 입증 전략의 사례로 적절하다.

오답분석

① 상대방 이해 전략은 상대방에 대한 이해를 바탕으로 갈등해결을 용이하게 하는 전략이다.
② 권위 전략은 직위나 전문성, 외모 등을 활용하여 협상을 용이하게 하는 전략이다.
③ 희소성 해결 전략은 인적·물적자원 등의 희소성을 해결함으로써 협상과정상의 갈등 해결을 용이하게 하는 전략이다.
④ 호혜관계 형성 전략은 호혜관계(서로에게 도움을 주고 받는 관계) 형성을 통해 협상을 용이하게 하는 전략이다.

01	02	03	04	05	06	07	08	09	10	11	12	13	14	15	16	17	18	19	20
④	④	④	②	③	③	②	⑤	④	③	③	④	⑤	④	⑤	②	③	①	①	④
21	22	23	24	25	26	27	28	29	30	31	32	33	34	35	36	37	38	39	40
④	④	③	④	④	①	⑤	②	②	②	③	②	④	②	④	④	③	⑤	⑤	②

01

정답 ④

선정자에게 개별적으로 전화연락을 하지 않으므로 홈페이지에서 확인해야 한다.

오답분석
① 신청대상은 초등학생, 청소년, 일반인이므로 유치원생은 해당이 되지 않는다.
② 체험인원이 30명이므로 옳다.
③ 체험시간은 13시에서 16시 40분까지 이므로 옳다.
⑤ 15시 08분에서 16시 40분에 체험하는 프로그램을 보면 후부운전실 방송 체험이 있다.

02

정답 ④

두 열차가 같은 시간 동안 이동한 거리의 합은 6km이다.
두 열차가 이동한 시간을 x시간이라고 하자. KTX와 새마을호 속도의 비는 7 : 5이므로 KTX와 새마을호가 이동한 거리는 각각 $7x$km, $5x$km이다.
$7x+5x=6$
$\therefore x=0.5$
따라서 새마을호가 이동한 거리는 2.5km, KTX가 이동한 거리는 3.5km이다.

03

정답 ④

500g의 설탕물에 녹아있는 설탕의 양을 xg이라고 하자.

3%의 설탕물 200g에 들어있는 설탕의 양은 $\frac{3}{100} \times 200 = 6$g이다.

$\frac{x+6}{500+200} \times 100 = 7 \rightarrow x+6=49$

따라서 500g의 설탕에 녹아있는 설탕의 양은 43g이다.

04

정답 ②

직장 내에서의 서열과 직위를 고려한 소개의 순서를 볼 때, 내가 속해 있는 회사의 관계자를 타 회사의 관계자에게 먼저 소개하는 것이 적절하다.

05

정답 ③

고객 불만 처리 프로세스 중 '해결약속' 단계에서는 고객이 불만을 느낀 상황에 대해 관심과 공감을 보이며, 문제의 빠른 해결을 약속해야 한다.

고객 불만 처리 프로세스 8단계
1. 경청
2. 감사와 공감표시
3. 사과
4. 해결약속
5. 정보파악
6. 신속처리
7. 처리확인과 사과
8. 피드백

06

정답 ③

을과 정은 상반된 이야기를 하고 있다. 만일 을이 참이고 정이 거짓이라면 합격자는 병, 정이 되는데 합격자는 한 명이어야 하므로 모순이다. 따라서 을은 거짓이고 합격자는 병이다.

07

정답 ②

강제연상법이란, 각종 힌트에서 강제로 연결 지어 발상하는 방법으로, 해당 힌트를 통해 사고 방향을 미리 정해서 아이디어를 발상한다. 이에 대표적인 방법으로 체크리스트법이 있는데, 이는 어떤 주제에 아이디어를 찾고자 할 때 이에 대한 질문항목을 표로 만들어 정리하고 하나씩 점검해가며 아이디어를 생각해내는 것이다. 이처럼 각 항목에 대해 하나하나씩 점검하기 때문에 누락될 염려도 없을 뿐만 아니라 반복적인 작업에서는 보다 편리한 작업을 가능하게 한다. 따라서 이에 해당하는 것은 ㄴ과 ㅅ이다.

오답분석
• 자유연상법이란 어떤 생각에서 다른 생각을 계속해서 떠올리는 작용을 통해 어떤 주제에서 생각나는 것을 계속해서 열거해 나가는 발산적 사고 중 하나의 방법으로 대표적인 방법 중 하나가 브레인스토밍이다. 브레인스토밍이란 집단의 구성원이 마주앉아 해당 주제에 대해 다양한 아이디어를 제시함으로써 아이디어의 연쇄반응을 일으키는 것이다. 따라서 이에 해당하는 것은 ㄱ과 ㅂ이다.
• 비교발상법이란 주제와 본질적으로 닮은 것을 힌트로 하여 새로운 아이디어를 얻는 방법인데, 이때 주제와 본질적으로 닮았다는 것은 단순히 겉만을 의미하는 것이 아닌 힌트와 주제가 제시한 개별 아이디어 자체의 의미를 잃지 않는 수준에서 닮았다는 것을 의미한다. 이에 해당하는 방법으론 대상과 비슷한 것을 찾아내 그것을 힌트로 하여 새로운 아이디어를 도출하는 NM법과 서로 관련이 없어 보이는 요소들을 결합하여 새로운 아이디어를 도출하는 시네틱스법이 있다. 이에 해당하는 것은 ㄷ, ㄹ, ㅁ이다.

08

정답 ⑤

음식점까지의 거리를 $x$km라 하면
역에서 음식점까지 왕복하는 데 걸리는 시간과 음식을 포장하는 데 걸리는 시간이 1시간 30분 이내여야 하므로
$$\frac{x}{3} + \frac{15}{60} + \frac{x}{3} \leq \frac{3}{2}$$
양변에 60을 곱하면

$$20x + 15 + 20x \leq 90 \rightarrow 40x \leq 75 \rightarrow x \leq \frac{75}{40} = 1.875$$

즉, 역과 음식점 사이 거리는 1.875km 이내여야 하므로 갈 수 있는 음식점은 'N버거'와 'B도시락'이다.
따라서 K사원이 구입할 수 있는 음식은 햄버거와 도시락이다.

09
정답 ④

㉠의 뒤에 나오는 내용을 살펴보면, 양안시에 대해 설명하면서 양안시차를 통해 물체와의 거리를 파악한다고 하였으므로 ㉠에 거리와 관련된 내용이 나왔음을 짐작해 볼 수 있다. 따라서 ㉠에 들어갈 내용은 ④이다.

10
정답 ③

• 문서적인 의사소통 : ㉠, ㉢, ㉤
• 언어적인 의사소통 : ㉡, ㉣

직업생활에서 요구되는 문서적인 의사소통능력은 문서로 작성된 글이나 그림을 읽고 내용을 이해하고 요점을 판단하며, 이를 바탕으로 목적과 상황에 적합하도록 아이디어와 정보를 전달할 수 있는 문서를 작성하는 능력을 말한다. 반면, 언어적인 의사소통능력은 상대방의 이야기를 듣고 의미를 파악하며, 이에 적절히 반응하고, 이에 대한 자신의 의사를 목적과 상황에 맞게 설득력을 가지고 표현하기 위한 능력을 말한다.

11
정답 ③

기술선택을 위한 절차는 (ㄱ) 외부 환경 분석 → 중장기 사업목표 설정 → (ㄴ) 내부 역량 분석 순으로, 외부 환경 분석은 수요변화 및 경쟁자 변화, 기술 변화 등 분석이고, 중장기 사업목표 설정은 기업의 장기비전, 중장기 매출목표 및 이익목표 설정이며, 내부 역량 분석은 기술능력, 생산능력, 마케팅・영업능력, 재무능력 등 분석이다.
또한 중장기 사업목표 설정은 사업 전략 수입 → (ㄷ) 요구 기술 분석 → (ㄹ) 기술 전략 수립 → 핵심기술 선택 순으로 사업 전략 수립은 사업 영역결정, 경쟁 우위 확보 방안 수립이고, 요구 기술 분석은 제품 설계・디자인 기술, 제품 생산 공정, 원재료・부품 제조기술 분석이며, 기술 전략 수립은 핵심기술의 선택, 기술 획득 방법 결정 등이 있다.

12
정답 ④

오답분석
①은 두 번째 문장, ②는 제시문의 흐름, ③과 ⑤는 마지막 문장에서 각각 확인할 수 있다.

13
정답 ⑤

오답분석
① '직장 내'란 공간이라는 개념이 아닌 사용자의 지휘・명령의 범위 안을 의미한다.
②・④ 직장 내 성희롱 피해자는 사업주를 제외한 모든 남녀 근로자(협력업체 및 파견근로자 포함)와 모집・채용 과정에서의 구직자도 해당된다.
③ 업무시간 외에도 해당된다.

14
정답 ④

A, B, C는 각자 자신이 해야할 일이 무엇인지 잘 알고 있으며, 서로의 역할도 이해하는 모습을 볼 수 있다. 이처럼 효과적인 팀은 역할을 명확하게 규정한다.

15

정답 ⑤

부가세 15%를 포함하지 않은 원래의 피자 가격을 x원이라고 하면,

$$\left(1+\frac{15}{100}\right)x=20,700 \rightarrow x=18,000$$

따라서 부가세 10%를 포함한 피자의 가격은 $18,000\times\left(1+\frac{10}{100}\right)=19,800$원이다.

16

정답 ②

공문서는 주로 문어체로 작성한다.

[오답분석]

① 연도와 월일을 반드시 함께 기입한다.
③ 누가, 언제, 어디서, 무엇을, 어떻게(왜)가 정확하게 드러나도록 작성해야 한다.
④ 마지막엔 반드시 끝자로 마무리한다.
⑤ 부정문이나 의문문의 형식은 피하고, 긍정문으로 작성한다.

17

정답 ③

제시문은 전국 곳곳에 마련된 기획바우처 행사를 소개하는 글이다. (다)는 가족과 함께 하는 문화행사로 문화소외계층을 상대로 하는 기획바우처의 취지와는 거리가 멀기 때문에 글의 흐름상 필요 없는 문장에 해당한다.

18

정답 ①

'어렵사리 겨우'를 뜻하는 말은 '근근이'로 쓴다.

19

정답 ①

$$\frac{25}{10}+\frac{25}{15}=\frac{25}{6}=4\frac{1}{6}$$

즉, 걸린 시간은 4시간 10분이므로 오후 4시에 도착했다면 오전 11시 50분에 집에서 나왔다는 것을 알 수 있다.

20

정답 ④

ⓛ HCHO가 가장 높게 측정된 역은 청량리역이고 가장 낮게 측정된 역은 신설동역이다. 두 역의 평균은 $\frac{11.4+4.8}{2}=8.1\mu g/m^3$
으로 1호선 평균인 $8.4\mu g/m^3$보다 낮다.
ⓔ 청량리역은 HCHO, CO, NO_2, Rn 총 4가지 항목에서 1호선 평균보다 높게 측정되었다.

[오답분석]

㉠・㉢ 제시된 자료를 통해 확인할 수 있다.

21

정답 ④

직업생활에서의 목표를 단지 높은 지위에 올라가는 것이라고 생각하는 것은 잘못된 직업관으로, 입사 동기들보다 빠른 승진을 목표로 삼은 D는 잘못된 직업관을 가지고 있는 것이다.

22

한 분야의 모든 사람이 한 팀에 들어갈 수 없으므로 가와 나는 한 팀이 될 수 없다.

오답분석

① 갑과 을이 한 팀이 되는 것과 상관없이 가와 나는 한 분야의 모든 사람이 한 팀에 들어갈 수 없기 때문에 반드시 다른 팀이어야 한다.
② 두 팀에 남녀가 각각 2명씩 들어갈 수도 있지만, (남자 셋, 여자 하나), (여자 셋, 남자 하나)의 경우도 있다.
③ a와 c는 성별이 다르기 때문에 같은 팀에 들어갈 수 있다.
⑤ 주어진 조건에 따라 배치하면, c와 갑이 한 팀이 되면 한 팀의 인원이 5명이 된다.

23

부서배치
• 성과급 평균은 48만 원이므로, A는 영업부 또는 인사부에서 일한다.
• B와 D는 비서실, 총무부, 홍보부 중에서 일한다.
• C는 인사부에서 일한다.
• D는 비서실에서 일한다.
따라서 A - 영업부, B - 총무부, C - 인사부, D - 비서실, E - 홍보부에서 일한다.

휴가
A는 D보다 휴가를 늦게 가므로 C - D - B - A 또는 D - A - B - C 순서로 휴가를 간다.
D의 성과급은 60만 원, C의 성과급은 40만 원이므로 ③이 옳다.

오답분석

① A : 20×3=60만 원, C : 40×2=80만 원
② C가 제일 먼저 휴가를 갈 경우, A가 제일 마지막으로 휴가를 가게 된다.
④ 휴가를 가지 않은 E는 두 배의 성과급을 받기 때문에 총 120만 원의 성과급을 받게 되고, D의 성과급은 60만 원이기 때문에 두 사람의 성과급 차이는 두 배이다.
⑤ C가 제일 마지막에 휴가를 갈 경우, B는 A보다 늦게 출발한다.

24

회사 근처 모텔에서 숙박 후 버스 타고 공항 이동 : 40,000원(모텔요금)+20,000원(버스요금)+30,000원(시간요금)=90,000원

오답분석

① 공항 근처 모텔로 버스 타고 이동 후 숙박 : 20,000원(버스요금)+30,000원(시간요금)+80,000원(공항 근처 모텔요금)=130,000원
② 공항 픽업 호텔로 버스 타고 이동 후 숙박 : 10,000원(버스요금)+10,000원(시간요금)+100,000원(호텔요금)=120,000원
③ 공항 픽업 호텔로 택시 타고 이동 후 숙박 : 20,000원(택시요금)+5,000원(시간요금)+100,000원(호텔요금)=125,000원
⑤ 회사 근처 모텔에서 숙박 후 택시 타고 공항 이동 : 40,000원(모텔요금)+40,000원(택시요금)+15,000원(시간요금)=95,000원

25

정답 ④

'피재해자는 전기 관련 자격이 없었으며, 복장은 일반 안전화, 면장갑, 패딩점퍼를 착용한 상태였다.'는 문장에서 불안전한 행동·상태, 작업 관리상 원인, 작업 준비 불충분이란 것을 확인할 수 있다. 그러나 기술적 원인은 지문에서 찾을 수 없다.

오답분석

① 불안전한 행동 : 위험 장소 접근, 안전장치 기능 제거, 보호 장비의 미착용 및 잘못 사용, 운전 중인 기계의 속도 조작, 기계·기구의 잘못된 사용, 위험물 취급 부주의, 불안전한 상태 방치, 불안전한 자세와 동작, 감독 및 연락 잘못 등

② 불안전한 상태 : 시설물 자체 결함, 전기 시설물의 누전, 구조물의 불안정, 소방기구의 미확보, 안전 보호 장치 결함, 복장·보호구의 결함, 시설물의 배치 및 장소 불량, 작업 환경 결함, 생산 공정의 결함, 경계 표시 설비의 결함 등

③ 작업 관리상 원인 : 안전 관리 조직의 결함, 안전 수칙 미제정, 작업 준비 불충분, 인원 배치 및 작업 지시 부적당 등

⑤ 작업 준비 불충분 : 작업 관리상 원인의 하나이며, 피재해자는 경첩의 높이가 높음에도 불구하고 작업 준비에 필요한 자재를 준비하지 않은 채 불안전한 자세로 일을 시작함

26

정답 ①

변화에 저항하는 직원들을 성공적으로 이끌기 위해서는 주관적인 자세보다 가능한 객관적인 자세로 업무에 임할 수 있도록 해야 한다. 변화를 수행하는 것이 힘들더라도 변화가 필요한 이유를 직원들이 명확히 알도록 해야 하며, 변화의 유익성을 밝힐 수 있는 객관적인 수치 및 사례를 직원들에게 직접 확인시킬 필요가 있다.

> **변화에 저항하는 직원들을 성공적으로 이끄는 데 도움이 되는 방법**
> • 개방적인 분위기를 조성한다.
> • 객관적인 자세를 유지한다.
> • 구성원의 감정을 세심하게 살핀다.
> • 변화의 긍정적인 면을 강조한다.
> • 변화에 적응할 시간을 준다.

27

정답 ⑤

사업장이 오염물질 배출 허용기준을 초과할 것으로 우려될 경우 자동으로 예·경보 시스템이 작동한다.

28

정답 ②

제시된 자료에 의하면 수도권은 서울과 인천·경기를 합한 지역을 의미한다. 따라서 전체 마약류 단속 건수 중 수도권의 마약류 단속 건수의 비중은 22.1+35.8=57.9%이다.

오답분석

① • 대마 단속 전체 건수 : 167건
   • 코카인 단속 전체 건수 : 65건
   65×3=195>167이므로 옳지 않은 설명이다.

③ 코카인 단속 건수가 없는 지역은 강원, 충북, 제주로 3곳이다.

④ • 대구·경북 지역의 향정신성의약품 단속 건수 : 138건
   • 광주·전남 지역의 향정신성의약품 단속 건수 : 38건
   38×4=152>138이므로 옳지 않은 설명이다.

⑤ • 강원 지역의 향정신성의약품 단속 건수 : 35건
   • 강원 지역의 대마 단속 건수 : 13건
   13×3=39>35이므로 옳지 않은 설명이다.

29

P점으로부터 멀리 있는 물체를 A, 가까이 있는 물체를 B라고 하자.

P로부터 B까지의 거리를 $x$km라 하면, A까지의 거리는 $4x$km이다.

13시간 후 P로부터 A까지의 거리는 $(4x+13)$km, B까지의 거리는 $(x+13)$km이므로

$(4x+13):(x+13)=7:5 \rightarrow 7(x+13)=5(4x+13) \rightarrow 13x=26$

$\therefore\ x=2$

따라서 현재 P로부터 두 물체까지의 거리는 각각 $4\times2=8$km, 2km이다.

30

B과장은 아랫사람에게 인사를 먼저 건네며 즐겁게 하루를 시작하는 공경심이 있는 예도를 행하였다.

오답분석

① 비상금을 털어 무리하게 고급 생일선물을 사는 것은 자신이 감당할 수 있는 능력을 벗어나는 것이므로 적절하지 않다.

③ 선행이나 호의를 베풀 때도 받는 자에게 피해가 되지 않도록 주의해야 하므로 적절하지 않다.

④ 아랫사람의 실수를 너그럽게 관용하는 태도에 부합하지 않으므로 적절하지 않다.

⑤ 장례를 치루는 문상자리에서 애도할 줄 모르는 것이므로 적절하지 않다.

31

설치 시 주의사항에 따르면 난방기기 주변은 과열되어 고장의 염려가 있으므로 피해야 한다. ③의 냉방기는 장소 선정 시 고려되어야 할 사항과 거리가 멀다.

32

전원이 갑자기 꺼진다면 전력 소모를 줄일 수 있는 기능인 '취침예약'이나 '자동전원끄기' 기능이 설정되어 있는지 확인해야 한다.

오답분석

① 전원이 켜지지 않을 경우 전원코드, 안테나 케이블, 케이블 방송 수신기의 연결이 제대로 되어 있는지 확인해야 하지만, 위성 리시버는 지문에서 확인할 수 없다.

③ 제품에서 뚝뚝 소리가 나는 것은 TV외관의 기구적 수축이나 팽창 때문에 나타날 수 있는 현상이므로 안심하고 사용해도 된다.

④ 제품 특성상 장시간 시청 시 패널에서 열이 발생하므로 열이 발생하는 것은 결함이나 동작 사용상의 문제가 되는 것이 아니므로 안심하고 사용해도 된다.

⑤ 리모컨 동작이 되지 않을 때는 새 건전지로 교체하고, 교체 후에도 문제가 해결되지 않는다면 서비스센터로 문의해야 한다.

33

일방적으로 자신의 말만 하고, 무책임한 마음으로 자신의 말이 '정확히 전달되었는지', '정확히 이해했는지'를 확인하지 않는 미숙한 의사소통 기법이 직장생활에서의 원만한 의사소통을 저해하고 있다.

34

예비심사는 필요 시에 시행한다.

오답분석

① 3월에 나는 공고는 1차이므로, 접수 기간인 4월 1일까지 접수를 해야 한다.

③ 지원대상 선정은 4월과 8월, 사업수행 협약 체결도 4월과 8월로 같다.

④ 사업 수행 단계에서 방송광고 제작 계약서는 협약 후 45일 이내에 제출하여야 하며 사업 수행 완료 후 기금 지원 신청 단계에서 '완성된 방송광고물'이 필요하므로 협약 후 3개월 이내에 방송광고물을 완성해야 하는 것을 알 수 있다.

35

정답 ④

• 팀장 한 명을 뽑는 경우의 수 : $_{10}C_1=10$

• 회계 담당 2명을 뽑는 경우의 수 : $_9C_2=\dfrac{9\times8}{2!}=36$

따라서 $10\times36=360$가지이다.

36

정답 ④

A, B, E구의 1인당 소비량을 각각 a, b, e라고 하자.

제시된 조건을 식으로 나타내면 다음과 같다.

• 첫 번째 조건 : $a+b=30$ … ㉠

• 두 번째 조건 : $a+12=2e$ … ㉡

• 세 번째 조건 : $e=b+6$ … ㉢

㉢을 ㉡에 대입하여 식을 정리하면, $a+12=2(b+6)$ → $a-2b=0$ … ㉣

㉠$-$㉣을 하면 $3b=30$ → $b=10$, $a=20$, $e=16$

A $\sim$ E구의 변동계수를 구하면 다음과 같다.

• A구 : $\dfrac{5}{20}\times100=25\%$

• B구 : $\dfrac{4}{10}\times100=40\%$

• C구 : $\dfrac{6}{30}\times100=20\%$

• D구 : $\dfrac{4}{12}\times100≒33.33\%$

• E구 : $\dfrac{8}{16}\times100=50\%$

따라서 변동계수가 3번째로 큰 구는 D구이다.

37

정답 ③

리더는 조직 구성원들 중 한 명일 뿐이라는 점에서 파트너십 유형임을 알 수 있다. 독재자 유형과 민주주의에 근접한 유형은 리더와 집단 구성원 사이에 명확한 구분이 있으나, 파트너십 유형에서는 그러한 구분이 희미하고, 리더가 조직에서 한 구성원이 되기도 함을 볼 수 있다.

오답분석

① 독재자 유형 : 독재자에 해당하는 리더가 집단의 규칙 하에 지배자로 군림하며, 팀원들이 자신의 권위에 대한 도전이나 반항없이 순응하도록 요구하고, 개개인들에게 주어진 업무만을 묵묵히 수행할 것을 기대한다.

② 민주주의에 근접한 유형 : 리더는 팀원들이 동등하다는 것을 확신시키고 경쟁과 토론, 새로운 방향의 설정에 팀원들을 참여시킨다. 비록 민주주의적이긴 하지만 최종 결정권은 리더에게 있음이 특징이다.

④ 변혁적 유형 : 변혁적 리더를 통해 개개인과 팀이 유지해온 업무수행 상태를 뛰어넘으려 한다. 변혁적 리더는 특정한 카리스마를 통해 조직에 명확한 비전을 제시하고, 그 비전을 향해 자극을 주고 도움을 주는 일을 수행한다.

⑤ 자유방임적 유형 : 리더가 조직의 의사결정과정을 이끌지 않고 조직 구성원들에게 의사결정 권한을 위임해버리는 리더십 유형이다. 자유로운 회의를 통해 다양한 의견을 제시할 수 있으나, 리더의 지시나 명령이 영향력을 발휘하지 못하고, 구성원의 역량이 낮을 때 의사결정을 내리기 어렵다는 단점을 볼 수 있다.

38

ㄷ. 객관적 평가를 위해 계획단계에서 설정한 평가 지표에 따라 평가하는 것은 조직목표 달성의 효과성 개선을 위한 노력으로
   적절하다.
ㄹ. 개방적 의사소통은 조직목표 달성의 효과성 개선에 도움이 되므로 팀을 수평적 구조로 재구성하는 것은 적절하다.

오답분석

ㄱ. 책임소재를 명확히 하는 것은 좋으나, 조직목표 달성의 효과성 개선을 위해서는 절차보다 결과에 초점을 맞추어야 한다. 따라서
   절차상의 하자 제거를 최우선시하는 것은 바람직하지 않다.
ㄴ. 내부 의견이 일치하지 않는 경우 단순히 주관적 판단인 부서장의 의견을 따르기보다는 의견수렴을 통해 합리적이고 건설적으로
   해결하여야 한다.

39

완성품 납품 수량은 총 100개이다. 완성품 1개당 부품 A는 10개가 필요하므로 총 1,000개가 필요하고, B는 300개, C는 500개가 필요하
다. 이때 각 부품의 재고 수량에서 A는 500개를 가지고 있으므로 필요한 1,000개에서 가지고 있는 500개를 빼면 500개의 부품을 주문해
야 한다. 이와 같이 계산하면 부품 B는 180개, 부품 C는 250개를 주문해야 한다.

40

해결안별 세부실행내용을 구체적으로 작성하는 것은 실행의 목적과 과정별 진행 내용을 일목요연하게 파악하도록 하는 것으로써
'실행계획 수립' 단계에 해당한다.

오답분석

①·③·④·⑤는 실행 및 'Follow-up' 단계에서 모니터 시 고려할 사항이다.

성공한 사람은 대개 지난번 성취한 것 보다 다소 높게,
그러나 과하지 않게 다음 목표를 세운다.
이렇게 꾸준히 자신의 포부를 키워간다.

- 커트 르윈 -

학습플래너

◎ 사람으로서 할 수 있는 최선을 다한 후에는 오직 하늘의 뜻을 기다린다.

◎

◎

과목	내용	체크
NCS	의사소통능력 학습	○

MEMO

〈절취선〉

학습플래너

| Date 202 . . . | D- | 공부시간 H M |

◎
◎
◎

과목	내용	체크

MEMO

Date 202 .   .   .   **D-**   공부시간 **H   M**

◎
◎
◎

과목	내용	체크

MEMO

학습플래너

Date 202 . . .　　　　　　**D-**　　　　　　공부시간　**H　M**

◎
◎
◎

과목	내용	체크

MEMO

Date 202 . . .　　　　　　**D-**　　　　　　공부시간　**H　M**

◉
◉
◉

과목	내용	체크

MEMO

학습플래너

Date 202 .   .   .   **D-**   공부시간 **H   M**

◉
◉
◉

과목	내용	체크

MEMO

Date 202 . . .   **D-**   공부시간 **H   M**

◉
◉
◉

과목	내용	체크

MEMO

학습플래너

Date 202 . . . D- 공부시간 H M

◉
◉
◉

과목	내용	체크

MEMO

NCS 직업기초능력평가 답안카드

1	① ② ③ ④ ⑤	21	① ② ③ ④ ⑤
2	① ② ③ ④ ⑤	22	① ② ③ ④ ⑤
3	① ② ③ ④ ⑤	23	① ② ③ ④ ⑤
4	① ② ③ ④ ⑤	24	① ② ③ ④ ⑤
5	① ② ③ ④ ⑤	25	① ② ③ ④ ⑤
6	① ② ③ ④ ⑤	26	① ② ③ ④ ⑤
7	① ② ③ ④ ⑤	27	① ② ③ ④ ⑤
8	① ② ③ ④ ⑤	28	① ② ③ ④ ⑤
9	① ② ③ ④ ⑤	29	① ② ③ ④ ⑤
10	① ② ③ ④ ⑤	30	① ② ③ ④ ⑤
11	① ② ③ ④ ⑤	31	① ② ③ ④ ⑤
12	① ② ③ ④ ⑤	32	① ② ③ ④ ⑤
13	① ② ③ ④ ⑤	33	① ② ③ ④ ⑤
14	① ② ③ ④ ⑤	34	① ② ③ ④ ⑤
15	① ② ③ ④ ⑤	35	① ② ③ ④ ⑤
16	① ② ③ ④ ⑤	36	① ② ③ ④ ⑤
17	① ② ③ ④ ⑤	37	① ② ③ ④ ⑤
18	① ② ③ ④ ⑤	38	① ② ③ ④ ⑤
19	① ② ③ ④ ⑤	39	① ② ③ ④ ⑤
20	① ② ③ ④ ⑤	40	① ② ③ ④ ⑤

※ 본 답안지는 마킹연습용 모의 답안지입니다.

〈절취선〉

NCS 직업기초능력평가 답안카드

	1	2	3	4	5		21	1	2	3	4	5
1	①	②	③	④	⑤		21	①	②	③	④	⑤
2	①	②	③	④	⑤		22	①	②	③	④	⑤
3	①	②	③	④	⑤		23	①	②	③	④	⑤
4	①	②	③	④	⑤		24	①	②	③	④	⑤
5	①	②	③	④	⑤		25	①	②	③	④	⑤
6	①	②	③	④	⑤		26	①	②	③	④	⑤
7	①	②	③	④	⑤		27	①	②	③	④	⑤
8	①	②	③	④	⑤		28	①	②	③	④	⑤
9	①	②	③	④	⑤		29	①	②	③	④	⑤
10	①	②	③	④	⑤		30	①	②	③	④	⑤
11	①	②	③	④	⑤		31	①	②	③	④	⑤
12	①	②	③	④	⑤		32	①	②	③	④	⑤
13	①	②	③	④	⑤		33	①	②	③	④	⑤
14	①	②	③	④	⑤		34	①	②	③	④	⑤
15	①	②	③	④	⑤		35	①	②	③	④	⑤
16	①	②	③	④	⑤		36	①	②	③	④	⑤
17	①	②	③	④	⑤		37	①	②	③	④	⑤
18	①	②	③	④	⑤		38	①	②	③	④	⑤
19	①	②	③	④	⑤		39	①	②	③	④	⑤
20	①	②	③	④	⑤		40	①	②	③	④	⑤

성 명

지원 분야

문제지 형별기재란
Ⓐ
Ⓑ
(형)

수 험 번 호

⓪	①	②	③	④	⑤	⑥	⑦	⑧	⑨
⓪	①	②	③	④	⑤	⑥	⑦	⑧	⑨
⓪	①	②	③	④	⑤	⑥	⑦	⑧	⑨
⓪	①	②	③	④	⑤	⑥	⑦	⑧	⑨
⓪	①	②	③	④	⑤	⑥	⑦	⑧	⑨
⓪	①	②	③	④	⑤	⑥	⑦	⑧	⑨
⓪	①	②	③	④	⑤	⑥	⑦	⑧	⑨

감독위원 확인
(인)

2023 최신판 한국승강기안전공단
NCS 기출예상문제 + 최종점검 모의고사 5회 + 무료NCS특강

개정5판1쇄 발행	2023년 03월 20일 (인쇄 2023년 02월 28일)
초 판 발 행	2018년 11월 01일 (인쇄 2018년 10월 15일)
발 행 인	박영일
책 임 편 집	이해욱
편 저	NCS직무능력연구소
편 집 진 행	구현정 · 김미진
표지디자인	조혜령
편집디자인	최미란 · 곽은슬
발 행 처	(주)시대고시기획
출 판 등 록	제10-1521호
주 소	서울시 마포구 큰우물로 75 [도화동 538 성지 B/D] 9F
전 화	1600-3600
팩 스	02-701-8823
홈 페 이 지	www.sdedu.co.kr

I S B N	979-11-383-4582-8 (13320)
정 가	23,000원

한국승강기안전공단

NCS + 최종점검 모의고사 5회

+ 무료NCS특강

기업별 맞춤 학습 "기업별 NCS" 시리즈

공기업 취업의 기초부터 합격까지! 취업의 문을 여는 *Hidden Key!*

기업별 기출문제 "기출이 답이다" 시리즈

역대 기출문제와 주요 공기업 기출문제를 한 권에! 합격을 위한 *One Way!*

시험 직전 마무리 "봉투모의고사" 시리즈

실제 시험과 동일하게 마무리! 합격을 향한 *Last Spurt!*

※ **기업별 시리즈** : 부산교통공사/한국가스공사/LH 한국토지주택공사/한국공항공사/건강보험심사평가원/국민연금공단/
인천국제공항공사/한국수력원자력/한국중부발전/한국환경공단/부산환경공단/한국국토정보공사/SR/신용보증기금&기
술보증기금/도로교통공단/한국지역난방공사/한국마사회/한국도로공사/강원랜드/발전회사/항만공사 등

※도서의 이미지 및 구성은 변동될 수 있습니다.

SD에듀가 합격을 준비하는 당신에게 제안합니다.

성공의 기회! SD에듀를 잡으십시오.
성공의 Next Step!

결심하셨다면 지금 당장 실행하십시오.
SD에듀와 함께라면 문제없습니다.

기회란 포착되어 활용되기 전에는
기회인지조차 알 수 없는 것이다.

– 마크 트웨인 –